Führer und Schriften des LVR-Archäologischen Parks Xanten Nr. 26

herausgegeben von Martin Müller

LVR-Archäologischer Park Xanten
LVR-RömerMuseum

Qualität für Menschen

FSC
www.fsc.org
MIX
Papier | Fördert gute Waldnutzung
FSC® C089473

Lektorat & Redaktion: Johanna Jäger
Redaktionelle Mitarbeit & Koordinierung: Ingo Martell, Julia Martin
Gestaltung: Sebastian Zimmer
Druck: Beltz Grafische Betriebe, Bad Langensalza
ISBN 978-3-96176-241-5

Anna Stenmans

IN STEIN GEMEISSELT

Lateinische Inschriften im LVR-RömerMuseum

Nünnerich-Asmus Verlag & Media

Inhalt

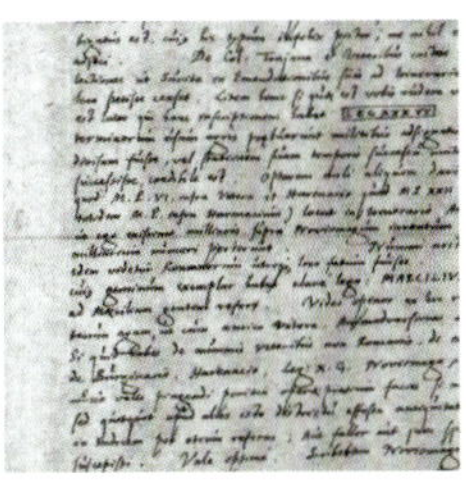

IN MEDIAS RES

EINFÜHRUNG

TERTIO
F·C

WELTSPRACHE LATEIN

BEI DEM WORT „LATEIN“ denken die meisten von uns automatisch an die Römer. Das Imperium Romanum war ein riesiges Reich, das sich in Zeiten seiner größten Ausdehnung von Britannien bis nach Nordafrika und von Portugal bis nach Mesopotamien, dem heutigen Irak, erstreckte Abb. 1 (s. S. 10 f.). Es umfasste die verschiedensten Völker, die eine eigene Sprache besaßen. Wie aber funktionierte nun die Verständigung in solch einem riesigen Reich?

Ein wesentlicher Bestandteil der römischen Kultur war die lateinische Sprache. Diese brachten die Römer neben vielem anderen mit in die eroberten Gebiete. Latein hatte damals eine ähnliche Bedeutung wie heute die Weltsprache Englisch. Man konnte sich beinahe überall im römischen Reich auf Latein verständigen. Die Einführung von Latein bedeutete zwar nicht, dass die Muttersprachen völlig verschwanden; sie wurden – vor allem in ländlichen Gegenden – noch weiter gesprochen. Aber Latein war die Amtssprache in der Verwaltung, in der Rechtsprechung und im Heer. Im Osten des Reiches existierte Griechisch parallel als Zweitsprache, weshalb dort amtliche und offizielle Texte zum Teil zweisprachig verfasst wurden.

Doch woher kommt der Begriff und wie sieht es mit den Ursprüngen dieser Sprache aus, die für eine lange Zeit die Weltsprache war? Wie die meisten europäischen Sprachen – dazu gehören Keltisch, Germanisch, Slavisch und Griechisch – ist auch Latein eine **indogermanische** bzw. indoeuropäische Sprache. Während die deutsche Sprache neben dem offiziellen Hochdeutsch zahlreiche regionale Mundarten kennt – etwa Plattdeutsch, Kölsch, Schwäbisch, Bayrisch oder Sächsisch – kennt das Lateinische keine Dialekte. Denn Latein war ursprünglich selbst ein Dialekt, und zwar der Dialekt Roms. Latein wurde zunächst nur in Rom und im direkten Umland, in Latium, gesprochen. Dort lebten die Latiner (*Latini*), ein indogermanischer Stamm, der Ende des 2. Jahrtausends v. Chr. die Hügel am Unterlauf des Tiber besiedelte. Deswegen bezeichnen wir die Sprache heute nicht als „römisch“, sondern als „Latein“. Mit der Ausdehnung des römischen Machtbereichs breitete sich zugleich die lateinische Sprache (*lingua Latina*) aus und verdrängte die Nachbardialekte. Diese wurden zum Teil zwar noch eine zeitlang parallel gesprochen, starben dann aber aus.

Im Laufe der Jahrhunderte machte die lateinische Sprache verschiedene Entwicklungen durch. Wortformen und Laute veränderten sich, neue Wörter und Begriffe kamen hinzu. Dabei wurde das Lateinische auch von anderen Sprachen beeinflusst, z. B. vom Etruskischen, das nicht zu den indogermanischen Sprachen gehörte. Die Etrusker, die nördlichen Nachbarn der Latiner, hatten lange Zeit die Vorherschaft in Italien inne. Aber auch die anderen italischen Dialekte wie das Faliskische und das Oskisch-Umbrische hinterließen ihre Spuren. Nach der Eroberung Unteritaliens lernten die Römer die Kultur der dort ansässigen Griechen kennen und schätzen. Lange Zeit war die griechische Literatur Vorbild und Quelle für die lateinischen Autoren, sodass Gräzismen, Fachtermini und Elemente aus dem griechischen Satzbau übernommen wurden.

Der Begriff **„indogermanisch“** leitet sich vom Ausbreitungsgebiet dieser Sprachfamilie ab, denn sie umfasst das Indische ganz im Osten und das Germanische ganz im Westen. Die indogermanischen Sprachen haben gemeinsame Wurzeln und weisen somit bestimmmte Ähnlichkeiten auf, auch wenn sie sich im Laufe der Zeit auseinander entwickelt haben. Beispielhaft sind einige Formen des Verbs „sein“, die sich im Altindischen, im Lateinischen und im Deutschen ähneln: „asti“ – „est“ – „ist“ oder „santi“ – „sunt“ – „sind“.

Während der Römischen Wochenenden im LVR-Archäologischen Park Xanten ertastet ein blinder Besucher die Weltsprache Latein.

1

CALEDONIA
HIBERNIA
Mare Germanicum
Eboracum
Deva
BRITANNIA
Isca
Londinium
Oceanus Atlanticus
Colonia Ulpia Traiana
GERMANIA INFERIOR
Colonia Agrippina
GERMANIA MAGNA
BELGICA
Durocortorum
Augusta Treverorum
Lutetia
GERMANIA SUPERIOR
LUGDUNENSIS
1. ALPES POENIAE
2. ALPES COTTIAE
3. ALPES MARITIMAE
Augusta Vindelicorum
Vindobona
Limonum
AQUITANIA
RAETIA
Lauriacum
NORICUM
Aquincum
Napoca
Lugdunum
Burdigala
PANNONIA SUPERIOR
Mediolanum
Aquileia
PANNONIA INFERIOR
DACIA
Arelate
Cremona
Tolosa
NARBONENSIS
Sarmizegetusa
Narbo
Massilia
Salamantica
Caesaraugusta
DALMATIA
LUSITANIA
TARRACONENSIS
ITALIA
Salonae
Naissus
Toletum
Emerita Augusta
Tarraco
MOESIA SUPERIOR
Roma
CORSICA ET SARDINIA
Aleria
Italica
Neapolis
Dyrrhachium
MACEDONIA
Corduba
Pella
Gades
BAETICA
Tarentum
Carthago Nova
Caralis
Buthrotum
EPIRUS
ACHAIA
Tingi
Caesarea
Panormus
MAURETANIA TINGITANA
MAURETANIA CAESARIENSIS
Utica
Carthago
Cirta
SICILIA
Regium
Corinth
Syracusae
Theveste
AFRICA PROCONSULARIS
Mare Internum
GAETULIA
Leptis Magna
Cyrene
CYRENAICA
PHAZANIA

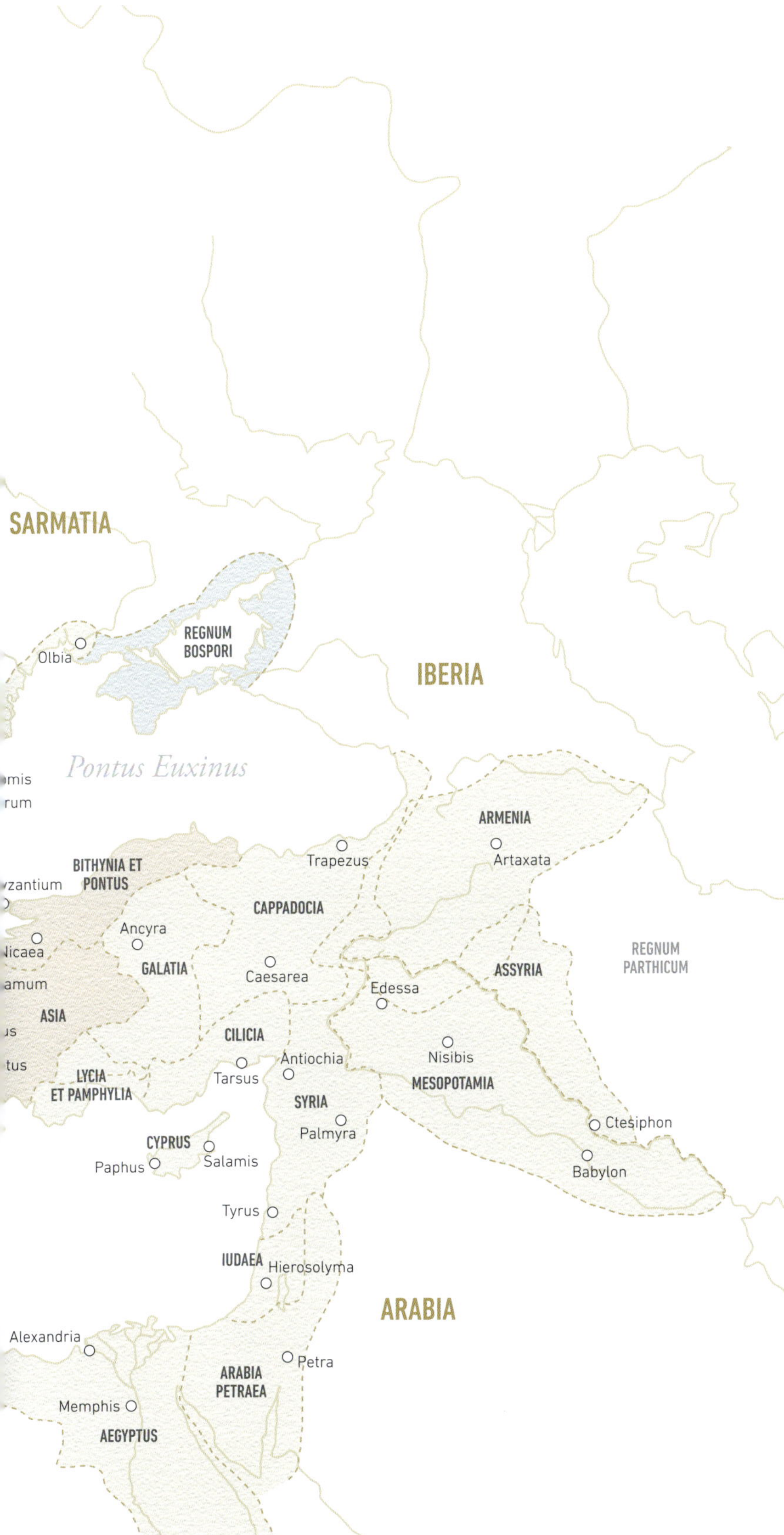

Im Jahr 117 n. Chr. erreichte das römische Reich unter Kaiser Traian seine größte Ausdehnung.

DIE LATEINISCHEN INSCHRIFTEN AUS XANTEN

ZEITRAUM, MATERIALIEN, THEMEN

INSCHRIFTEN, ALSO SCHRIFTLICHE ZEUGNISSE, gewähren heutigen Betrachtern viele spannende Einblicke in die römische Alltags- und Lebenswelt. Sie streifen unterschiedlichste Lebensbereiche und bringen uns die Menschen von damals näher. Dies gilt auch für die lateinischen Inschriften, die in Xanten, d.h. in den beiden Legionslagern Vetera und Vetera II sowie in der zivilen Siedlung, der Colonia Ulpia Traiana (CUT), gefunden wurden. Allerdings hat sich von den zahlreichen Grab- und Weihinschriften nur ein verhältnismäßig kleiner Teil erhalten. Wie viel tatsächlich verloren ging, ist schwer abzuschätzen. Die Gründe für die Verluste sind vielfältig: Viele Werke fielen im Laufe der Zeit der natürlichen oder bewussten Zerstörung anheim. Das Legionslager Vetera II wurde z.B. durch die Verschiebung des Rheinarmes abgetragen, sodass seine Fundamente nun unter Kies- und Erdablagerungen vermutet werden. Aus diesem Grund konnten sie bislang noch nicht archäologisch untersucht werden. Andere Objekte wurden als Baumaterial wiederverwendet: Da es am Niederrhein keine natürlichen Steinvorkommen gibt, nutzte man die leicht zugänglichen Ruinen der Römerstadt. Seit dem Niedergang in der Spätantike bis in die Frühe Neuzeit wurden die Überreste der CUT abgetragen, sodass sich von den überirdischen Teilen der Stadt kaum Spuren erhalten haben. Zudem befinden sich unter den erhaltenen Zeugnissen viele, die so stark beschädigt sind, dass sie nur teilweise oder gar nicht mehr lesbar sind. Um dennoch ein möglichst umfangreiches Bild vom Leben in der Provinz Niedergermanien zu erlangen, werden deshalb auch Fundstücke aus dem Umland ausgestellt. Von der hohen Mobilität des römischen Militärs zeugen zudem Inschriften aus Köln, Iversheim und Lyon, wohin Abteilungen der hier stationierten Legionen versetzt wurden. Grabsteine aus der Provinz Britannien belegen, wo Bürger aus der CUT ihren Militärdienst leisteten.

Vom Beginn der Römerzeit am Niederrhein, d.h. von den ersten Germanien-Expeditionen unter Caesar und der Eroberung Germaniens unter Augustus, haben sich keine Inschriften erhalten. Das erste Dokument der römischen Besatzung ist der bekannte Caeliusstein Abb. 24 (s. S. 53), der an die berühmte Schlacht im Teutoburger Wald erinnert. Ab der zweiten Hälfte des 1. Jahrhunderts nimmt die Zahl der überlieferten Inschriften zu, die meisten Beispiele stammen aus dem 2. Jahrhundert n.Chr. Im Laufe des 3. Jahrhunderts gehen parallel mit dem politischen und wirtschaftlichen Niedergang des römischen Reiches und dem schleichenden Bedeutungsverlust der CUT auch die Inschriftenfunde zurück. Mit der beginnenden Herrschaft der Franken kommt die Schriftkultur zu einem vorläufigen Ende. Der Batimodusstein Abb. 149 (s. S. 171), die erste christliche Inschrift, die für Xanten überliefert ist, bildet das Ende der pagan-antiken Periode am Niederrhein und das Ende der Ausstellung.

Den Besucherinnen und Besuchern des LVR-Römer-Museums präsentieren sich Inschriften auf den verschiedensten Trägermaterialien: Stein, Ton, Elfenbein, Metall, Holz und Leder. Inschriften auf Stein machen dabei den weitaus größten Teil der Ausstellung aus. Auch wenn Keramik die mit Abstand häufigste Fundgattung ist, geben Inschriften auf Stein meist ausführlicher Auskunft als die Einritzungen auf Tonscherben.

Inschriften auf Metall haben sich seltener erhalten, da das Material zum einen im Boden nur schwer überdauerte und zum anderen rar und wertvoll war,

weshalb es in späterer Zeit eingeschmolzen und wiederverwendet wurde. Eingeritzte Inschriften, sogenannte Graffiti, sind meist in Form von Besitzvermerken überliefert. Auf Keramik sind diese Inschriften sehr langlebig, Schriftzüge auf den empfindlicheren Materialien wie Holz und Leder sind dagegen Ausnahmen. Auf Putz haben sich nur wenige Graffiti erhalten, denn das Material ging meist mit der Zerstörung der Gebäude verloren.
Für alltägliche Vorgänge – Rechnungen, Geschäftsabschlüsse, Korrespondenzen, aber auch politisch-administrative Beschlüsse – wurden Notizen in leicht vergänglichen Materialien wie Holz oder Wachstafeln gemacht. Sie haben sich nur selten erhalten. Viele Aspekte des täglichen Lebens in der Antike sind uns somit nur ausschnitthaft bekannt.
Bei den antiken Inschriften aus der Colonia Ulpia Traiana (CUT) und deren Umgebung handelt es sich größtenteils um Weih- und Grabinschriften. Weihinschriften richten sich an römische, keltische / gallische, germanische oder orientalische Gottheiten. Man brachte sie mit einer Bitte oder als Dank für eine erfüllte Bitte dar. Das eigentliche Weihgeschenk, z. B. eine Statuette oder ein Gefäß wurde im Heiligtum der jeweiligen Gottheit aufgestellt – ähnlich den Votivgaben, die man heute in Kirchen findet. Die zweite große Gruppe sind die Grabinschriften. Diese konnten sehr ausführlich sein: Neben Namen und Alter wurden – zumindest bei denjenigen, die es sich leisten konnten – auch Angaben zum Beruf, der Herkunft, zu öffentlichen Ämtern und dem Familienstand gemacht. Zum Teil wurden sie mit bildlichen Darstellungen ergänzt. Seltener sind – zumindest hier in Xanten – Funde von Bauinschriften. Diese wurden an öffentlichen Gebäuden angebracht und verweisen auf eine Stiftung durch eine Privatperson oder einen Amtsträger, der dieses Gebäude errichten oder renovieren ließ.
Daneben gibt es Besitzerinschriften, Herstellerstempel oder kleine private Weihungen. Die Inschriften der CUT liefern uns vielfältige Einblicke in das antike Leben: Wir treffen auf Soldaten, politische und religiöse Amtsträger, Händler und Kaufleute, seltener auf Handwerker. Einfache Leute und Sklaven sind gar nicht repräsentiert, auch Frauen treten nur selten in Erscheinung. Gerade die auf den ersten Blick unscheinbaren Dinge wie Tonscherben offenbaren aber anhand ihrer Schriftzüge interessante Informationen.

Neben zahlreichen Informationen aus dem privaten Bereich geben manche Inschriften auch Hinweise zur politischen Lage: So erinnert das Siegesdenkmal der 6. Legion an den Bataveraufstand und die unruhigen Zeiten während des Bürgerkrieges 69 / 70 n. Chr. Die antiken Münzen werfen ein Licht auf die Propaganda und das Regierungsprogramm der Kaiser.

Unter **Inschriften** versteht man nicht-literarische, schriftliche Äußerungen. Sie gehören in das wissenschaftliche Gebiet der Epigraphik, der Inschriftenkunde. Das Wort Epigraphik kommt aus dem Griechischen und setzt sich aus den Wörtern *epi* = „auf, in" und *graphein* = „schreiben" zusammen, entspricht also unserem Wort „In-Schrift". Dazu gehören schriftliche Äußerungen aus dem privaten und aus dem öffentlichen Bereich: Weihungen, Grab- und Ehreninschriften, Urkunden, politische und administrative Verlautbarungen, aber auch Rechnungen, Quittungen und Notizen.

Die meisten der im Buch genannten Inschriften und Funde stammen aus der antiken Colonia Ulpia Traiana sowie aus dem Legionslager Vetera. Sie sind heute im LVR-RömerMuseum im Archäologischen Park Xanten zu sehen.

PRO SALVTE
CETERISQVE DIIS / ET GENIO LOCI
MACRINO ET CELSO

DAS LEIDENER KLAMMERSYSTEM

ORDNUNG IN DER WELT DER KÜRZEL

LATEIN IST EINE SPRACHE, die sich durch einen knappen und prägnanten Stil auszeichnet. Vieles kann in einer Form ausgedrückt werden, die im Deutschen nicht verständlich nachgebildet werden kann. Die Übersetzung ist in einem solchen Fall eher eine Paraphrase. Ein Beispiel soll dies illustrieren: Im Lateinischen werden für die Datumsangabe die beiden Konsuln des jeweiligen Jahres im Ablativ genannt: *Apro et Maximo consulibus*. Das Deutsche kann diesen Ausdruck in der Form nicht nachahmen. Am nächsten kommt ihm die Übersetzung „unter den Konsuln Aper und Maximus“. Weitere Übersetzungsmöglichkeiten sind „als Aper und Maximus Konsuln waren“ oder „im Konsulatsjahr des Aper und des Maximus“ Abb. 68 (s. S. 94).

Lange war in der Forschung problematisch, dass es unterschiedliche Arten gab, die antiken Texte in modernem Druckbild wiederzugeben. Daher einigte man sich 1931 nach einem Kongress in Leiden auf das sogenannte Leidener Klammersystem, das noch heute in den meisten Ausgaben antiker Texte Verwendung findet. Es macht mit Hilfe von Klammern den Zustand des originalen Textes sowie die Ergänzungen und Interpretationsvorschläge der modernen Autoren deutlich. So kann sich der Leser auch ohne ein Foto einen relativ umfassenden Eindruck vom Original machen. Für die Bewertung des Quellenwertes eines Textes ist das von unschätzbarem Wert. In der Tabelle auf S. 11 werden die wichtigsten Zeichen aufgelistet.

Auf römischen Inschriften gibt es keine Satzzeichen wie Kommata oder Punkte. Manchmal werden die Abkürzungen oder Wörter durch Punkte oder kleine Dreiecke auf der Mitte der Zeilenhöhe voneinander abgetrennt. Um Platz zu sparen, setzte man dieses Zeichen auch immer wieder innerhalb eines Buchstabens, etwa beim Caeliusstein innerhalb eines O Abb. 24 (s. S. 53). Von einer Ligatur, *ligare* = „(ver) binden“, spricht man, wenn zwei Buchstaben so eng zusammen geschrieben werden, dass sie fast wie ein Buchstabe wirken. Auf dem Caeliusstein sind z. B. zwei Striche der beiden Ns in Zeile 2 zu einem Strich verschmolzen Abb. 24 (s. S. 53), s. auch Abb. 80 (s. S. 105). In modernen europäischen Sprachen gibt es z. B. Æ im Dänischen oder Œ im Französischen. Ligaturen sind wie die Abkürzungen ein Mittel, um Platz zu sparen.

Zeichen	**Bedeutung**
Großbuchstaben/ Kapitälchen	Die überlieferte Inschrift, der Text, wie man ihn (auf dem Stein) lesen kann, wird in Großbuchstaben oder Kapitälchen geschrieben.
[ ]	Bei der Rekonstruktion einer defekten lateinischen Inschrift werden innerhalb der eckigen Klammern die Buchstaben und Zeichen angegeben, die infolge von Lücken nicht aus der Inschrift hervorgehen, aber meist recht sicher durch Vergleiche mit anderen Inschriften ergänzt werden können.
[...]	Ist man imstande, die Lücken einer defekten Inschrift zu rekonstruieren, wird innerhalb der eckigen Klammern die Anzahl der fehlenden Zeichen durch Punkte angegeben, im Beispiel drei fehlende Zeichen.
---	Lücken unbestimmten Umfanges werden durch Striche bezeichnet.
( )	Abkürzungen, die bei der Wiedergabe von Inschriften in ihrem vollen, unabgekürzten Wortlaut ausgeschrieben werden, so wie sie ausgesprochen werden sollen, werden innerhalb von runden Klammern in Kleinbuchstaben ergänzt, z. B. AVG(ustus).
<>	Innerhalb von spitzen Klammern werden die Textzeichen angeführt, die der Herausgeber in Form von Ergänzungen oder Änderungen vorgenommen hat.
{}	Innerhalb von geschweiften Klammern werden die Tilgungen angegeben, die der Herausgeber einer Inschrift vorgenommen hat, z. B. wo der Steinmetz fehlerhaft Buchstaben doppelt eingehauen oder verkehrt geschrieben hat.
[[ ]]	Innerhalb von doppelt eckigen Klammern werden Buchstaben angeführt, die schon in der Antike ausgemeißelt wurden. Man spricht dann von Rasuren (von *radere* = „ab-, auskratzen").
....	Buchstaben und Symbole, die z. B. durch Verwitterung nicht eindeutig lesbar sind, werden durch Punkte unter den Buchstaben / Symbolen markiert.
/	Ein Schrägstrich zeigt einen Zeilenumbruch an.

KELTEN, GERMANEN, GALLIER

SCHRIFTLOS GLÜCKLICH – UND WOHER WIR TROTZDEM ETWAS WISSEN

2 Die Provinz Niedergermanien mit den wichtigsten Orten und den Siedlungsgebieten germanischer und gallischer Stämme.

Bekannt ist **Caesars** sprichwörtlich gewordenes *alea iacta est*, „der Würfel ist geworfen" (Suet. Iul. 32). Es wird angewandt, wenn eine Entscheidung getroffen wurde, die nicht mehr rückgängig gemacht werden kann. Der Rubikon war der Grenzfluss zwischen Gallia cisalpina und Italien. Da kein römischer Feldherr mit seinen Truppen Italien betreten durfte, kam die Überquerung des Rubikon einer Kriegserklärung gleich. Caesar setzte damit den Bürgerkrieg in Gang, weil ihm eine Anklage wegen Verfassungsbruchs drohte. Er soll diese Worte gesprochen haben, nachdem er sich nach langem Zögern schließlich zu dem Schritt entschlossen hatte.

AM RAND DES IMPERIUMS

DIE ERSTEN RÖMER AM NIEDERRHEIN

DIE GESCHICHTE DER SCHRIFT am Niederrhein beginnt mit der Ankunft der ersten römischen Soldaten. Im Heer des **Feldherren Caesar** gelangten sie im Zuge der Eroberungsfeldzüge (58–50 v. Chr.) in die Gegend am Niederrhein. Caesar eroberte während seines Gallischen Krieges das Gebiet bis zum Rhein; eine Eroberung ganz Germaniens war wohl nicht geplant, obwohl Caesar zweimal den Rhein überquerte und auch einige Erkundungsfeldzüge unternahm. Mit der Niederschlagung des gallischen Aufstandes unter Vercingetorix (52 / 51 v. Chr.) gelang es Caesar, die römische Herrschaft in Gallien zu festigen.

Auf wen trafen die römischen Soldaten? Wer waren diese Menschen? – Eine einfache Antwort auf diese Frage gibt es nicht. Caesar war der erste, der die Bezeichnung Germanen für die Völker östlich des Rheins verwendete. Ursprünglich bezeichnete *germani* einen Einzelstamm, der den Rhein überquerte und sich auf keltischem Boden ansiedelte. Caesar unterschied zwischen keltischen *Belgae* und den Germanen, wobei er unter dem Begriff „Germanen" bereits verschiedene Ethnien zusammenfasste. Der Rhein bildete für ihn die Grenze zwischen den Galliern (Kelten) auf der linken Rheinseite und den Germanen auf der rechten Rheinseite. Dies entspricht nicht ganz den historischen Gegebenheiten, da einige germanische Stämme wie die Eburonen schon vor Ankunft der Römer über den Rhein gesetzt waren und sich dort angesiedelt hatten, sogenannte *Germani cis Rhenum*, „Germanen diesseits des Rheins", d. h. linksrheinische Germanen. Bei seiner Beschreibung unterscheidet Caesar Gallier und Germanen nach Sprache, Gebräuchen und Institutionen. Die Bezeichnung Germanen wurde in der Folge auf alle anderen rechtsrheinischen Volksstämme übertragen (Tac. germ. 2). Allerdings bildeten sie keine staatliche Einheit. Die Stämme waren vielmehr untereinander verfeindet und bekämpften sich gegenseitig. Nur selten taten sie sich zusammen wie z. B. in der Varusschlacht und im Bataveraufstand, um gegen einen gemeinsamen Feind – die Römer – zu kämpfen. Diese Bündnisse hielten jedoch nie lange.

Die verschiedenen Stämme verfolgten unterschiedliche Pläne und waren auch in der Führungsfrage uneinig.
Wo genau die einzelnen Verbünde lebten, muss aus archäologischen Quellen erschlossen werden. Denn weder Kelten noch Germanen hatten eine eigene Schriftkultur. Daher ist es nicht immer einfach, die jeweiligen Stämme zuzuordnen, doch vom nordwestlichen Niederrhein weiß man, dass er germanisch-keltisch geprägt war. Schon vor der Mitte des 1. Jahrhunderts v. Chr. setzten Germanen von der östlichen auf die westliche Rheinseite über und vermischten sich mit den dort lebenden Kelten. Sie übernahmen deren Zivilisation und Kultur, sodass eine germanisch-keltische Mischbevölkerung entstand. Vor dem Gallischen Krieg lebten am Niederrhein die Eburonen und die Menapier Abb. 2 (s. S. 20): Die Eburonen siedelten zwischen Rhein, Maas, Rheinland, Nordardennen und Eifel. Nördlich von ihnen lebten die Menapier, bei denen es sich wohl um ein keltisch-germanisches Mischvolk handelte, deren Siedlungsgebiet sich von Gent bis Emmerich und vom Rheindelta bis an die Eifel und Ardennen erstreckte. Die einheimische Bevölkerung lebte in Familienclans und Siedlungsgruppen und schloss sich zu Stammesverbänden zusammen. Die Viehwirtschaft, vor allem die Rinderhaltung, und in geringerem Maße der Ackerbau, dienten als ihre Lebensgrundlage. Die Menschen wohnten in sogenannten Wohnstallhäusern, in denen Menschen und Vieh unter einem Dach zusammen lebten. Die typische Siedlungsform waren Einzelgehöfte und Weiler; Städte waren den Germanen unbekannt Abb. 3

Bei seinen Feldzügen ging Caesar teilweise sehr hart gegen die einheimische Bevölkerung vor, einige germanische Stämme, die wiederholt in das römische Gebiet eindrangen oder sich gegen die Römer auflehnten, wurden im Laufe des Krieges ausgelöscht oder stark dezimiert. Die Römer fielen in deren Stammesgebiete ein, verwüsteten das Land, töteten dabei auch Frauen und Kinder und versklavten die Bevölkerung. Dieses Verhalten Caesars wurde in Rom durchaus kritisch beurteilt; Marcus Porcius Cato der Jüngere (95–46 v. Chr.), ein erbitterter Gegner Caesars, stellte sogar einen Antrag, ihn an die Usipeter und Tencterer auszuliefern. Zwar wurde der Antrag abgelehnt, doch Caesar musste sich für sein Verhalten rechtfertigen.
Während des mehrjährigen Bürgerkrieges, der durch Caesars Überquerung des Rubikon am 7. Januar 49 v. Chr. ausgelöst wurde, kam die Eroberung Germaniens zu einem vorübergehenden Halt.

3 Das Lebensbild zeigt die germanische Siedlung Nellingen-Dornhau südöstlich des heutigen Stuttgart. Zur Rekonstruktion wird alles herangezogen, was Archäologen ausgraben: Gebäudereste genauso wie Kleinfunde.

4

Rufus: *Iam eos pugnantes cognovi et confiteor me perterrere ingenti corporum magnitudine, crinibus flavis, vultu truci, clamore horribili.*

„Beim Kampf habe ich sie ja bereits erlebt und ich muss zugeben, dass sie mir großen Schrecken eingejagt haben, mit ihrem gewaltig großen Wuchs, den flachsfarbenen Haaren, dem stechenden Blick und dem furchterregenden Kriegsgeschrei."

Sextus: *Scio autem eos utique fruges et pultem aut panem cenare. Sicut raphanum talibus naturae condicionibus subiectum: Tam ei frigus prodest, ut in Germania magnitudinem puerorum adipiscatur.*

„Ich weiß aber, dass sie durchaus auch Feldfrüchte und Brei oder Brot zu sich nehmen. Zum Beispiel den Rettich, der von folgenden klimatischen Bedingungen abhängig ist: Kälte sagt ihm derart zu, dass er in Germanien die Größe kleiner Jungen erreicht."

Das wilde und furchterregende Äußere der Germanen wird bei Caesar und Tacitus erwähnt:
Tac. hist. 2,22
Tac. Germ. 4
Caes. Gall. 1,39

Auch zu den Speisen der Germanen lassen sich Angaben finden:
Plin. nat. 19,83

WER SCHREIBT, DER BLEIBT

IM ERDGESCHOSS des LVR-RömerMuseums kommen die Besucherinnen und Besucher durch einen Gang, in dem sie einem fiktiven Gespräch zweier römischer Legionäre zuhören können, die auf dem Weg nach Vetera, dem Legionslager bei Xanten, sind Abb. 4. Die beiden tauschen sich über Germanien und seine Bewohner aus. Dem Dialog liegen unterschiedliche literarische Quellen zugrunde. Die ungewöhnlich aussehenden Einheimischen versetzen die beiden Soldaten in Angst und Schrecken. Verwunderung ruft die eigenartige Beinkleidung hervor: Röhren aus gemustertem Stoff, sogenannte *bracae*. Auch die Nahrung der Germanen scheint den beiden Römern bemerkenswert anders: ungemischter Wein, Rettich, der die Größe von kleinen Kindern haben kann, und kein Öl und Salz. In der Tierwelt soll es einige unbekannte Arten geben: Den Silurus, ein riesiges fischähnliches Tier, der schwimmende Pferde zum Ertrinken bringen könne. Oder Elche, die Ziegen ähnelten, nur größer seien und ein verformtes Gehörn und Beine ohne Knöchel und Gelenke hätten, weshalb sie sich zum Schlafen an Bäume lehnten.
Einige der aufgeführten Dinge mögen durchaus den Tatsachen entsprochen haben, anderes wie die Beschreibung der Elche gehört in das Reich der Märchen. Woher hatten die Römer ihr Wissen von den Germanen? Was davon entsprach der Wahrheit, was war Klischee oder Vorurteil?
Die Sichtweise der Einheimischen selbst ist uns leider unbekannt, da sie selbst nichts aufgeschrieben haben. In der Literatur begegnen uns die Germanen und ihre Kultur ausschließlich aus dem Blickwinkel der Römer Abb. 5 (s. S. 27).

CAESARS KOMMENTARE ZUM GALLISCHEN KRIEG – *COMMENTARII*

Die Sichtweise der Römer ist uns hauptsächlich aus zwei litararischen Werken bekannt: Caesars Exkurse zu Galliern und Germanen innerhalb der *Commentarii de bello Gallico* (6,11–28) und Tacitus' ethnographische Schrift *Germania* (*De origine et situ Germanorum*), in der er das Land und seine Bewohner beschreibt. Bei der Betrachtung der beiden Überlieferungen ist zu beachten, dass es sich um unterschiedliche literarische Gattungen handelt. Sie unterscheiden sich in ihrer Funktion, ihrer Absicht und ihrem Stil. Während Caesars Schrift ein sogenannter *commentarius* ist, gehört das Werk des Tacitus zur Gattung der Ethnographie (griech. *ethnos* = „Volk, Stamm", *graphein* = „schreiben"), der Beschreibung der Sitten und Gebräuche sowie politischer und sozialer Strukturen fremder Völker.

Die Bezeichnung *commentarius* (von *comminisci* = „sich erinnern") deckt ein breites Spektrum ab und umfasst Aufzeichnungen und Notizen aus dem privaten und öffentlichen Bereich wie z. B. Protokolle, Entwürfe für Reden, Notizen von Lehrern und Schülern, Kommentare von Philologen, aber auch private Haus- und Geschäftsbücher. *Commentarii* dienten als Erinnerungshilfen und Gedächtnisprotokolle für Beamte bei der Amtsführung oder Amtsübergabe. Auch autobiographische Materialsammlungen von Politikern und Feldherren werden als *commentarii* bezeichnet. Gaius Iulius Caesar (100–44 v. Chr.) erschuf mit seinen *Commentarii de bello Gallico* (auch vereinfacht als *Bellum Gallicum* bezeichnet) und *Commentarii de bello civile* (*Bellum civile*) ein eigenes literarisches Genre. Zu dessen Gattungsmerkmalen gehört die Erzählung in der 3. Person, was Distanz zwischen dem Erzähler (Caesar) und den Ereignissen schaffen und den Eindruck von Objektivität und Bescheidenheit hervorrufen soll. Die Darstellung ist bewusst nüchtern und in einem schlichten Stil gehalten. Sie soll so den Eindruck vermitteln, sie würde sich nur an Fakten orientieren. Aufgelockert werden Caesars Kommentare durch Exkurse und Kampfszenen, während direkte und indirekte Reden für eine dramatische Gestaltung des Geschehens sorgen.

Trotz der vermeintlichen Nüchternheit verfolgte Caesar mit der Abfassung seiner *Commentarii* politische Interessen. Denn er sah sich in Rom verschiedenen Gegnern, z. B. Pompeius und Cato dem Jüngeren, gegenüber. Die *Commentarii* dienten ihm als Propagandamittel zur Darstellung der Ereignisse aus seiner Sicht und zur Rechtfertigung seiner Taten. Um seine eigenen Siege und seine Fähigkeiten als Feldherr umso glanzvoller erscheinen zu lassen, verherrlichte Caesar den Feind – je gefährlicher der Feind, umso bedeutender Caesars Sieg. Er beschreibt die Germanen in seinem Werk daher als besonders gefährlich – ungeheuer groß, unglaublich tapfer und waffenerprobt –, ihre Mienen und ihr scharfer Blick seien nicht auszuhalten (Caes. Gall. 1,39). Dies soll im gesamten Heer für solche Angst gesorgt haben, dass die Soldaten schließlich sogar mit Befehlsverweigerung drohten. Doch durch eine flammende Rede gelang es Caesar, dies abzuwenden. Er stachtelte geschickt Tatendrang und Kampfeseifer der Männer an und stellte so seine Eignung als Anführer unter Beweis.

Außerdem weiß Caesar Folgendes von den Germanen: Sie haben keine Druiden wie die Gallier und kennen nur Sol (Sonne), Luna (Mond) und Vulkan als Götter. Jagen und militärische Übungen sind ihre einzigen Interessen und Tätigkeiten, von klein an werden sie darin geübt, Härte und Anstrengungen zu ertragen. Sie tragen nur Felle und dürftige Pelzüberwürfe und sind ansonsten nackt (1,21). Ackerbau wird nur wenig betrieben, ihre Nahrung ist einfach und besteht aus Milch, Käse und Fleisch. Um nicht sesshaft zu werden, lassen sie keinen festen Landbesitz zu, sondern befolgen ein Rotationsprinzip bei der Landverteilung (1,22). In Friedenszeiten findet die Rechtsprechung durch die führenden Männer statt. Raubzüge dienen dem Training der Jugend und zur Beschäftigung, wer daran nicht teilnimmt, gilt als Verräter und Deserteur. Einen hohen Stellenwert hat die Gastfreundschaft (1,23). Die Beschreibung der Elche aus dem Römerdialog stammt von Caesar (1,27), weitere für die Gegend typische und den Römern unbekannte Tierarten sind Auerochsen (1,28) und ein Rind in Gestalt eines Hirsches – vielleicht ein Ren (1,26).

ETHNOGRAPHIE, HISTORIOGRAPHIE, ANNALISTIK

Tacitus verfasste eine eigene Schrift über das Land und seine Menschen (nach 98 n. Chr.) Abb. 6 (s. S. 28 f.). Das Werk mit dem Titel *De origine et situ Germanorum* („Über Ursprung und geographische Lage der Germanen", kurz auch *Germania*) gehört zur Gattung der Ethnographie. Im allgemeinen Teil geht Tacitus auf die Lage des Landes, die Herkunft der Bewohner, die Religion sowie auf die Sitten und Gebräuche ein (1–27). Es folgt ein stammeskundlicher Teil, in dem er die einzelnen Stämme und ihre Unterschiede behandelt (28–45). Der Autor stellt die Germanen als eine zum Teil idealisierte, ursprüngliche Zivilisation dar, die noch nicht durch Luxus verdorben ist und hält so den eigenen – aus seiner Sicht – dekadenten Landsleuten einen Sittenspiegel vor Augen.

Betont wird immer wieder die Unverdorbenheit, Sittenstrenge und Schlichtheit (*simplicitas*) der Germanen; ihre Freiheitsliebe (*libertas*) wird ebenso hervorgehoben wie ihre Tugendhaftigeit (*virtus*), ihr Ehrempfinden (*honor, gloria*) und vor allem ihr Kampfesmut (*fortitudo*) (6–8). Als urwüchsiges Volk kennen sie keine Listen und Verstellungen, sondern zeigen ihre Gefühle und Gesinnungen offen (22). Lobend verweist Tacitus auf die strenge Ehemoral und die Monogamie der Germanen. Und in Bezug auf Sittsamkeit und Anstand können die Römerinnen etwas

5

Der Ringstein wurde im Lager Vetera gefunden. Er zeigt die Siegesgöttin Victoria. Sie beschreibt einen Schild mit den Angaben zu einem Sieg – natürlich nur aus römischer Sicht. Der Schild ist an ein Siegesdenkmal (Tropäum) angelehnt. Schmuckstein, Karneol, 2. Hälfte 1. Jh. v. Chr., LVR-Archäologischer Park Xanten.

von den germanischen Frauen lernen, die ihre Kinder zudem selbst stillen und keine Ammen dafür haben (18–20). Auch das Essen entbehrt jeder Raffinesse: wildes Obst, Wildbret, geronnene Milch und keine Gewürze (23). Die Germanen leben nicht in Städten oder Siedlungen, sondern in einzeln stehenden Gehöften, und ihre Häuser sind schlichte Holzbauten (16). Geld, das sie verderben könnte, kennen sie nicht (26).

Gleichzeitig warnt Tacitus vor der Wildheit und der Kriegslust der Germanen. Sie stellten eine Gefahr für das Reich dar, da sie immer wieder in das Territorium des römischen Reiches eindrängen. Neben den positiven Eigenschaften zeichnen sich die Germanen nach Tacitus aber auch durch diverse Laster aus, die das Bild des gefährlichen Wilden unterstreichen: Hierzu gehören Trunkenheit (*ebrietas*), Streitsucht (*rixa*), Spielwut und unkontrollierter Zorn (*impetu et ira*) sowie – im Widerspruch zu ihrem sonstigen Wesen – Faulheit (*otium, inertia*).

Tacitus kannte das Land und seine Bewohner nicht aus eigener Anschauung; für seine Beschreibung musste er daher auf andere Quellen – seien es Augenzeugenberichte oder Beschreibungen bei anderen Autoren – zurückgreifen. Seine Hauptquelle sind die nicht erhaltenen *Bella Germaniae* des älteren Plinius, der das Land und seine Bewohner während seiner Zeit als Reiterpräfekt kennengelernt hatte. Weitere Quellen sind Caesar (*Gall.* 6,11–28) und der Germanenexkurs des Livius (Buch 104, ebenfalls nicht erhalten).

Tacitus überliefert aber nicht nur in der *Germania*, sondern auch in seinen anderen Hauptwerken, den Historien (*Historiae*) und den Annalen (*Annales*), Gegegebenheiten über die Germanen und die Geschehnisse in den germanischen Gebieten. Bei den Historien und den Annalen handelt es sich um Geschichtswerke. Die monographische Geschichtsschreibung (Historiographie, von griech. *historia* = „Geschichte" und *graphein* = „schreiben") geht auf das Vorbild des griechischen Autors Thukydides, die Historien (*Historiae*), zurück. Dabei wird ein Ereignis wie z. B. ein Bürgerkrieg oder eine Verschwörung in seinen inhaltlichen Zusammenhang eingeordnet. Beispiele hierfür sind *De coniuratione Catilinae* und *De bello Iugurthino* von Sallust. Daneben gibt es Mischformen, bei denen die Erzählung bei einem Ereignis einsetzt und dann chronologisch fortgeführt wird. Diese Form finden wir in Sallusts *Historiae* und auch bei Tacitus' *Annales* und *Historiae*.

Eine weitere Form der Geschichtsschreibung ist die Annalistik (*Annales*, von *annus* = „Jahr"), eine nach Jahren geordnete Darstellungsweise. Die Beschreibung beginnt mit der Gründung Roms (*ab urbe condita*) und reicht bis zur Zeitgeschichte. Vertreter dieser Gattung sind Quintus Fabius Pictor (*Annales*), Marcus Porcius Cato d. Ä. (*Origines*) und Titus Livius (*Ab urbe condita*). Zu den Gattungsmerkmalen der römischen Geschichtsschreibung gehören Exkurse, meist geographische oder ethnographische Beschreibungen, die in die Erzählung eingeschoben werden. Sie sind zur Unterhaltung des Lesers gedacht, indem sie ihm interessante Informationen liefern und als Orientierungshilfen zur besseren Bewertung der Ereignisse dienen. Aufgelockert wird die Erzählung durch Reden, die aber meist fiktiv sind. Sie sollen den Text lebendig machen und dienen der indirekten Charakterisierung der handelnden Personen. Beliebt sind historische Exempel (*bona et mala exempla* = „gute und schlechte Beispiele", Tacitus), um vorbildliches, aber auch negatives Verhalten zu illustrieren und die Leser zur Nachahmung anzuregen bzw. von der Nachahmung abzuhalten. Als Quellen dienen ältere, auch griechische Historiker; einige Autoren lassen auch eigene Erfahrungen einfließen, die sie bei der Ausübung politischer und militärischer Ämter gesammelt haben.

Die antiken Autoren betonen zwar ihre Objektivität, doch sie betrieben keine wissenschaftliche Forschung im heutigen Sinne, die sich an festgelegten Standards und Kriterien orientiert. Ihre Werke dienten der Unterhaltung und wurden deshalb durch literarische Zitate, Lebensweisheiten, Anekdoten und Legenden rhetorisch so gestaltet, dass Spannung und Emotionen beim Leser geweckt werden.

Die Objekte auf der Rampe, die vom Erdgeschoss des LVR-RömerMuseums nach oben führt, zeigen links die Ausrüstung der römischen Legionäre und rechts die Ausstattung der Hilfstruppen. Ein Band, in das Zitate aus Tacitus' Historiae graviert sind, führt nach oben (Tac. hist. 4,12–37 und 54–58). Der Autor schildert hier die Ereignisse des Bataveraufstandes aus dem Jahr 69/70 n. Chr. Er liefert damit Detailinformationen, die wir allein anhand der Funde nicht hätten.

Innerhalb des Bandes sind einzelne Textstellen aus anderen Büchern der Historien eingestreut. Auch sie enthalten wichtige Hinweise.

6

Batavi […] *eminus lacessentes. Post ubi pleraque telorum turribus pinnisque moenium inrita haerebant et desuper saxis volnerabantur, clamore atque impetu invasere vallum* […].

„Die Bataver […] eröffneten den Kampf durch Fernbeschuss. Als dann ihre Geschosse zum größten Teil wirkungslos an Türmen und Brustwehren stecken blieben und sie selbst durch herab geschleuderte Steine verletzt wurden, setzten sie unter Geschrei zum Sturm auf den Wall an […].“

DIE SPRACHE DER SIEGER

DIE EROBERUNG GERMANIENS

7

8

9

(Abb. 7) **Augustus.** Marmor, 1. Jh. v. Chr., Kapitolinische Museen, Rom.

(Abb. 8) **Agrippa.** Marmor, 1. Jh. v. Chr., Antikensammlung, Staatliche Museen zu Berlin

(Abb. 9) **Drusus.** Marmor, 1. Jh. n. Chr., Antikensammlung, Staatliche Museen zu Berlin.

VON DEN ANFÄNGEN BIS ZUR VARUSSCHLACHT

DIE ERMORDUNG CAESARS brachte Rom keine Ruhe. Erst nachdem Augustus den Machtkampf gegen Marcus Antonius in der Schlacht von Actium 31 v. Chr. für sich entschieden hatte, schloss sich eine friedensreiche Zeit, die *pax Augusta*, an Abb. 7. Nun konnte sich Rom seinen Außengrenzen und der Eroberung neuer Gebiete zuwenden. Auch Germanien rückte jetzt wieder in den Fokus.

Marcus Lollius, der Statthalter der Provinz Gallia comata, hatte 17 / 16 v. Chr. eine Niederlage gegen die Sugambrer, Usipeter und Tenkterer erlitten (*clades Lolliana*). Die Stämme waren über den Rhein gesetzt und in das von den Römern eroberte Gebiet eingedrungen. Die westgermanischen Sugambrer konnten dabei den Legionsadler der 5. Legion erbeuten. Der Verlust des symbolträchtigen Legionsadlers war die größte Schmach für eine römische Legion Abb. 10 und Abb. 13 (s. S. 35).

Wahrscheinlich als Folge dieser Niederlage kam es zu einer Neukonzeption in der Germanienpolitik: Die Elbe sollte nun die Grenze bilden und Germanien bis dorthin ins römische Reich integriert werden. Mit dieser Aufgabe beauftragt wurde Marcus Agrippa, der schon 39 / 38 v. Chr. und 20 / 19 v. Chr. Statthalter in Gallien gewesen war und das Land gut kannte Abb. 8. Mit der Schaffung eines eigenständigen Kommandobereichs für das *exercitus inferior apud ripam Rheni* („das untere Heer am Rheinufer", vgl. Tac. ann. 1,31) stand das niedergermanische Gebiet nun unter Militärverwaltung. 13 v. Chr. wurden für die Eroberung Germaniens fünf oder sechs Legionen an Mittel- und Niederrhein stationiert (s. S. 86). Nach dem Tod des Agrippa 12 v. Chr. übertrug Augustus das Oberkommando seinem Stiefsohn Drusus. Dieser führte von 12 bis 9 v. Chr. mehrere Germanienfeldzüge an Abb. 9. Die Römer gelangten dabei bis zur Nordsee und zogen über Ems und Weser bis zur Elbe.

Für die Feldzüge des Drusus wurden 12 v. Chr. Truppen am Niederrhein stationiert und ein Militärlager

10

Der Adler war das wichtigste Symbol der militärischen Macht Roms. Legionsadler auf Schmuckstein, Sardonyx, 1./2. Jh. n. Chr., LVR-Archäologischer Park Xanten.

(Abb. 11) **Tiberius auf Schmuckstein.** Glaspaste, 1. Hälfte 1. Jh. n. Chr., LVR-Archäologischer Park Xanten.

(Abb. 12) **Varus.** Bronzemünze, 8–7 v. Chr., Münzkabinett, Staatliche Museen zu Berlin.

auf dem Fürstenberg gegründet: Vetera castra. Dieses Lager in der Nähe des heutigen Xanten diente als Ausgangsbasis für die Feldzüge auf die rechte Rheinseite.

Nachdem Drusus 9 v. Chr. bei seinem Rückzug von der Elbe nach einem Sturz vom Pferd verstorben war, übernahm sein Bruder Tiberius das Kommando Abb. 11 und baute die römische Macht weiter aus. 8 v. Chr. vernichtete er die Sugambrer weitgehend, nachdem diese immer wieder in das römische Gebiet eingedrungen waren. Anschließend wurden die überlebenden Sugambrer mit anderen Unterworfenen, insgesamt 40.000 Menschen, auf die linke Rheinseite umgesiedelt. So sollte ein weiteres unkontrolliertes Eindringen von germanischen Stämmen verhindert werden. In den folgenden Jahren gab es immer wieder Auseinandersetzungen mit verschiedenen germanischen Stämmen, doch seit 6 n. Chr. betrachteten die Römer das rechtsrheinische Germanien als befriedet (*pacata*, nach Augustus *Res gestae* 26) und als eine beinahe tributpflichtige Provinz. Ab 7 n. Chr. war Publius Quinctilius Varus (47 / 46 v. Chr. bis 9 n. Chr., Abb. 12) Statthalter von Germanien.

12

11

Der Name Varus steht – wie der seines Gegenspielers Arminius – für eine der größten Niederlagen des römischen Heeres. Varus, der aus einer vornehmen und alteingesessenen römischen Familie stammte und durch seine beiden Ehefrauen familiäre Verbindungen mit dem Kaiserhaus hatte, war zuvor Statthalter der Provinzen Africa und Syria gewesen. Er hatte somit reichlich Erfahrung in der Leitung und Verwaltung einer Provinz. In Germannien begann er sogleich damit, die römische Zivilverwaltung, die Rechtssprechung und das Steuerwesen aufzubauen. Er tat dies vermutlich mit nur mangelhaftem Geschick und so machte sich unter einigen germanischen Stämmen Unmut gegenüber der römischen Besatzungsmacht breit. Arminius (auch Armenius, um 17 v. Chr. bis um 21 n. Chr.) war ein Fürst der Cherusker. Dieser Germanenstamm siedelte an der oberen Weser, im Gebiet des heutigen Ostwestfalen und Niedersachsen. Arminius hatte längere Zeit im römischen Heer gedient, wodurch er das römische Bürgerrecht und den Rang eines Ritters erhielt. Zwischen 7 und 9 n. Chr. kehrte er in seine Heimat zurück. Dort gelang es ihm, mehrere germanische Stämme für einen Aufstand gegen die Römer zu gewinnen, in dessen Folge Kaiser Augustus eine bittere Niederlage mit den bekannten Worten *Quintili Vare, legiones redde!* (Suet. Aug. 23) zu beklagen hatte. Wie konnte es so weit kommen?

(Abb. 13) **Dass das Motiv der Rückgabe der Feldzeichen an die Römer auf dem Panzerrelief der berühmten Augustus-Statue auftaucht, zeigt, wie wichtig dieses Ereignis für die Römer war.** Augustus von Primaporta. Marmor, nach 20 v. Chr., Vatikanische Museen, Rom.

13

14

Die Zeichnung zeigt die Aufstellung einer Legion. Links steht die größere erste Kohorte, es folgen neun weitere. Vorne rechts befindet sich die Reiterei.

DIE RÖMISCHE LEGION

SEIT DEM 2. JAHRHUNDERT V. CHR. war das römische Heer eine Armee aus Berufssoldaten und Freiwilligen. Sie bestand im Kern aus mehreren Legionen, deren Anzahl und Stärke je nach militärischer Lage unterschiedlich war. Seit Augustus waren die Legionen meist fest in den verschiedenen Provinzen stationiert. In der Kaiserzeit gab es immer zwischen 25 und 30 Legionen.

Eine Legion (*legio*) umfasste in augusteischer Zeit 5000–6000 Soldaten Abb. 14. Sie gliederte sich in zehn Kohorten (*cohors* = „Haufe, Schar"), wobei ca. 480 Mann eine Kohorte bildeten. Eine Kohorte war in drei Manipel (*manipulus* = „Handvoll", von *manus* = „Hand") unterteilt und ein Manipel wiederum in zwei Zenturien (*centuriae*, von *centum* = „hundert"). Die Zenturie war somit die kleinste Einheit im Heer und bestand ursprünglich aus 100, spätestens in der Kaiserzeit aber nur noch aus 80 Mann. Die erste Kohorte war mit 800 bis 1.000 Mann größer als die anderen neun Kohorten. Eine Legion bestand hauptsächlich aus Infanterie, also Fußsoldaten (ca. 4.800 Mann), hatte aber auch vier Kavalleriezüge (*turmae*) von insgesamt 120 Mann, die vor allem für die Aufklärung und Meldung zuständig waren.

Soldat (*miles*) in einer Legion konnte nur ein römischer Bürger (*civis Romanus*) werden, daher stammten die Legionäre anfangs hauptsächlich aus Italien, Südfrankreich und Spanien. Erst später sind auch Soldaten aus anderen Provinzen überliefert. Es waren freiwillige Berufssoldaten, die 20 Jahre, aber auch länger, aktiven Dienst (*stipendia*) leisteten. Danach verblieben sie noch für fünf Jahre als Reservisten (*veterani*) am Standort. Bei ihrer ehrenhaften Entlassung (*missio honesta*) erhielten die Soldaten Geldabfindungen oder Landzuweisungen.

Auf den weiten Wegen durch das ganze Reich mussten die Soldaten ihre Ausrüstung selbst tragen. Das Marschgepäck (*sarcina*) und die Waffen wogen zusammen über 40 kg. Die Soldaten legten durchschnittlich 20 bis 30 Kilometer am Tag zurück (*iter iustum*). Das Koch- und Trinkgeschirr, Lebensmittel, Decken und Kleidung wurden als Einzelpakete gebündelt und an einer langen Kreuzstange (*furca*) über der Schulter getragen Abb. 15 (s. S. 38). In einer Ledertasche (*pera*) befanden sich Dinge für die Körperhygiene wie Rasiermesser, Pinzette und Zahnstocher, aber auch Alltagsgegenstände wie ein kleines Öllämpchen, die Geldbörse, Würfel, Schreibgeräte oder kleine Götterstatuen. Je acht Legionäre bildeten eine Zeltgemeinschaft (*contubernium*), deren gemeinsames Gepäck (*impedimenta*), also das Zelt, die Schanzgeräte, eine kleine Handmühle, Kochgeschirr und weitere Lebensmittel, von Maultieren transportiert wurde.

Zur Grundverpflegung der Soldaten gehörten Getreide, Fleisch, Käse, Gemüse, Salz, Olivenöl und Wein (*lora*, *posca* oder *acetum* = „Weinessig", da der

Römischer Soldat der Reenactor-Gruppe Legio VIII Augusta mit Marschgepäck.

Wein so sauer war). Auf eigene Kosten (*per privatum*) konnte dies durch Leckereien wie Schinken, Wildbret, Austern und Bier erweitert werden. Die Hauptspeise war ein Getreidebrei (*puls*), der mit Gemüse variiert oder mit der beliebten Fischsauce (*liquamen, garum*), einer Art antikes Maggi, gewürzt wurde. Olivenöl, Wein und die Fischsauce wurden in Amphoren transportiert und gelagert. Amphoren (griech. *amphi* = „auf beiden Seiten", *pherein* = „tragen", d.h. Gefäße mit zwei Henkeln) waren das Transport- und Aufbewahrungsmittel der Römer schlechthin.

15

Einer Legion zugeordnet waren außerdem die Hilfstruppen (Auxiliareinheiten, von *auxilium* = „Hilfe"). Die Auxiliartruppen umfassten meist 500, seltener 1000 Mann – Fußsoldaten und Reiterei –, bei denen es sich entweder um freiwillige Berufssoldaten mit römischem Bürgerrecht handelte oder um Kontingente, die von den unterworfenen Volksstämmen gestellt werden mussten. Diesen winkte nach erfolgreicher Beendigung der Dienstzeit das römische Bürgerrecht.

Die berittenen Einheiten der Hilfstruppen machten den größten Teil der römischen Reiterei aus. Sie wurden Alae genannt (Pl. *alae* = „Flügel"), da sie während einer Schlacht die Flanken des Heeres abdeckten. Eine Einheit bestand in der Regel aus 500 Reitern und war in 16 *turmae* (= „Reiterabteilungen") mit bis zu 32 Mann gegliedert. Die Reiter in den Alen waren Elitesoldaten, die ein höheres Ansehen als die Fußsoldaten der Hilfstruppen genossen und auch höher besoldet waren. Häufig profitierte das römische Heer von den Spezialkenntnissen der Völkerschaften, aus denen diese Truppenteile ausgehoben wurden. Von Tacitus erfahren wir etwa von den hervorragenden Reitern vom Stamm der Bataver (Tac. hist. 4,12).

Auch in der Nähe des Legionslagers Vetera bei Xanten gab es vielleicht ein Auxiliartruppenlager, das sich in der Nähe der zivilen Siedlung befand und später von der CUT überbaut wurde. Einige Funde von Pferdegeschirr oder inschriftliche Belege könnten darauf hindeuten, dass es sich um ein Reiterlager, ein sogenanntes Alenlager gehandelt hat. Allerdings wurde Pferdegeschirr natürlich nicht ausschließlich beim Militär verwendet. Einen eindeutigen Nachweis etwa in Form eines archäologisch gesicherten Grundrisses von Pferdeställen gibt es in Xanten nicht. Einen außergewöhnlichen Fund einer solchen Reitereinheit stellt das silberne Stück einer Pferde-

Der Zenturio aus der Reenactor-Gruppe der Legio VIII Augusta zeigt ähnliche Auszeichnungen wie der verstorbene Marcus Caelius.

16

geschirrausrüstung dar, das im Bereich des Legionslagers bei Xanten-Birten entdeckt wurde. Eine der Zierscheiben (*phalerae*) trägt auf der Vorderseite eine bemerkenswerte Punzinschrift: PLINIO PRAEF(ecto) EQ(uitum) Abb. 17. Der ehemalige Besitzer des Pferdegeschirrs hat also unter niemand Geringerem als dem berühmten Schriftsteller Plinius dem Älteren gedient. Dieser war Reiterkommandeur (*praefectus equitum*) in Niedergermanien und hielt sich wohl auch in Vetera auf.

17

Die Zierscheibe des Pferdgeschirrs, das in Vetera gefunden wurde, belegt die Anwesenheit des berühmten Schrifstellers Plinius d. Älteren am Niederrhein. Zierscheibe, Bronze, versilbert, Mitte 1. Jh. n. Chr., Britisches Museum, London.

Zur militärischen Führung einer Legion gehörten unterschiedliche Dienstgrade. Einige dieser Ränge lassen sich auf den Inschriften aus Xanten wiederfinden. Den höchsten Rang hält der Legionskommandeur oder Legionslegat inne (*legatus legionis*). Abb. 143 (s. S. 163). Er stand dem Statthalter zur Seite, der den Oberbefehl über die Legion seiner Provinz hatte. In Provinzen mit mehreren Legionen wurde jede Legion jedoch von einem Legionslegat kommandiert, der als Stellvertreter des Statthalters fungierte. Die Legionslegaten waren meist ehemalige Prätoren und hatten das Amt ca. drei Jahre inne. Ebenfalls zum Führungsstab gehörten der Lagerpräfekt (*praefectus castrorum*), der für die Logistik zuständig war, sowie die Tribunen, hohe Offiziere der römischen Legion. Jede Legion hatte sechs Militärtribune, von denen einer aus dem Senatorenstand und fünf aus dem Ritterstand stammten. Der senatorische Militärtribun (*tribunus laticlavius*) war der ranghöchste und Stellvertreter des Legionskommandanten. Man erkannte ihn an dem breiten Purpustreifen auf seiner Tunika (*laticlavius* = „breiter Streifen"). Die fünf Militärtribune aus dem Ritterstand (*tribuni angusticlavii*) trugen eine Tunika mit einem schmalen Purpustreifen (*angusticlavius* = „schmaler Streifen"). Zu ihren Aufgaben gehörte die Überwachung der Lagerdisziplin, des Wachdienstes, der Krankenstationen, der Kornausteilung und der Heereslogistik, zudem waren sie für die Militärrechtssprechung zuständig. Von einem Tribun stammt der Weihestein für Seneucaega Abb. 29 (s. S. 57).

Unter dem Tribun stand der Zenturio (Hauptmann, *centurio*, von *centum* = „hundert", Abb. 16). Er befehligte eine Zenturie (80 Legionäre). Die Zenturionen

Während einer Veranstaltung im LVR-Archäologischen Park Xanten ziehen Akteure der britischen Ermine Street Guard mit den Feldzeichen der 20. Legion am Amphitheater vorbei.

waren erfahrene Soldaten, die in der Regel viele Dienstjahre hinter sich hatten. Sie sorgten für Disziplin und Ordnung und waren deshalb mit der *vitis* („Weinstockgerte") ausgestattet, die Zeichen ihrer Strafgewalt war und auch als Zuchtmittel eingesetzt wurde. Darüber hinaus waren sie für die Ausbildung und Ausrüstung der Legionäre zuständig. Viele Zenturionen blieben bis zu ihrem Tod in der Armee. Die Zenturionen waren deutlich erkennbar an ihrem quer getragenen Helmbusch (*crista transversa*). Weitere Kennzeichen waren die Beinschienen und das Schwert, das sie auf der linken Seite trugen.

Die *principales* (von *princeps* = „der Erste") waren Unteroffiziere, die im Rang unter einem Zenturio, aber über den *immunes* standen. Sie waren vom normalen Dienst (*munera*) befreit und für spezielle Aufgaben eingeteilt. Ihr höherer Rang machte sich auch im anderthalbfachen bis doppelten Sold gegenüber den einfachen Soldaten bemerkbar. Zu den *principales* gehörten z. B. der *signifer*, der *optio* und der *cornicularius*. Der *signifer* („Feldzeichenträger", *signum* = „Feldzeichen", *ferre* = „tragen") trug das Feldzeichen der Zenturie Abb. 18 (s. auch Abb. 74, S. 101, Abb. 125, S. 151, Abb. 131, S. 154). Er war durch seine Ausrüstung hervorgehoben: Er trug einen speziellen Helm, der mit einer Maske verschlossen werden konnte und an dem der Kopf eines Raubtieres (Wolf, Löwe, Bär) befestigt war. Die Vorderpfoten des Fells wurden über der Brust verknotet, der Rest hing über seinem Rücken. Meist waren erfahrene Soldaten Feldzeichenträger, da das Feldzeichen zur Orientierung der Soldaten in der Schlacht diente. Außerdem war er für die Legionskasse und damit für die Auszahlung des Soldes und die Versorgung mit Lebensmitteln zuständig.

Der ranghöchste und ehrenvollste Posten war der des *aquilifer*. Er trug den Legionsadler (*aqulia* = „Adler"). Der *imaginifer* („Bildnisträger") war der Träger des Kaiserbildnisses (*imago* = „Bildnis"). In besiegten Städten gingen die *imaginiferi* mit dem Kaiserbildnis umher, um der Bevölkerung ihren neuen Kaiser zu zeigen (s. auch Abb. 143, s. S. 163).

Der *optio centuriae* (von *optare* = „wünschen", d. h. „gewünschter Stellvertreter") war der Stellvertreter des Zenturio. Allerdings hatten die verschiedenen *optiones* unterschiedliche Aufgaben meist im administrativen Bereich – so gab es z. B. den Verwalter des Militärgefängnisses (*optio carceris*), den Befehlshaber einer Wachmannschaft (*optio custodiarum*), den Lazarettverwalter (*optio valetudinarii*) und den Leiter der Waffenwerkstatt (*optio fabricae*).

Der *cornicularius* (von *corniculum* = „kleines Horn") konnte sowohl militärische als auch zivile Verwaltungsaufgaben ausführen wie z. B. die Leitung der Schreibstube (*tabularium*) oder des Archivs Abb. 135 (s. S. 157).

Zu den Mannschaftsdienstgraden gehörte der *immunis* („Gefreiter"). Soldaten, die spezialisierte Aufgaben hatten und deshalb vom allgemeinen Dienst (*munera*) befreit waren, hießen *immunes*. In der Hierarchie standen sie unter den *principales*, aber über den einfachen Soldaten; sie erhielten den einfachen Sold. Zu den *immunes* gehörten die unterschiedlichsten Berufe: Baumeister (*architecti*), Geschützbedienung (*ballistrarii*), Sanitäter (*capsarii*), Hornbläser (*cornicen*), Schmiede (*fabri*), Steuerleute (*gubernatores*), Steinmetze (*lapidarii*), Schreiber (*librarii*, Abb. 126, s. S. 151), Ärzte (*medici*), Landvermesser (*mensores*), Schiffbauer (*naupegi*), Bogenschützen oder Pfeilmacher (*sagittarii*). Die einfachen Soldaten nannten sich *miles gregarius / gregalis* (= „Soldat, Legionär"). Auch von ihnen haben wir Kenntnis durch ihre Weihe- und Grabinschriften, z. B. auf dem Weihaltar des Massanius Secundus und Aurelius Dosso an die Grenzgötter und den *Genius loci* Abb. 65 (s. S. 91).

Die Stärke des römischen Heeres bestand also in einer straff organisierten Befehlsstruktur, der guten Ausrüstung und in der Loyalität der Soldaten gegenüber ihrer Truppe. Wie konnte Arminius also der Sieg gegen das starke römische Heer gelingen?

18

19

Wo genau die Varusschlacht stattgefunden hat, ist bis heute umstritten. Tacitus überliefert als einziger eine Ortsbezeichnung (*Teutoburgiensis saltus*, ann. I 60). Als möglicher Schauplatz gilt Kalkriese bei Osnabrück, wo zahlreiche Militaria gefunden wurden. Im Zuge des aufkommenden Nationalismus wurde im 19. Jahrhundert ein riesiges Hermannsdenkmal bei Detmold errichtet.

DIE LEGENDÄRE VARUSSCHLACHT

IM FRÜHSOMMER 9 N. CHR. zog Varus mit der 17., der 18. und der 19. Legion von Vetera entlang der Lippe zur Weser, wo sich das Sommerlager befand. Als die Truppen im Herbst wieder Richtung Niederrhein zogen, berichtete Arminius von einem angeblichen Aufstand, den Varus niederschlagen sollte. Zwar soll Varus Warnungen über einen Verrat des Arminius erhalten haben, doch da er Arminius für einen Verbündeten hielt, vertraute er diesem.

Arminius, der die römische Kampftechnik bestens kannte, wusste von den Stärken, aber auch den Schwächen der Römer. Weil die Germanen eine offene Feldschlacht gegen das gut organisierte und kampferprobte römische Heer nie hätten gewinnen können, wählte er eine Guerillastrategie. Er führte die Römer in eine Gegend, die ihnen nicht sehr vertraut war. Außerdem machte er sich das unwegsame Gelände zunutze, in dem sich die Römer nie zu einer Kampfformation aufstellen und ihre Stärken ausspielen konnten. Sie wurden von den Germanen in tagelange Kämpfe verwickelt und aus dem Hinterhalt überfallen. Auf diese Weise gelang es Arminius und seinen Verbündeten, die Römer vernichtend zu schlagen Abb. 19. Varus soll sich zusammen mit den höchsten Offizieren auf dem Schlachtfeld das Leben genommen haben.

Sueton überliefert, dass die Nachricht von der verheerenden Niederlage für große Besorgnis in Rom gesorgt habe, da Erinnerungen an die Kimbern und Teutonen aufgekommen seien, die den Römern ab 113 v. Chr. mehrere schwere Niederlagen zugefügt hatten. Augustus soll so außer Fassung gewesen sein, dass er Bart und Haare monatelang habe wachsen lassen, den Kopf gegen die Tür geschlagen und ausgerufen habe: „Quintilius Varus, gib mir die Legionen zurück!" (*Quintili Vare, legiones redde!* Suet. Aug. 23). Trotz dieses Ausrufs scheint Augustus ihn aber nicht für die Katastrophe verantwortlich gemacht zu haben, denn Augustus ließ den Kopf des Varus, den er später vom Markomannenkönig Marbod erhielt, ehrenhaft bestatten. Als Ursache für die Niederlage galt der Verrat der Germanen, erst unter Tiberius (14–37 n. Chr.) wurde Varus als der Schuldige ausgemacht. Obwohl drei Legionen und die drei Legionsadler verloren gingen – die größte militärische Schmach für die Römer –, schrieb Augustus in seinem Tatenbericht, dass Germanien unter seiner Herrschaft bis zur Elbe befriedet worden sei (*Germaniam ... ad ostium Albis fluminis pacavi, Res gestae* 26). Erst sein Nachfolger Tiberius sah ein, dass die Idee einer Provinz Germanien, die bis zur Elbe reicht (*Germania transrhenana*), gescheitert war.

Wie die Schlacht abgelaufen ist und wie es zu der Niederlage kommen konnte, erfahren wir aus verschiedenen literarischen Quellen. Zeitgenossen der Ereignisse waren nur die Geschichtsschreiber Strabon (geogr. 7,1,4) und Velleius Paterculus (2,117–119), spätere Autoren wie Tacitus (ann. 1,61) und Florus (epit. 2,30) mussten für ihre Darstellungen auf ältere Quellen zurückgreifen. Die ausführlichste Beschreibung stammt von dem Historiker Cassius Dio aus dem Beginn des 3. Jahrhunderts (56,18–24).

LATEIN

EINE SPRACHE HÄLT DIE WELT ZUSAMMEN

Grabstein des Caelius. Kalkstein, 9 n. Chr. oder etwas später, LVR-LandesMuseum, Bonn.

DER CAELIUSSTEIN

VOM QUELLENWERT RÖMISCHER INSCHRIFTEN

DIE KATASTROPHE DER VARUSSCHLACHT hat nicht nur in den römischen Schriftquellen Niederschlag gefunden. Auch der Grabstein des Marcus Caelius, der bereits im 17. Jahrhundert bei Xanten-Birten gefunden wurde, ist ein beredtes Zeugnis der römischen Niederlage Abb. 20. Er ist u. a. so bedeutsam, weil er als einziges archäologisches Zeugnis sicher der Varusschlacht zuzuordnen ist. Zudem ist er bisher der älteste römische Grabstein Deutschlands und der erste Soldatengrabstein, der im Rheingebiet gefunden wurde. Das Original steht in Bonn.

Für Altertumswissenschaftlerinnen und Altertumswissenschaftler ist er aber nicht nur aufgrund seiner künstlerischen Qualität bemerkenswert, die unter den sonstigen Funden aus Vetera hervorsticht, sondern v. a. wegen seiner Inschrift, die eine Fülle an Informationen bietet, wenn man sie richtig zu lesen versteht.

Die Verständnisprobleme bei römischen Inschriften rühren häufig von den zahlreichen Kürzeln her. Die Römer verwendeten standardisierte Abkürzungen, die in der Antike allgemein bekannt und deshalb allen verständlich waren. Auch wir kennen solche standardisierten Abkürzungen und verwenden sie in der alltäglichen Kommunikation – oft ohne darüber nachzudenken: z. B. = zum Beispiel, LG = Liebe Grüße oder aus dem niederländischen Sprachraum: bv. = bijvoorbeeld („zum Beispiel") oder auch enz. = enzovoort („und so weiter"). Wenn man eine Sprache nicht spricht, einer anderen Generation angehört oder fachfremd ist, sind solche Abkürzungen kaum aufzulösen.

Warum werden sie dann verwendet? Heute spart man v. a. Zeit, da man nicht das gesamte Wort oder den kompletten Ausdruck ausschreiben muss. Besonders bei langen oder komplizierten Wörtern ist das praktisch. Man denke nur an Gesetzestexte, in denen etwa die Straßenverkehrsordnung abgekürzt wird zu StVO. Für die Römer war jedoch auch der Aspekt der Platzersparnis wichtig. Denn gerade bei Inschriften auf Grab- oder Weihesteinen stand nur ein begrenzter Platz zur Verfügung. Das Material und die Kosten für den Steinmetz waren auch damals bares Geld, das man dank Abkürzungen sparen konnte. Eine Liste der wichtigsten Abkürzungen der römischen Inschriften findet sich im Anhang.

Grabdenkmäler (*monumenta*, von *monere* = „mahnen, erinnern") mit ihren Inschriften (*tituli*) wurden zur

Erinnerung an die Verstorbenen errichtet. Sie sind für uns wichtige Informationsquellen. Grabinschriften gehören neben den Weihinschriften zu den am häufigsten überlieferten Inschriften aus Vetera II und der Colonia Ulpia Traiana.

Die Grabinschriften folgen einem festen Schema. Genannt werden neben dem Namen der soziale Status, die beruflichen Leistungen sowie die familiären Verhältnisse. Die *tituli* auf den Grabsteinen waren unterschiedlich ausführlich. Die knapp gehaltenen Inschriften konzentrieren sich auf die wichtigsten Angaben, also den Namen des Verstorbenen sowie den Namen desjenigen, der den Grabstein aufstellen ließ. Ausführlichere Inschriften informieren zudem über die Abstammung (Name des Vaters), die Herkunft (Geburtsort bzw. „Wahlbezirk" = *tribus*), den rechtlichen Status (römischer Bürger, Einheimischer), das Alter und den Beruf des Verstorbenen (bei Soldaten: Dienstjahre, Rang, Aufgaben), die Ehrenämter (*cursus honorum*) sowie den Familienstand (Ehefrauen, Verwandte). Bildliche Darstellungen konnten den Text ergänzen Abb. 88 (s. S. 118).

Bei römischen Weihinschriften verhält es sich ähnlich. Sie gehören neben den Grabinschriften zu den am häufigsten überlieferten Inschriften aus römischer Zeit. Auch sie sind wichtige Informationsquellen. Sowohl Grab- als auch Weihinschriften sind eine antike Form der Selbstdarstellung, in der die Verstorbenen bzw. die Hinterbliebenen sowie die Stifter sich der Öffentlichkeit präsentierten.

Die **Datierung** ab urbe condita, „seit der Gründung der Stadt" (753 nach Varro), wurde im täglichen Leben nicht verwendet, die Römer benutzten sie nur für die Zählung der Jahre ihrer Geschichte. Die christliche Datierung post Christum natum, „n(ach) Chr(isti) (Geburt)", bzw. ante Christum natum, „v(or) Chr(isti) (Geburt)", geht auf den Mönch Dionysius Exiguus zurück und wurde erst 525 n. Chr. eingeführt.

WANN GENAU? – DATIERUNG ANHAND VON INSCHRIFTEN

Ein besonders wichtiger Aspekt antiker Inschriften ist, dass sie häufig Hinweise auf die **Datierung** der Objekte liefern. Das macht sie für die Altertumswissenschaften zu einer besonders wichtigen Gattung. In der Regel erschließen sich die wichtigen Angaben für den heutigen Betrachter allerdings nicht auf den ersten Blick. Die Römer verwendeten nämlich eine andere Form der Datumsangabe als die heutige. Sie bezeichneten das Jahr nach den beiden amtierenden Konsuln, die oft nur mit ihrem Beinamen (*cognomen*) oder Familiennamen (*nomen gentile*), manchmal aber auch mit der vollständigen Namensgebung (Vorname, Gentilname, Beiname) bezeichnet wurden. Um das Jahr zu bestimmen, musste man die Listen mit den Konsuln zu Rate ziehen, die sogenann-

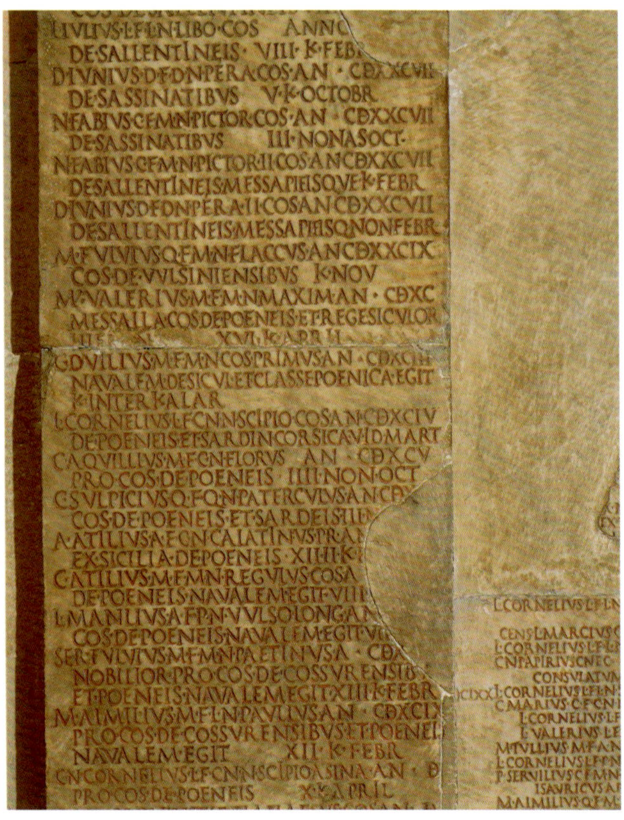

21

Die Listen der römischen Konsuln ermöglichen häufig die Datierung lateinischer Inschriften. Konsularfasten, Marmor, 2. Jh. v. Chr.–1. Jh. n. Chr., Museo del Palazzo dei Conservatori, Rom.

ten Fasten (*fasti consulares*). Mit *fasti* (= „Verzeichnis der Gerichtstage") bezeichneten die Römer ihren Kalender. Unser Wort „Kalender" stammt von *calendarium* = „Schuldenverzeichnis" ab, da am Monatsersten, den Kalenden, die Zinszahlungen fällig waren.

Die *fasti consulares* wurden in allen Städten geführt. Überliefert sind z. B. die Kapitolinischen Konsularfasten Abb. 21 und die Fasten von Ostia. Die Datierung nach Konsuln findet man während der gesamten Zeit des römischen Reiches von der Republik bis zur Kaiserzeit. So kann man anhand der Nennung eines oder beider Konsuln das Jahr der Aufstellung einer Inschrift bestimmen.
Aus der Kaiserzeit ist neben der Datierung nach Konsuln auch die Datierung anhand der Kaisertitulatur bekannt. Unter der Titulatur des Kaisers versteht man die Ämter, Kompetenzen und Würden, die dieser innehatte. Einige Kompetenzen wie die tribunizische Vollmacht wurden jedes Jahr erneuert, andere, wie das Amt des Konsuls oder Censors, bekleidete der Kaiser nicht jährlich. Da sich die Titulatur damit jedes Jahr änderte, ermöglicht sie heute die Berechnung des Jahres, in die eine Inschrift zu datieren ist. Diese Art der Datierung ist v. a. für Bauinschriften sowie für Inschriften auf anderen Denkmälern wie dem Siegesdenkmal der 6. Legion von Bedeutung Abb. 80 (s. S. 105).

KALENDER UND WOCHENTAGE

Ungewöhnlicher als die Datierung auf das Jahr genau ist auf Inschriften die Datierung mit exakter Datumsangabe. Die Römer hatten allerdings für die Bezeichnung der Monatstage ein anderes System als unser heutiges. Sie numerierten die Tage nicht von eins bis 30 bzw. 31 durch, sondern orientierten sich an drei festen Stichtagen im Monat.

Stichtag	Entsprechung
Kalendae, -arum (Kal.)	1. Tag des Monats
Nonae, -arum (Non.)	5., in den Monaten mit 31 Tagen 7. Tag des Monats
Idus, -um (Id.)	13., in den Monaten mit 31 Tagen am 15. Tag des Monats.

22

An einem Steckkalender konnten die Wochentage und die Monate mit Hilfe von Holzstäbchen markiert werden. Das römische Original befindet sich im Martin von Wagner Museum, Würzburg. Kopie (Carlo Ruspi), 1836, RGZM Mainz.

Vor der Kalenderreform durch Gaius Iulius Caesar (46 / 45 v. Chr.) berechneten die Römer das Jahr nach den Mondumläufen. Die Kalenden und Iden bezeichneten ursprünglich Neumond und Vollmond. Die Nonen (*nonus* = „der neunte") meinen den neunten Tag vor den Iden. Die Nonen und Iden lagen in den Monaten März, Iuli, Mai und Oktober (Merkwort: MILMO) am 7. bzw. 15. Tag des Monats, in allen anderen Monaten am 5. bzw. 13. Tag. Dadurch hatte das Jahr allerdings nur 355 Tage verteilt auf 12 Monate, wobei die vier MILMO-Monate 31 Tage hatten, der Februar 28, die anderen 29 Tage. Dies führte dazu, dass das Kalenderjahr und das astronomische Sonnenjahr auseinanderliefen und durch Schalttage bzw. Schaltmonate aneinander angepasst werden mussten. Gaius Iulius Caesar legte nun das Sonnenjahr zugrunde, sodass auf drei Jahre mit 365 Tagen ein Schaltjahr mit 366 Tagen folgte (sog. Julianischer Kalender). Die Monate April, Juni, September und November hatten nun 30 Tage, alle anderen Monate 31 Tage, der Februar 28 bzw. in Schaltjahren 29 Tage. Der Julianische Kalender hat nach einer kleinen Anpassung durch den Papst Gregor XIII. (1502–1585) als Gregorianischer Kalender in seinen Grundzügen bis heute Gültigkeit.

Die Tabellen unten machen deutlich, dass die Bezeichnungen der Wochentage noch heute auf die jeweiligen römischen bzw. germanischen Götternamen Bezug nehmen. Darüber hinaus kann man erkennen, wie eng die jeweiligen Sprachfamilien verwandt sind.

Ausgehend von den Kalenden, Iden und Nonen wurden die übrigen Tage rückwärts berechnet, wobei die Römer die Stichtage miteinrechneten (*ante diem* + Stichtag im Akkusativ). Der Vortag vor den Kalenden, Nonen und Iden wurde mit *pridie* + Akkusativ bezeichnet, d. h. der 31. Januar ist *pridie Kal(endas) Febr(uarias)*. Die genauen Daten werden etwa auf dem Weihestein des Tertinius Vitalis (Abb. 126, s. S. 151, *VI Kalendas Maias* = 26. April), der Weihung des Titus Quartinius Saturnalis (Abb. 124, s. S. 150, *Kalendis Iuliis* = 1. Juli) und auf dem Weihestein des Titus Flavius Super Cepula (Abb. 68, s. S. 94, *Nonis Novembribus* = 5. November) genannt.

Während die Angaben zu Jahr (*annus*) und Tag (*dies*) für uns gewöhnungsbedürftig sind, haben sich die Namen der Monate (*menses*) von den Römern bis in unsere Zeit erhalten. Allerdings begann das römische Jahr bis 153 v. Chr. mit dem Monat März.

Römische Gottheit	Lateinisch	Italienisch	Französich	Spanisch
Luna (mit liegender Mondsichel auf dem Kopf)	dies Lunae	lunedì	lundi	lunes
Mars (mit Helm und Speer)	dies Martis	martedì	mardi	martes
Mercur (mit Flügelhaube und Schlangenstab)	dies Mercurii	mercoledì	mercredi	miercoles
Iuppiter (mit Vollbart und Blitzen)	dies Iovis	giovedì	jeudi	jueves
Venus (weibl. Figur)	dies Veneris	venerdì	vendredi	viernes
Saturnus (mit Vollbart und Sichel)	dies Saturni	sabato (jüdisch: Sabbat)	samedi	sábado
Sol (mit Strahlenkranz)	dies Solis	domenica	dimanche	domingo

Die Monatsnamen September bis Dezember gehen also noch von der ursprünglichen Zählung der Monate aus und wurden nach Verlegung des Jahresbeginns auf den Januar nicht an die neue Zählung angepasst:

1. *Januaris* (*mensis*): Benannt nach dem Gott Janus.
2. *Februarius* (*mensis*): Benannt nach dem Reinigungsfest *februa* (*februare* = „sühnen, reinigen") am Ende des Jahres.
3. *Martius* (*mensis*): Benannt nach dem römischen Stammgott Mars.
4. *Aprilis* (*mensis*): Die Herkunft des Wortes ist unklar; vielleicht von etruskisch *apru* = Aphrodite (Göttin der Liebe und Fruchtbarkeit) oder von *aperire* = „öffnen" (der Natur).
5. *Maius* (*mensis*): Benannt nach der Wachstumsgöttin Maia.
6. *Iunius* (*mensis*): Benannt nach der Göttin Iuno.
7. *Quintilis* (*mensis*): *quintus* = „der fünfte (Monat)", seit 44 v. Chr. *Iulius* nach Gaius Iulius Caesar.
8. *Sextilis* (*mensis*): *sextus* = „der sechste (Monat)", seit 8 v. Chr. *Augustus* nach Kaiser Augustus.
9. *September* (*mensis*): *septimus* = „der siebte (Monat)".
10. *October* (*mensis*): *octavus* = „der achte (Monat)".
11. *November* (*mensis*): *nonus* = „der neunte (Monat)".
12. *December* (*mensis*): *decimus* = „der zehnte (Monat)".

Die Einteilung in eine Siebentage-Woche entstand allmählich in augusteischer Zeit. Zuvor richtete sich die Woche nach den Markttagen, den *nundinae*, da sie an jedem neunten Tag (*nonus dies*) abgehalten wurden. Die Markttage waren allerdings regional unterschiedlich festgesetzt. Das machte eine einheitliche Datierung unmöglich. Ein arbeitsfreies Wochenende kannten die Römer nicht. Das änderte sich erst mit der Christianisierung, da die Christen den Sonntag als Tag des Herrn (*dies dominica*) feierten.

Die Götter spielten im Leben der antiken Menschen eine wichtige Rolle. Daher ist jeder Tag der Woche einem Gott gewidmet Abb. 22 (s. S. 49). Diese Namensbezeichnungen haben sich in den romanischen Sprachen erhalten, während in den germanischen Sprachen die Namen der entsprechenden germanischen Gottheiten weiterleben (siehe Tabelle unten).

Germanische Gottheit	Deutsch	Niederländisch	Englisch
(Mond)	Montag	Maandag	Monday
Tiwaz / Tyr	Dienstag	Dinsdag	Tuesday
Wotan / Odin	Mittwoch	Woensdag	Wednesday
Thor / Donar	Donnerstag	Donderdag	Thursday
Freya	Freitag	Vrijdag	Friday
(Unbekannt)	Samstag	Zaterdag	Saturday
(Sonne)	Sonntag	Zondag	Sunday

DER CAELIUSSTEIN IM DETAIL

Die moderne Umschrift des Caeliussteins Abb. 24 sieht nach dem Leidener Klammersystem wie folgt aus.

M(arco) CAELIO T(iti) F(ilio) LEM(onia tribu) BON(onia) / [I] O(rdinis) LEG(ionis) XIIX ANN(orum) LIII S(emissis) / [CE]CIDIT BELLO VARIANO OSSA / [LIB(ertorum) I]NFERRE LICEBIT. P(ublius) CAELIVS T(iti) F(ilius) / LEM(onia tribu) FRATER FECIT.

M(arcus) CAELIVS / M(arci) L(ibertus) / PRIVATVS

M(arcus) CAELIVS / M(arci) L(ibertus) / THIAMINVS

Dem Marcus Caelius, Sohn des Titus, aus dem Stimmbezirk Lemonia, aus Bologna, (Zenturio) ersten Ranges der 18. Legion, 53 ½ Jahre alt. Er fiel im Varianischen Krieg. Die Gebeine [der Freigelassenen (hier)] beizusetzen, ist erlaubt (wörtl.: wird erlaubt sein). Sein Bruder Publius Caelius, Sohn des Titus, aus dem Stimmbezirk Lemonia, hat (diesen Gedenkstein) errichtet.

Marcus Caelius Privatus, Freigelassener des Marcus.

Marcus Caelius Thiaminus, Freigelassener des Marcus.

Der Grabstein besteht aus Kalkstein und kann aufgrund der Nennung des Varus, dessen Statthalterschaft von 6 bis 9 n. Chr. bestimmbar ist, auf 9 n. Chr. oder etwas später datiert werden. Er hat die Form einer Ädikula, eines kleinen Tempels. In der Mitte des Bildfeldes sehen wir Marcus Caelius als Halbfigur. Er trägt eine Tunika und darüber einen Panzer mit Lederlaschen (*pteryges*) an den Armen und am unteren Saum. Ein Mantel liegt über seiner linken Schulter und über seinem linken Unterarm. In seiner rechten Hand hält er die *vitis*, den Zenturionenstab. Hinzu kommen verschiedene militärische Auszeichnungen. Rechts und links, etwas weiter nach hinten gerückt, stehen auf Sockeln die Schulterbüsten seiner beiden Freigelassenen, Marcus Caelius Privatus und Marcus Caelius Thiaminus.

Der Grabstein des Caelius ist ein **Kenotaph** (von griech. *kenos* = „leer", *taphos* = „Grab"). Der Verstorbene war hier nicht bestattet, sondern es handelt sich um ein leeres Scheingrab. Da die sterblichen Überreste des Caelius nicht geborgen werden konnten, ließ sein Bruder Publius ein solches Grab errichten.

Das **Kenotaph** des Marcus Caelius wurde bei Vetera gefunden, wo es auch aufgestellt worden war. Wahrscheinlich wurde dieser Ort gewählt, weil das Schlachtfeld, auf dem Caelius zu Tode gekommen war, zu abgelegen war. Vetera war wahrscheinlich der letzte Standort seiner Legion und dem Ort, wo er gestorben war, am nächsten. Vielleicht lebte hier auch derjenige, der für den Grabkult zuständig war. Zu Beginn der Inschrift werden der **Vor- und der Familienname** (*praenomen* und *nomen gentile*) des Verstorbenen genannt: Marcus Caelius. Dann folgt die Filiation (von *filius* = „Sohn"), also die Abkunft, durch Nennung des Vaters: der Sohn des Titus (*Titi filio*).

23

Farbige Rekonstruktion des Caeliussteins. Kopie, LVR-LandesMuseum, Bonn.

Grabstein des Caelius. Kalkstein, 9 n. Chr. oder etwas später, LVR-LandesMuseum, Bonn.

Als römischer Bürger besaß Marcus Caelius das Wahlrecht. Alle römischen Bürger (*cives Romani*) waren einem der 35 Stimmbezirke (*tribus*) zugeteilt, in dem sie ihr Wahlrecht ausübten. Der Stimmbezirk des Marcus Caelius, Lemonia, war eine der ältesten *tribus*. Ihr Gebiet erstreckte sich südwestlich von Rom. Darüber hinaus erfahren wir, von woher Marcus Caelius stammte (*origo* = „Herkunft"), nämlich aus Bononia, dem heutigen Bologna. Bononia wurde 89 v. Chr. dem Stimmbezirk Lemonia zugeordnet. Anhand der Filiation und der Nennung des Stimmbezirks erkannten die Zeitgenossen, dass es sich bei dem Verstorbenen um einen römischen Bürger handelte.

Das Alter des Marcus Caelius wird ungewöhnlich genau angegeben: *annorum LIII semissis* (*semis* = „die

M·CAELIVS
M·L
PRIVATVS
M·CAELIVS
M·L
THIAMINVS
24
M·CAELIO·T·F·LEM·BON
LEG·XIIX·ANN·LIII
CIDIT·BELLO·VARIANO·OSSA
NFERRE·LICEBIT·P·CAELIVS·T·F
LEM·FRATER·FECIT

25

Die Römer kannten in klassischer Zeit nur **18 Vornamen** (*praenomina*). Es gab zwar auch altrömische Vornamen wie Agrippa oder Faustus (= der „Begünstigte"), diese waren aber insgesamt selten. In der Kaiserzeit entstanden neue Vornamen. Am häufigsten waren Gaius, Lucius, Marcus, Publius, Servius und Titus. Für die Frauen wurde meist der Familienname des Vaters in weiblicher Form gewählt: Iulia, die Tochter des Gaius Iulius Caesar; Tullia, die Tochter des Marcus Tullius Cicero. Auch Zahlworte konnten zu Vornamen werden: So bedeutet Quintus „der Fünfte", womit wahrscheinlich gemeint ist, dass er im fünften Monat geboren wurde. Sextus (= „der Sechste") wurde wohl im sechsten Monat geboren und Decimus (= „der Zehnte") im 10. Monat. Eine andere These besagt, dass die Vornamen die Geburtsfolge bezeichnen, also etwa das erste, zweite oder dritte Kind. Merkwürdig ist allerdings, dass einige Zahlen überhaupt nicht vorkommen: Quartus, Octavus oder Nonus gibt es nicht als Vornamen. Waren vielleicht nur bestimmte Monate Namensgeber? – Wir wissen es nicht.

Grabstein des Caelius. Kalkstein, 9 n. Chr. oder etwas später, LVR-LandesMuseum, Bonn.

Hälfte"), d. h. er wurde 53 ½ Jahre alt. Damit hatte er für einen Menschen seiner Zeit ein hohes Alter erreicht.

Der Rang des Caelius wird mit *I Ordinis*, „Zenturio ersten Ranges", bezeichnet. Nur die besten und erfahrensten Zenturionen gehörten zu den *primi ordines*, den Zenturionen der 1. Kohorte. Diese nahmen gegenüber den anderen Zenturionen einen höheren Rang ein. Die Legion des Caelius wird im nächsten Abschnitt genannt: Es handelt sich um die 18. (legio XVIII oder XIIX), die wahrscheinlich im Bürgerkrieg vom späteren Kaiser Augustus ausgehoben wurde. Um 15 v. Chr. an den Rhein verlegt, hatte sie vielleicht in Vetera ihr Winterlager. Unter Drusus und Tiberius nahm die Legion an den Germanienfeldzügen teil.

Marcus Caelius war ein hochdekorierter Soldat. Hiervon zeugen die zahlreichen militärischen Auszeichnungen (*dona militaria*) Abb. 25. Am Halsausschnitt sieht man eine Wulst, vielleicht ein zusammengedrehtes Halstuch oder der Saum der Tunika. Über den Schlüsselbeinen trägt Marcus Caelius zwei gedrehte bronzene Halsreifen (*torques*, von *torquere* = „drehen"), die mit Bändern an den Schultern befestigt und mit Löwenkopfschließen fixiert wurden Abb. 26. Diesen Schmuck übernahmen die Römer von keltischen Kriegern. An beiden Armen sehen wir breite (ursprünglich goldene oder silberne) Armreifen (*armillae*), die paarweise verliehen wurden. Am auffälligsten aber sind die Auszeichnungen, die er auf seiner Brust trägt: Vier runde Scheiben (*phalerae*, von griech. *phálaron* = „Metallbuckel"), die an gitterförmig angeordneten Lederstreifen befestigt wurden, sind vollständig zu sehen. Den Rand einer fünften Scheibe erkennt man über den Armreifen am rechten Arm. Die Orden waren aus Gold, Silber oder Glas und wurden in Fünfer-, Siebener- oder Neunerzahl verliehen Abb. 27. Sie waren mit Reliefs verziert, die eine übelabwehrende (apotropäische) Funktion hatten oder in Form von Bildnissen des Feldherrn oder der kaiserlichen Familie die Verbundenheit des Soldaten bezeugten. Auf den Orden des Marcus Caelius sehen wir unten rechts einen Löwenkopf, der Stärke symbolisiert. Auf der Scheibe in der Mitte ist die alles versteinernde Medusa dargestellt, die eine übelabwehrende Funktion hatte. Die Scheiben rechts und links davon zeigen vermutlich zwei Mänadenköpfe oder einen Mänaden- und einen Satyrkopf. Dies sind die Begleiterinnen und Begleiter des Weingottes Bacchus. Sie stehen für das Glück entweder im Diesseits oder vielleicht auch im Jenseits.

Doch die ehrenvollste und seltenste Auszeichnung fällt dem heutigen Betrachter kaum auf, nämlich die sogenannte Bürgerkrone (*corona civica*). Sie be-

Die von den Kelten übernommenen Halsreifen, die bei den Römern als militärische Auszeichnung dienten, werden nur sehr selten bei Ausgrabungen gefunden. Torques, 1. Jh. n. Chr., Privatbesitz.

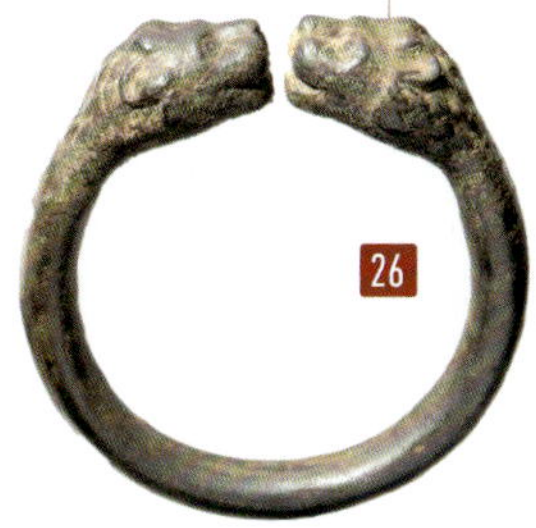

26

27

Die runden Zierscheiben (Phalerae) zeigen häufig übelabwehrende Motive wie die Medusa oder Angehörige des Kaiserhauses. Phalerae, Glas und Bronze, 1. Jh. n. Chr., LVR-RömerMuseum, Xanten.

BELLO VARIANO
LICEBIT P CAELI
FRATER FECIT

stand ursprünglich aus Eichenlaub, das man ebenso wie eine kleine runde Scheibe oberhalb der Stirn noch erkennen kann. In antiker Zeit war sie sicherlich deutlicher, da der Grabstein farbig angemalt war, sodass dem Betrachter die grüne Laubkrone im braunen Haar des Offiziers sofort ins Auge fiel Abb. 23 (s. S. 52). Mit der Bürgerkrone wurde nur derjenige ausgezeichnet, der im Kampf einem Bürger oder Bundesgenossen das Leben gerettet hatte (*ob cives servatos*). Der Feind musste bei der Rettung sterben und die Römer als Sieger aus dem Kampf hervorgehen. Der Gerettete krönte zum Dank seinen Retter und verehrte ihn sein Leben lang wie einen Vater. Wer mit der Bürgerkrone ausgezeichnet war, besaß einige Privilegien: Er durfte den Kranz bei feierlichen Anlässen tragen, beim Besuch des Theaters oder Zirkus, es mussten sich alle anderen vor ihm erheben und er durfte in der Nähe der Senatoren sitzen.

Besonders bemerkenswert ist die in der Inschrift verwendete Bezeichnung der römischen Auseinandersetzung mit Arminius. Wir kennen heute die Begriffe Varusschlacht oder die Schlacht im Teutoburger Wald. Auf der Inschrift erfahren wir, wie die Römer das schmachvolle Ereignis nannten. Denn hier ist nicht von einer Schlacht die Rede, sondern gar von einem *bellum Varianum*, einem Varianischen Krieg Abb. 28. Normalerweise wurden Kriege nach dem Gegner benannt. Man denke etwa an den *bellum Gallicum*, den Gallischen Krieg. Der Begriff *bellum Varianum* stellt allerdings auch in römischer Zeit eine Ausnahme dar, denn in der römischen Literatur taucht der Begriff *clades* (= „Niederlage“) auf: *clades Variana*, „die Niederlage des Varus“ (Suet. Aug. 23; Tac. ann. 1,10) und *clades nostra*, „unsere Niederlage“ (Vell. 105,1).
Warum wurde nun auf dem Caeliusstein der Begriff *bellum* und nicht *clades* verwendet? Eine Antwort darauf ist nicht leicht zu finden. Wahrscheinlich war es für Soldaten schmachvoll, in einer Niederlage und nicht in einem siegreichen Kampf oder einer Schlacht (*bellum, pugna*) zu fallen. Um das Andenken an seinen Bruder Marcus Caelius nicht zu beflecken, wird der Auftraggeber sich womöglich für den ungewöhnlichen, aber ehrenvolleren Begriff *bellum Varianum* entschieden haben.
Auf die Nennung des Krieges folgt die ausdrückliche Erlaubnis, die Gebeine (*ossa*) der Freigelassenen (*liberti*) des Caelius in Zukunft ebenfalls hier zu bestatten (*inferre*). Genannt werden Marcus Caelius Privatus und Marcus Caelius Thiaminus. Die beiden ehemaligen Sklaven erhielten nach ihrer Freilassung den Familiennamen ihres Herren (*nomen gentile*): Caelius. Sie bekamen zwar das römische Bürgerrecht, waren aber den freigeborenen Römern in einigen Dingen wie bei der Ausübung politischer Ämter nachgestellt. Porträts von Freigelassenen findet man selten auf Soldatengrabsteinen. Vielleicht wurden die beiden abgebildet, um die gehobene Stellung ihres Herrn zu betonen. Nur jemand mit ausreichend Vermögen konnte sich überhaupt Sklaven leisten. Wann die beiden gestorben sind, geht aus der Inschrift nicht hervor.
Am Ende der Inschrift folgt formelhaft die Nennung desjenigen, der den Grabstein errichtet hat (*fecit*). Im Falle des Marcus Caelius war es sein Bruder Publius, der durch die Errichtung des Kenotaphs nicht nur dem Gefallenen ein Denkmal setzte. Er machte damit auch deutlich, dass er dem Totengeist seines Bruders (*di manes*) einen würdigen Aufenthaltsort geschaffen und damit seine religiöse Pflicht gebührend erfüllt hatte.

(Abb. 28) **Grabstein des Caelius.** Kalkstein, 9 n. Chr. oder etwas später, LVR-LandesMuseum, Bonn.

29 **In der vierten Zeile des Weihesteins ist eine große Lücke. Dort waren einst Name und Titel des in Ungnade gefallenen Kaisers zu lesen. Das Original des Steins wurde in Zennewijnen in den Niederlanden gefunden.** Kopie, Kalkstein, 222 n. Chr., LVR-RömerMuseum, Xanten.

VERDAMMT UND VERGESSEN – DAMNATIO MEMORIAE

Welchen Wert die römischen Inschriften in der Kommunikation der Herrschenden hatten, zeigt sich an einem Phänomen, das im Zeitalter des Textverarbeitungsprogramms und der Delete-Taste kaum noch vorstellbar ist. Was passierte mit einer Inschrift, wenn der ehemalige Herrscher in Ungnade fiel? Sein Name wurde aus der öffentlichen Wahrnehmung ausgelöscht. Er fiel der Damnatio memoriae anheim.

Unter der Damnatio memoriae versteht man die Auslöschung der öffentlichen Erinnerung. Der Begriff stammt eigentlich aus späterer Zeit, in der Antike sprach man von der *abolitio nominis* (*abolere* = „vergessen machen“). Die Damnatio memoriae wurde über einige römische Kaiser verhängt – meist von ihren Nachfolgern –, aber auch über Mitglieder der kaiserlichen Familie oder über andere hochgestellte Personen des öffentlichen Lebens. Dies bedeutete u. a., dass der Name der betroffenen Person aus allen offiziellen Inschriften entfernt wurde (*erasio nominis*, *eradere* = „auskratzen, abkratzen“) und Darstellungen auf

31

(Abb. 31) **Eine Kopie dieses Steins liegt unter Glas im Boden am Fuß der Rampe, die im LVR-RömerMuseum ins Obergeschoss führt. Dass alle – auch in der Antike schon – mit den Füßen darauf treten, verdeutlicht die Erniedrigung, die man dem Genannten zufügen wollte.** Bauinschrift, Kalkstein, 66 n. Chr., Römisch-Germanisches Museum, Köln.

Reliefs und Münzen sowie Porträtbüsten zerstört wurden. Die Inschriften konnten vollständig zerstört werden – in dem Fall haben sich keine oder nur noch geringe Spuren erhalten, sie konnten aber auch weiterverwendet werden, indem man die entsprechenden Passagen löschte und eine Lücke ließ. So verfuhr man bei dem Weihaltar für Mars Cicollus Abb. 30 und Abb. 83 (s. S. 114). In der Lücke der Zeile 4 stand einst der Name Neros. Auch auf dem Weihestein für eine germanische Göttin Abb. 29 (s. S. 57) wurde der Name des Herrschers, hier Severus Alexander, aus der Inschrift gelöscht. An der Stelle, wo der Name und die Titulatur des Kaisers standen, ist nun eine Lücke im Text.

Eine andere Möglichkeit war, den Text abzuändern, also den Namen der Person zu tilgen und durch einen anderen Namen zu ersetzen. Dies konnte direkt erfolgen, aber auch noch später wie das Beispiel des Weihaltars für Mars Camulus Abb. 86 (s. S. 116) zeigt. Hier wurde in der Neuzeit, vielleicht im 16. Jahrhundert, die Lücke, in der der Name des Nero stand, fälschlich mit dem Namen des Tiberius (reg. 14–37 n. Chr.) gefüllt. Die Rasur, d. h. die gelöschte Stelle, kann man anhand der Vertiefung deutlich erkennen.

Während bei diesen beiden Weihesteinen der Name des Kaisers entfernt wurde, ging man bei einer Bauinschrift aus Köln einen anderen Weg, um die Erinnerung an den verhassten Kaiser zu löschen und ihn zugleich – zumindest symbolisch – zu erniedrigen: 66 n. Chr. errichtete die in Vetera stationierte 15. Legion in Köln ein Bauwerk, das wir nicht mehr kennen. In der Inschrift wird Nero genannt. Nach seiner Damnatio memoriae wurde jedoch nicht sein Name gelöscht, sondern die komplette Bauinschrift abmontiert und als Bodenplatte eines Abwasserkanals weiterverwendet Abb. 31. Der Name Neros blieb zwar in der Inschrift erhalten, doch was für eine Erniedrigung, den Namen von Abwässern und Fäkalien beschmutzt zu sehen! Eine Kopie dieser Inschrift ist im Museum zu Beginn der Rampe in das erste Obergeschoss im Boden verbaut.

Statuen oder Büsten der betreffenden Personen wurden ebenfalls vollständig oder teilweise zerstört. Verunstaltete man nur die Gesichtszüge, so spricht man von der Bildnisstrafe. Wenn die Statue erhalten blieb, konnte sie auch später in eine andere Person umgewandelt werden.

Ein Grund für eine Damnatio memoriae war z. B. Hochverrat. Diese Strafe wurde aber nicht immer aufgrund tatsächlicher Fehlleistungen ausgesprochen, sondern konnte auch persönlich motiviert sein. Wir wissen nicht genau, ob man mit diesen Maßnahmen die Erinnerung vollständig auslöschen wollte. Vielleicht sollte auch nur deutlich gemacht werden, dass die betreffende Person in Misskredit geraten war und als Negativbeispiel abschrecken sollte.

(Abb. 30) **Moderne Installation am Fuß der Rampe, die im LVR-RömerMuseum ins Obergeschoss führt.**

32

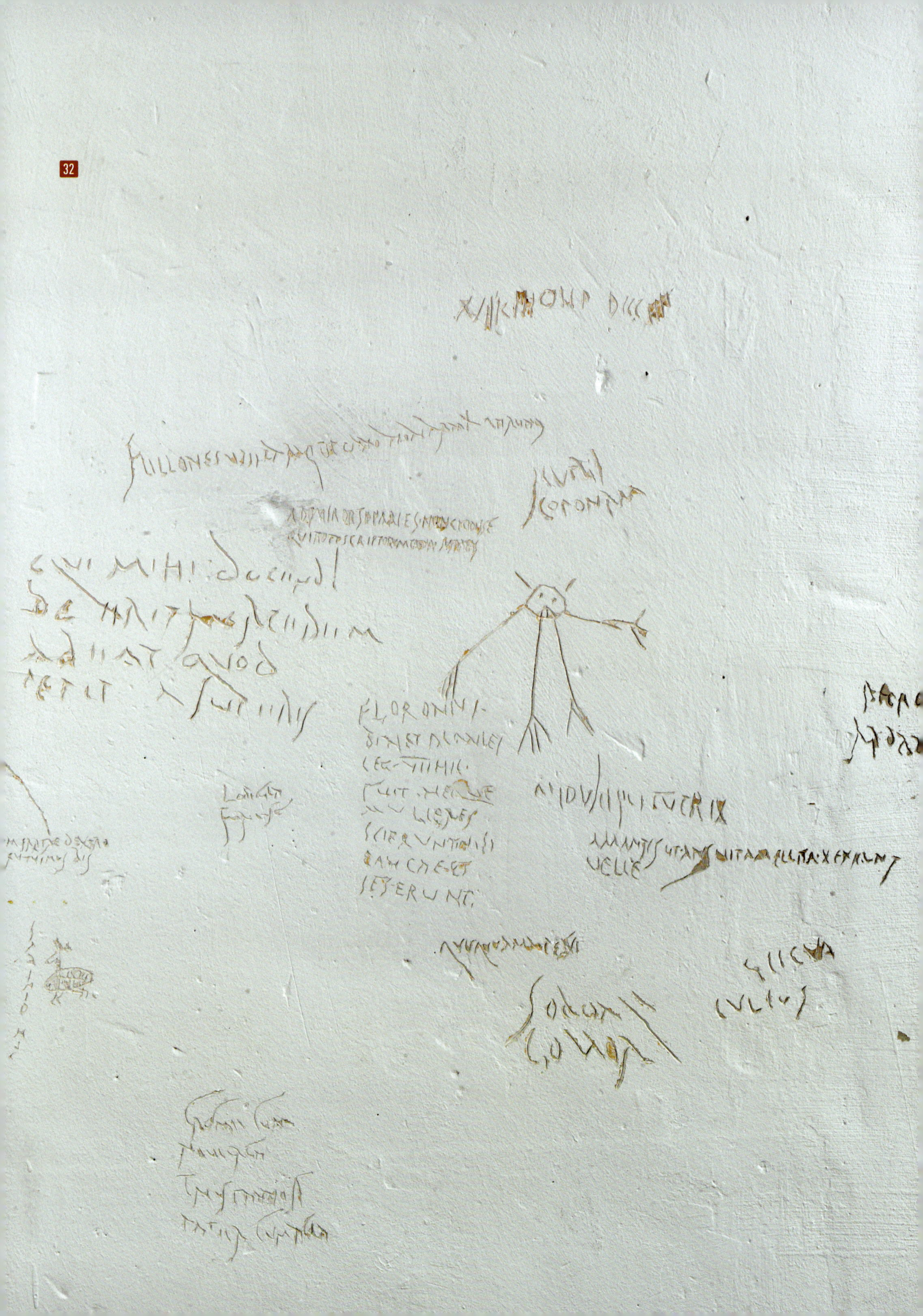

Solche Kritzeleien sind häufig wichtige Zeugnisse des römischen Alltags. Ein Lehrer schreibt: „Wer mir mein Unterrichtshonorar gibt, soll bekommen, was er von den Göttern erbittet". Moderne Faksimiles antiker Inschriften aus Pompeji (Cornelia Schlothauer).

SPRACHE IM ALLTAG

GALLIER UND GERMANEN LERNEN LATEIN

Die Einführung der lateinischen Sprache und Schrift war für die Gallier und Germanen eine nicht unerhebliche Neuerung. Schließlich war die germanisch-keltische Kultur von der mündlichen Überlieferung geprägt. Die Verschriftlichung ihrer Traditionen, Sagen, Geschichte oder Religion kannten die Germanen und Kelten nicht.

Sicherlich war die Latinisierung und die Literarisierung der einheimischen Bevölkerung ein langsamer Prozess. Ein wichtiger Faktor war das Militär, denn dort war Latein selbstverständlich die Kommunikationssprache. Die Männer, die aus den eroberten Völkern als Soldaten in den Auxiliareinheiten dienten, lernten vermutlich sehr schnell Latein. Zudem kam es im Laufe der Zeit zu einer Vermischung von römischen Bürgern und Einheimischen, z. B. wenn römische Soldaten einheimische Frauen heirateten und Familien gründeten.

Neben den Soldaten hat zumindest zu Beginn wahrscheinlich nur die einheimische Oberschicht Latein beherrscht. Bald eiferten die führenden Familien dem römischen Bildungsideal nach und schickten ihre Kinder nach Italien. Dort sollten sie eine klassische Ausbildung vor allem in Rhetorik und Grammatik erhalten. Weitere Fächer konnten Literatur, Philosophie, Geschichte, Jura, Geographie oder Mathematik sein. Die Römer hatten keine Hemmungen, die Ausbildung der Nachkommen der einheimischen Führungsschicht in Italien oder Griechenland zu erzwingen, um sie dort zu Trägern der römischen Kultur zu erziehen.

Eine Grundausbildung in Lesen, Schreiben und Rechnen konnte man in der Schule erhalten. Diese waren allerdings eher in den Städten angesiedelt, nicht aber auf dem Land. Ansonsten lernte man wohl meist einfach durch die Anwendung. Im täglichen Leben wurden die Menschen unweigerlich mit lateinischen Begriffen und Redewendungen konfrontiert – so wie heute mit Englisch. Es gibt ja auch heute einzelne englische Ausdrücke wie Sale, Drive-in oder Second Hand, die nahezu allgegenwärtig sind. So erlernte man rudimentäre Kenntnisse, wie wichtige Grundbegriffe und Ausdrücke. Abhängig davon, wo der Lebensmittelpunkt lag – entweder in den Städten, in der Nähe eines Legionslagers oder im ländlichen Raum – wird es natürlich große Unterschiede bei der Geschwindigkeit geben haben, mit der sich die Einheimischen der neuen Sprache bemächtigten.

NON VITAE, SED SCHOLAE DISCIMUS – SCHULE UND UNTERRICHT IM ALTEN ROM

„Nicht für das Leben, sondern für die Schule lernen wir" – diese Kritik am Schulsystem findet sich bereits in den Briefen des Seneca (epist. 106,12) im 1. Jahrhundert n. Chr. Über den Schulalltag in den Provinzen haben wir leider kaum Quellen, aber für die Hauptstadt Rom ist einiges überliefert und das

lässt erahnen, dass das heutige Schulsystem doch an vielen Stellen gerechter ist als bei den Römern.
Im alten Rom gab es keine Schulpflicht und auch keine staatlichen Schulen. Die Ausbildung war daher allein von der finanziellen Lage der Eltern abhängig. In der Elementarschule (*ludus; ludus litterarius / litterarum*) lernten die Kinder beim *magister ludi* (*litterator, primus magister*) Lesen und Schreiben sowie ein wenig Grundrechnen. Die meisten gingen ca. vier Jahre im Alter von 7 bis 12 auf diese Schule. Für die Kinder aus ärmeren Schichten war dies die einzige Schulbildung, die sie erhielten. Man kann aber dennoch von einem relativ hohen Alphabetisierungsgrad ausgehen.
Die Schüler, deren Eltern eine weitere Schulbildung finanzieren konnten, gingen bis zum 16. Lebensjahr auf die Sprach- und Literaturschule, wo sie beim *grammaticus* vor allem in der Grammatik und der Lektüre der griechischen und römischen Klassiker unterrichtet wurden. Die anderen Fächer wurden nur im Zusammenhang mit der Textinterpretation behandelt. Zwar war der *grammaticus* besser gebildet als der *magister ludi*, da er Griechisch beherrschen musste, doch war auch sein Ansehen nicht viel höher.
Nur die Jungen der Oberschicht gingen vom 16. bis zum 20. Lebensjahr auf die Hochschule, wo sie beim *rhetor* oder *orator* die Redekunst erlernten, die sie später als Anwalt auf dem Forum oder als Politiker im Senat benötigten. Der Unterricht war zweisprachig – auf Latein und Griechisch – und erfolgte nach griechischem Vorbild. Neben der Rhetorik war die Rechtswissenschaft (Jura) Ausbildungsgegenstand. Behandelt wurden Historiker (Sallust) und Redner (Demosthenes, Cicero). Der Rhetor stand in höherem Ansehen als der *magister ludi* und der *grammaticus* und wurde auch besser bezahlt. In der Kaiserzeit wurden die Rhetoriklehrer auch von der Stadt oder dem Staat entlohnt.
Da es keine geregelte Lehrerausbildung gab, konnte jeder eine Schule gründen. Auch gab es kein Schulgebäude, stattdessen fand der Unterricht in der Öffentlichkeit statt: Der Lehrer mietete einen Raum (*pergula*) in zentraler Lage, der zur Straße oder zum Forum offen bzw. nur durch einen Vorhang abgetrennt war. Der Unterricht wurde somit konstant vom Stadtlärm begleitet. Die Schüler wurden nicht nach Altersgruppen getrennt, sodass eine Gruppe von 20 bis 30 Jungen und Mädchen auf Schemeln um den Lehrer saß, der sie von seinem erhöhten Sitz (*cathedra*) aus überblickte. Die Kinder mussten die Wachstäfelchen beim Schreiben auf ihren Knien halten. Der Unterricht bestand wohl vor allem im Nachsprechen und Auswendiglernen. Kreativität oder Eigeninitiative der Schüler waren nicht gefragt. Schreiben lernten die Kinder, indem der Lehrer ihre Hand führte oder indem sie Buchstaben nachmalten, später schrieben sie Texte ab. Weil Bücher teuer waren, wurde der Stoff diktiert und dann auswendig gelernt. Der Unterricht begann frühmorgens und ging bis in den Nachmittag. Es gab eine Mittagspause, und wahrscheinlich weitere Pausen. Auch über Ferien gibt es kaum Quellenmaterial. Feiertage waren nicht automatisch schulfrei und es gab auch kein freies Wochenende. Lange Schulferien gab es vielleicht von Ende Juli bis Mitte Oktober. Nur an den Feiertagen zu Ehren des Saturn im Dezember und zu Ehren der Minerva im März machte die Schule auf jeden Fall Pause.
Der Beruf des Lehrers war nicht sehr angesehen und dementsprechend schlecht bezahlt. Die Bezahlung erfolgte auf Honorarbasis Abb. 32. Häufig unterrichteten Sklaven oder Freigelassene. In der Schule herrschte eine strenge Disziplin und die Prügelstrafe mit der Rute (*ferula*) war weit verbreitet. So umschreibt der Dichter Iuvenal in seiner ersten Satire seine Schulzeit mit *et nos ergo manum ferulae subduximus* (Iuv. 1,15), „auch ich habe also die Hand unter der Rute weggezogen", und Horaz berichtet von einem Lehrer, den er „schlaglustiger Orbilius" nennt (*plagosus Orbilius*, Hor. epist. 2,1,70f.).

ALLES IN STEIN GEMEISSELT?

Schriftträger und Schreibmaterial

Schrift war in der römischen Kaiserzeit die Grundlage für Alltagsgeschäfte und Rechtsangelegenheiten sowie Voraussetzung für eine funktionierende Verwaltung. Je nach der Funktion der Texte wurden unterschiedliche Schriftträger und Schreibmaterialien verwendet. Während offizielle Texte wie die Konsularfasten, die längere Zeit überdauern sollten, in Stein gemeißelt wurden Abb. 21 (s. S. 48), nutzten die Römer für vergängliche Texte wie Protokolle, Rechnungen, Quittungen, Briefe und Notizen Wachstafeln (*tabulae ceratae*, Abb. 33, 34). Hierbei handelte es sich um Holztäfelchen, die 10 bis 20 cm breit und 6 bis 15 cm hoch waren. Ihre vertiefte Mitte war mit Wachs gefüllt. Mit einem spitzen Bronzegriffel oder Knochen (*stilus, graphium*) wurden die Buchstaben ins Wachs eingeritzt, mit dem spatelförmigen Oberteil des Griffels konnte man das Wachs wieder glatt streichen und das Geschriebene so löschen (*stilum vertere* = „den Griffel umdrehen", d. h. ausradieren). Die Wachstäfelchen konnten somit mehrfach ver-

Schreibgeräte aus der CUT und dem Lager Vetera. Rechts sieht man eine kleine Kapsel, die zum Verschließen von Schriftstücken verwendet wurde. Schreibgegenstände, Bronze, Holz, 1. Jh. n. Chr., LVR-RömerMuseum, Xanten.

33

wendet werden. Wurden zwei oder mehrere Tafeln mit einem Bindfaden (*linum*) zusammengebunden, entstanden so *diptycha* („zwei Tafeln"), *triptycha* („drei Tafeln") oder *polyptycha* („mehrere Tafeln"). Ein Buchblock aus mehreren Tafeln hieß *caudex* bzw. *codex* („Baumstamm"). Daraus entwickelte sich später das Buch wie wir es kennen. Nur die Innenseiten der Täfelchen wurden beschrieben. Wollte man vertrauliche Nachrichten wie ein Testament vor fremden Augen schützen, brachte man am Faden ein Wachssiegel (*signum*) an Abb. 35. Die Siegelkapsel, die in der Colonia Ulpia Traiana gefunden wurde, belegt diese Praxis auch am Niederrhein. Sie zeigt das Symboltier Iuppiters, den Adler, der den Machtanspruch des römischen Reiches verkörpert.

Die Praxis des Siegelns stammt ursprünglich aus dem Mittelmeerraum, wurde aber im Lauf des 1. Jhs. n. Chr. vor allem in den Nordwestprovinzen verwendet. Dokumente, aber auch Wertgegenstände, die in Stoff eingewickelt waren, sicherte man damit gegen unbefugtes Öffnen. Wie genau das Dokument gekennzeichnet wurde, wissen wir nicht. Die erhaltenen Ringsteine sind häufig zu groß dafür.

35

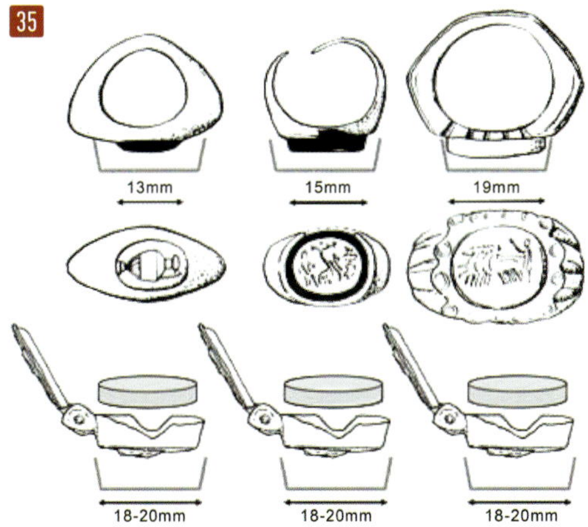

Für längere Texte wie öffentliche Urkunden, Briefe und literarische Texte benutzte man Papyrus. Vom Papyrus leitet sich unser Wort Papier ab. Die Papyrusfasern wurden überkreuz aufeinandergelegt und festgeklopft. Den Papyrus beschrieb man in der Regel auf der Seite, wo die Fasern horizontal verliefen. Da das Material allerdings teuer war, wurde es in der Kaiserzeit rationiert. Daher nutzte man dann auch die andere Seite, die wegen der senkrecht verlaufenden Fasern schlechter zu beschreiben war. Papyrus ist ein sehr empfindliches Material, das bei Feuchtigkeit oder Trockenheit schnell brüchig wird, weshalb es in der Spätantike vom Pergament verdrängt wurde. Pergament (*membrana*) wurde aus den Häuten von Schwein, Rind, Schaf oder Ziege hergestellt und ist deutlich haltbarer als Papyrus. Der Name geht zurück auf die These, dass die Herstellung von Pergament in der Stadt Pergamon an der türkischen Westküste maßgeblich verbessert wurde.

Mit Schreibfedern aus Schilfrohr (*calami*), seltener aus Bronze, beschrieb man Papyrus und Pergament. War der *calamus* stumpf geworden, spitzte

Auf der Außenseite des Täfelchens, das in der CUT gefunden wurde, kann man noch den Namen des Adressaten und eine Ortsangabe lesen: GRATO – „an Gratus" und ARGENTO(rate), „Straßurg". Schreibtäfelchen, Holz, 1. Jh. n. Chr., LVR-Römer-Museum, Xanten.

34

man ihn mit einem kleinen Messer (*scalprum*) an. Die schwarze Tinte wurde aus Ruß und Gummi arabicum hergestellt, das Tintenfass hieß deshalb *atramentarium* (*ater* = „schwarz"). **Zum Löschen verwendete man einen Schwamm** (*spongia*).

Um Papier zu sparen, konnte man den ursprünglichen Text abkratzen. Dann konnte das Blatt neu beschrieben werden. So entstand ein Palimpsest (von griech. *palin* = „wieder" und *psaein* = „reiben, abschaben").

Wenn ein Römer von einem Buch (*liber*) spricht, so meint er damit eigentlich eine Papyrusrolle. Die Rollen bestanden in der Regel aus 20 aneinandergeklebten Blättern. Sie konnten nach Bedarf erweitert oder gekürzt werden. Die meisten Rollen waren 6 bis 10 m lang, selten länger, da sie dann zu dick und zu schwer und damit unhandlich wurden. In der Regel war die Rolle 20 bis 25 cm hoch. Die Rollen wurden nur auf der Innenseite (*recto*) beschrieben, die Außenseite (*verso*) blieb frei. Auch das erste Blatt blieb frei. So kam es zu keinem Textverlust, falls die erste Seite beschädigt wurde. Man schrieb in Kolumnen von links nach rechts, zwischen den Kolumnen sowie oben und unten ließ man Platz frei. Die Ränder oben und unten dienten ebenfalls zum Schutz des Textes. Die Rolle (*volumen*) wurde um einen dünnen Stab, den *umbilicus* („Nabel") gewickelt, der auf der letzten Seite festgeklebt war. Eine (farbige) Pergamenthülle schützte die empfindlichen Papyrusrollen. Auf einem Pergamentschildchen, das an der Rolle befestigt war, stand der Titel (*titulus*). Nur kostbare Bücher waren illustriert; die Bilder hatten meist einen funktionalen Zweck, wie etwa Abbildungen von Pflanzen und Tieren in naturwissenschaftlichen Werken oder Porträts in Biographien. Die Rollen wurden in runden, meist hölzernen Behältern (*scrinia* oder *capsae*) aufbewahrt und transportiert. Beim Lesen wurde die Rolle von links nach rechts aufgerollt (*evolvere, explicare*) und nach dem Lesen wieder zurückgerollt (*revolvere, colligere*) **Abb. 36**. Wer es sich leisten konnte, ließ sich auch gerne von Vorlesern (*lectores*) vorlesen – der antike Vorläufer des Hörbuchs. Auch wer für sich las, tat dies üblicherweise mit lauter Stimme. Leise zu lesen wie wir es heute tun, war ungewöhnlich – so berichtet es zumindest der Kirchenvater Augustinus in seinen *Confessiones* (6,3).

Die Rolle hatte einige Nachteile: Da man zum Aufrollen beide Hände benötigte, hatte man keine Hand frei, um z.B. Notizen zu machen. Auch das Hin- und Herblättern war nicht möglich. Zudem waren Rollen sehr empfindlich: Die Ränder nahmen leicht Schaden, und durch häufiges Auf- und Abrollen konnte der Papyrus brüchig werden.

Deshalb verwundert es nicht, dass die Rolle in der Spätantike vom Buch (*codex*), so wir es kennen, abgelöst wurde. Um ein Buch herzustellen, faltete man in der Regel vier übereinanderliegende Einzelbögen in der Mitte und erhielt so acht Blätter mit 16 Seiten. In der Mitte, an der Falzlinie, wurden die Bögen miteinander vernäht. Man konnte mehrere solcher Bögen aneinanderbinden und so die Seitenzahl beliebig erweitern. Der Einband bestand aus Holzplatten, die mit Ziegen- oder Schafsleder bezogen waren. Die ersten *codices* entstanden wohl im 1. Jahrhundert

Sueton berichtet, Augustus habe eine Tragödie über den griechischen Helden Aiax verfasst, der sich nach einem Anfall von Raserei in sein eigenes Schwert gestürzt habe. Weil Augustus aber nicht mit dem Werk zufrieden gewesen sei, habe er es vernichtet. Als sich Freunde nach dem „Aiax" erkundigten, lautete seine Antwort, dieser habe sich **in den Schwamm** gestürzt (Suet. Aug. 85).

36

In der Mitte sind mehrere aufgerollte Papyrusrollen in einem Behälter zu sehen, an den ein Schreibtäfelchen angelehnt ist. Rechts liegt ein Geldbeutel. Wandmalerei aus dem Haus des L. Caecilius Iucundus, Pompeji, 1. Jh. n. Chr., Nationalmuseum, Neapel.

n. Chr., ab dem 4./5. Jahrhundert hatte der *codex* die Rolle verdrängt.

Schriftarten – Auf das Werkzeug kommt es an

Die Römer kannten genau wie wir heute verschiedene Schrifttypen, die für unterschiedliche Zwecke benutzt wurden. Anders als heute ist, dass die Schriftart in der Antike immer abhängig von den verwendeten Medien war Abb. 37.

37

In der römischen Antike gab es eigentlich nur Majuskelschriften (*maius* = „größer"). Das sind Schriften, die aus Großbuchstaben bestehen. Mit Pinsel oder Meißel, also in Inschriften oder amtlichen Akten, wurde die Capitalis-Schrift verwendet (*caput* = „Kopf"). Sie war besonders deutlich und gut lesbar (*capitalis monumentalis*). Die *capitalis quadrata* (*quadrata* = „quadratisch") war wegen der geometrischen Form der Buchstaben ausgesprochen geschätzt. Das Meißeln von einfachen Buchstabenabschlüssen war allerdings eine Herausforderung. Leichter war es, Buchstaben zu meißeln, die mit einem kurzen, meist feineren Strich quer zu ihrer Grundrichtung abschlossen. Diesen Abschluss bezeichnet man als Serife. Noch heute werden Serifenschriften sehr häufig verwendet, weil sie gut lesbar sind. Die bekannteste ist der Schrifttyp Times.

Faksimiles verschiedener römischer Schrifttypen: Capitalis monumetalis, rustica, cursiva. Die meisten Inschriften wurden in rot geschrieben bzw. ausgemalt, auch die Kritzeleien an den Wänden bestehen häufig aus rotem Ocker.

Die Buchstaben dieser schnellen Kritzelei, die in den Großen Thermen der CUT gefunden wurde, sind in römischer Majuskelkursive geschrieben. Ihre Bedeutung erschließt sich uns nicht mehr vollständig. Vielleicht ist sie mit „Dem Hund" zu übersetzen.

38

Die im Vergleich zur *capitalis monumentalis* schmalere *capitalis rustica* (*rusticus* = „ländlich, bäuerlich") war die gebräuchliche Buchschrift. Vor allem Schriftstücke, die mit der Feder geschrieben wurden, wurden üblicherweise in dieser Schrift verfasst. Ihre kurvig-bogige Form erlaubte ein schnelleres Schreiben.

Mit dem Stylus, dem Gerät, mit dem man sich Notizen auf Wachstafeln und anderem machte, schrieb man in *cursiva*, d. h. fortlaufend. Dabei entwickelte jeder Schreiber seine eigene – für uns heute nicht immer leserliche – Handschrift. Zu den Majuskelschriften gehört die ältere römische Kursive (Majuskelkursive), die vor allem im Alltag für Briefe, Urkunden, Notizen und Graffiti benutzt wurde Abb. 38.

Erst in der Spätantike und dem frühen Mittelalter entstand die Unziale (*uncia* = „ein zwölftel Fuß"), eine Majuskelschrift, die sich durch ihre gerundeten Buchstaben von der eckigen Capitalis unterscheidet. Auch diese Schrift wurde meist mit der Feder geschrieben. In den Schreibstuben der Klöster entwickelten sich daraus Schriften, die auch aus Kleinbuchstaben gebildet wurden, die Minuskelschriften (*minus* = „kleiner, geringer"). Sie erlaubten aufgrund der miteinander verbundenen Buchstaben ein schnelleres Schreiben. Während die Buchstaben der Majuskelschriften zwischen zwei Linien stehen, sind die Buchstaben der Minuskelschriften durch Ober- und Unterlängen unterschiedlich hoch, sodass ihre Buchstaben in ein Vierlinienschema passen.

Die Römer schrieben ihre Texte ohne die Wörter voneinander abzusetzen oder durch Satzzeichen zu gliedern (*scriptio continua* = „durchgehende Schrift"). Dies erforderte vom Leser ein hohes Maß an Konzentration.

ALPHABET UND ZAHLSCHRIFT

Während im Deutschen 26 Buchstaben das Alphabet bilden (von A bis Z), bestand das römische Alphabet aus nur 21 Buchstaben: a b c d e f g h i k l m n o p q r s t u x. Die Buchstaben „j" und „w" kannten die Römer nicht. „Y" und „z" wurden zunächst nicht benutzt. Erst seit der späten Republik verwendete man diese Buchstaben für griechische Lehnwörter, so dass das Alphabet nun 23 Buchstaben umfasste. Vorbild für das römische Alphabet war das griechische Alphabet, sowohl in Bezug auf die Lautwerte als auch die Buchstabenform. Daneben hat auch das Etruskische seine Spuren hinterlassen.

Der Buchstabe „C" wurde sowohl für den K-Laut als auch für den G-Laut verwendet. „K" (griech. Kappa) war im Altrömischen bekannt, wurde dann aber durch „C" verdrängt. Es hat sich nur in der Verbindung „ka-" erhalten, weshalb es nur wenige Wörter gibt, die mit einem „K" beginnen: *Kalendae*, *Kaeso* (Vorname), *Karthago*. Im 3. Jh. v. Chr. entstand das „G", indem man dem „C" einen Strich beifügte.

Für die Laute „J" und „W" benutzten die Römer die Buchstaben „I" bzw. „U". So kann „I" vokalisch ausgesprochen werden: *ille* („jener"), *insula* („Insel"), *iter* („Weg"). Im Anlaut, d. h. am Silbenanfang, wird er vor Vokalen jedoch konsonantisch ausgesprochen, also wie „j": *Troia* = Troja; *iocus* = jocus („Scherz"); *maius* = majus („größer").

Auch der Buchstabe „U" bzw. „V" konnte vokalisch als „U" oder im Anlaut vor Vokalen konsonantisch als „W" ausgesprochen werden. Beispiele für die konso-

nantische Aussprache sind *iuuenis* = juwenis („junger Mann"); *equus* = ekwus („Pferd"); *lingua* = lingwa („Zunge, Sprache"); *Suebi* = Swebi („Schwaben"). Während in der Minuskelschrift die runde Buchstabenform („u") benutzt wurde, wählte man in der Majuskelschrift (z. B. bei Inschriften) die Schreibweise „V". Vermutlich lag das daran, dass die V-Form in Stein leichter zu schreiben war als die runde U-Form.

Wie die Griechen verwendeten auch die Römer Buchstaben als Zahlzeichen. Dies sind die wichtigsten:

Römische Zahl	Zahl
I	1
V	5
X	10
L	50
C	100
D	500
M	1000

Für die weiteren Zahlen kombinierte man diese Zahlzeichen mit Hilfe eines Additions- bzw. Subtraktionsverfahrens. Beim Additionsverfahren wird der entsprechende Buchstabe hinzugefügt: II = 2; III = 3; XX = 20; CCC = 300.

Beim Subtraktionsverfahren wird der Wert abgezogen und das jeweilige Zahlzeichen steht dann vorne. Subtrahiert werden aber nur die Zahlzeichen I, X und C:

Rechnung	Ergebnis
5 (V) minus 1 (I)	IV = 4
10 (X) minus 1 (I)	IX = 9
50 (L) minus 10 (X)	XL = 40
100 (C) minus 2 (II)	IIC = 98
1000 (M) minus 100 (C)	CM = 900

Es war allerdings nicht immer festgeschrieben, wann das Additions- oder das Subtraktionsverfahren angewandt wurde. So kann die Zahl 4 auch IIII geschrieben werden oder die Zahl 18 IIXX anstatt XVIII. Meist bemühte man sich aber, immer nur drei gleiche Zahlzeichen nebeneinander zu schreiben.

Für 0 gab es kein Zeichen. Bei sehr großen Zahlen griff man auf Spezialzeichen wie Apostrophus (IƆ = D, CIƆ = M), Rahmen, Vinculum bzw. Titulus (Querstrich) zurück. Wenn ein Querstrich über V, X, L, C, D oder M steht, wird die entsprechende Zahl mit 1000 multipliziert. Diese Schreibung ist nicht zu verwechseln mit dem Über- oder Unterstrich, mit denen Zahlen zur Unterscheidung von den normalen Buchstaben gekennzeichnet werden Abb. 80 (s. S. 105).

Das römische Zahlsystem hatte den entscheidenden Nachteil, dass die Zahlen zum Teil sehr lang und unübersichtlich wurden:

Zahl	Römische Zahl
88	LXXXVIII
364	CCCLXIV
1847	MDCCCXLVII

Gerade komplizierte Rechnungen werden so deutlich erschwert. Dies ist auch der Grund, warum schließlich die arabischen, ursprünglich aus Indien stammenden Zahlen die römischen ersetzten.

LEBENDIGE SPRACHE – DIE AUSSPRACHE DES LATEINISCHEN

Bei Sprache unterscheiden wir zwischen Schriftsprache und gesprochener Sprache. Bei der Schrift-

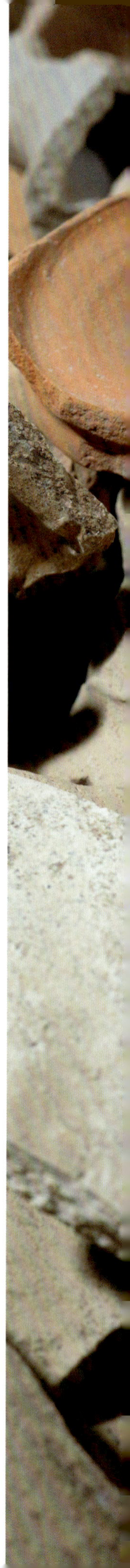

Tonscherben (Ostraka) fielen in der Antike in großen Mengen an. Häufig hat man darauf schnelle Notizen geschrieben. .

sprache handelt es sich um die Sprache der Literatur und der Gebildeten. In der gesprochenen Sprache unterscheidet man zwischen verschiedenen Sprachschichten: Der Begriff *vulgaris sermo* bezeichnet die schlichte Alltagssprache, die nicht stilistisch ausgefeilt ist. Hierzu gehören sowohl die Konversationssprache der Gebildeten (*familiaris sermo*, *sermo cottidianus*), als auch die Sprache des gewöhnlichen Volkes, die Vulgärsprache (*sermo plebeius* oder *proletarius*).

Eine wichtige Quelle für die Vulgärsprache sind die Ostraka-Mitteilungen (griech. *óstrakon* = „Tonscherbe"). In diese Scherben wurden kurze Mitteilungen, Notizen, Abrechnungen, Quittungen und auch kurze Briefe eingeritzt. Die Scherben waren güngstig und immer verfügbar. Aufgrund der Beständigkeit des Materials Ton sind viele Ostraka noch heute erhalten und damit eine unschätzbare Quelle für das römische Alltagsleben.

Auch die Graffiti aus Pompeji sind ein wahrer Glücksfall für die Erforschung des antiken Alltagslebens. Sie sind unmittelbare Zeugnisse für die sprachlichen Äußerungen der Menschen in der Antike – ähnlich den Kritzeleien, die man heute auf Toiletten, Bänken und Wänden findet. Zudem geben Grammatiken und Lexika Hinweise, indem sie den richtigen und falschen Sprachgebrauch gegenüberstellen. Für „Ohr", eigentlich *auris*, verwendete man umgangssprachlich das Wort *oricla*. Dass gerade die Umgangssprache eine immense Durchsetzungskraft hatte, erkennt man u. a. daran, dass sich das Wort für Ohr im heutigen Französisch (*oreille*) sowie im heutigen Italienisch (*orecchia*) daraus entwickelte. Der Grammatiker Quintilian (ca. 35–96 n. Chr.) berichtet weitere Details. Er erwähnt, dass lange Zeit h in Verbindung mit Konsonanten vermieden wurde (inst. 1,5,18). Man sagte z. B. Graccus statt später Gracchus, oder *triumpus* statt *triumphus*. Dann aber kam es für eine Zeit in Mode, ein h einzufügen, wo es eigentlich nicht stand, so z. B. *chorona* statt *corona* oder *chenturia* statt *centuria*. Außerdem berichtet er, dass bisweilen Buchstaben vertauscht wurden (inst. 1,4,12), z. B. o und u (Hecoba statt Hecuba), e und i (Menerva statt Minerva) oder t und d (Alexanter statt Alexander). Vom Gebrauch gewisser falscher Kasusendungen wie etwa *collos* statt richtiger Akk. Pl *colla* (*collum* = „Hals") rät er zudem dringend ab (inst. 1,6). Sie seien zwar durch literarische Autoritäten belegt, aber inzwischen veraltet.

Bei der Aussprache des Lateinischen gibt es einige Besonderheiten zu beachten. Auch hier sind die Grammatiker eine wichtige Quelle. Quintilian geht

z. B. auf die unterschiedliche Aussprache von i und u ein (inst. 1,4,10): So wird i vor Vokal am Wortanfang wie j ausgesprochen, also iam = jam. Im Wortinneren allerdings spricht man i: etiam = et-i-am. Zudem ist es möglich, Rückschlüsse anhand von Lehnwörtern aus den Volkssprachen zu ziehen. So entstanden aus *cella* durch unterschiedliche Aussprache die deutschen Wörter Keller und Zelle.

Die Auswahl hier beschränkt sich auf die wichtigsten Merkmale.

c: Entspricht unserem (unaspirierten) „k“, Cicero wurde somit „Kikero“ (= „Kichererbse“) und nicht „Zizero“ ausgesprochen.

m: Das auslautende -m wurde nur schwach (nasalierend) gesprochen.

r: Ein gerolltes Zungen-„r“ wie im Italienischen.

s: Stimmlos wie unser scharfes „s“ oder in „Cent“.

i: Am Silbenanfang vor einem Vokal wie unser „j“, also *iustitia* = „justitia“.

t: T vor i wurde als „t“ gesprochen, also „natio“.

u/v: Vor Vokal halbkonsonantisch wie „w“ im englischen *well* oder *wisdom*.

ae: Wurde nicht wie unser „ä“, sondern als zwei Vokale und eher wie „ei / ai“ in „meist“ gesprochen. Caesar sprach sich also „Kaisar“.

eu: Wurde ebenfalls diphthongisch, als eine Folge von zwei einsilbigen Lauten, gesprochen – wie z. B. „E-u-ropa“ im Italienischen.

Vokale vor Doppelkonsonanten können – anders als im Deutschen – lang sein: *stēlla.*

Im Lateinischen ist außerdem die Unterscheidung zwischen **langen und kurzen Vokalen** sehr wichtig, da es hier zu Bedeutungsunterschieden kommt – anders als im Deutschen, wo z. B. Bǎd oder Bād das selbe meinen.

malum: „Übel“ – *mālum*: „Apfel“

venit: „er kommt“ – *vēnit*: „er kam“

occidit: „er stirbt“ – *occīdit*: „er tötet“

Doppelte Konsonanten wurden – wie heute noch im Italienischen – ausgesprochen, während dies im Deutschen seltener der Fall ist, z. B. annehmen oder auffangen.

anus: „alte Frau“ – *annus*: „Jahr“

ager: „Acker“ – *agger*: „Damm“

calidus: „warm“ – *callidus*: „schlau“

erat: „er war“ – *errat*: „er irrt“

Nicht zuletzt zeigte sich in der römischen Antike in der Aussprache genau wie heute die soziale Herkunft des Sprechers. Der Politiker Publius Clodius Pulcher entstammte eigentlich aus der patrizischen also adligen Familie der Claudier, war aber ein Politiker der Popularen (*popularis* = „volksfreundlich“).

Für die **Wortbetonung** gilt die sogenannte Pänultimaregel, d. h. die vorletzte (*paenultima*) Silbe wird betont, wenn sie lang ist. Ansonsten wird die drittletzte Silbe betont: *óccidit*: „er stirbt“ – *occ´īdit*: „er tötet“.

Da er nun wusste, dass in der Unterschicht „au“ wie „o“ ausgesprochen wurde, änderte er seinen Namen von Claudius zu Clodius.

Ein ähnliches Detail ist in der Biographie des Kaisers Vespasian überliefert. Sueton berichtet, der Kaiser sei vom Senator Mestrius Florus für seine falsche Aussprache getadelt wurde. Er habe statt *plaustrum* (= „Wagen“) *plostrum* gesagt. Daraufhin habe der Kaiser den Senator Florus am nächsten Tag mit Flaurus begrüßt (Suet. Vesp. 22,1).

Die Veränderungen in der Aussprache und die Entwicklung des Vulgärlateins lassen sich anhand von Inschriften, Privatbriefen oder vereinzelten literarischen Texten nachvollziehen. So wurden die Diphthonge (Doppellaute) *oe* und *ae* nun wie *e* gesprochen, die Unterscheidung von langen und kurzen Vokalen verschwand, das auslautende *-m* im Akkusativ fiel weg. *C* und *g* wurden vor *e/ae* und *i* wie *z* und *j* ausgesprochen. *Caesar* wurde also in der Republik „kaisar“, später aber „zäsar“ ausgesprochen. Auch *ti* wurde im Wortinneren nun als „zi“ gesprochen, also *natio* = „nazio“. Auch das h am Wortanfang wurde von der Unterschicht weggelassen.

Die Beherrschung der Sprachfeinheiten war also auch schon in der Antike ein wirksames Mittel, Zustimmung zu gewinnen oder Ablehnung zu erzeugen.

Bei den Römischen Wochenenden im LVR-Archäologischen Park Xanten spielt der Austausch im Gespräch eine wichtige Rolle.

IM GEFOLGE DER SOLDATEN

DIE AUSBREITUNG RÖMISCHER MACHT

39

Germanicus. Marmor, 1. Jh. n. Chr., Museum Saint-Raymond, Toulouse.

NACH DER KATASTROPHE

DIE POLITIK NACH DER VARUSSCHLACHT

NACH DER KATASTROPHE DER VARUSSCHLACHT gab Augustus das Oberkommando über Germanien wieder an Tiberius, der mit dem Land bereits gut vertraut war. Das Gebiet wurde in zwei Heeresbezirke geteilt. Hauptort des niedergermanischen Teils war Vetera, derjenige des obergermanischen Bereichs Mainz (Mogontiacum). Tiberius verstärkte die Lager, erhöhte die Zahl der Rheinlegionen auf acht und führte von 10 bis 12 n. Chr. mehrere Feldzüge durch, ohne jedoch das Gebiet wieder unter römische Herrschaft zu bringen.

13 n. Chr. wurde Germanicus, Sohn des Drusus und Großneffe des Augustus, mit dem Oberkommando über die acht Rheinlegionen betraut. In sechs Feldzügen zwischen 14 bis 16 n. Chr. konnte er Arminius und seine Verbündeten jedoch nie entscheidend schlagen. Allerdings gelang es ihm, zwei der Legionsadler zurückzuerbeuten, welche die Römer bei der Varusschlacht verloren hatten, und so zumindest die Ehre der Römer wiederherzustellen.

Nach dem Tod des Augustus wurde Tiberius Kaiser. Er regierte von 14 bis 37 n. Chr. Vermutlich erkannte er, dass sich die Mühen zur Eroberung ganz Germaniens wirtschaftlich und militärisch nicht lohnten. Seinen Feldherrn Germanicus zog er schließlich ab. Ausdruck dieser veränderten Politik war die Festsetzung des Rheins als Reichsgrenze (*limes*) Abb. 39 , deren Stabilisierung von nun an im Vordergrund stand. Auf der rechtsrheinischen Seite ließ er einen breiten Streifen Land unbesiedelt und stellte ihn unter römische Militärkontrolle. Diese Lösung hatte im Prinzip bis ins 3. Jahrhundert n. Chr. Bestand, und mit Ausnahme des Bataveraufstands blieb es an der Grenze weitgehend ruhig. Bis zur Gründung der Provinz Niedergermanien (*Germania inferior*) stand das Gebiet unter Militärverwaltung und wurde von einem Statthalter verwaltet (*legatus Augusti pro praetore exercitus germanici inferioris* = wörtl.: „Legat des Kaisers im Rang eines Prätors für das niedergermanische Heer"). Im Folgenden gab es zwar noch vereinzelte militärische Aktionen der Römer, im Großen und Ganzen blieb der Status quo aber erhalten.

Die Römer stellten den Rhein als bärtigen Mann mit Hörnern dar. Die Strähnen aus Bart und Haaren ähneln den Wellen des Flusses. Relief eines Grabmals, Kalkstein, 2. Jh. n. Chr., LVR-Landes-Museum, Bonn..

GERMANIA CAPTA
S C

41

Die Geldbörse wurde über den Arm geschoben, die Öffnung lag auf der Haut des Trägers. So waren die Münzen geschützt vor Langfingern. Münzen, Geldbörse, 1./2. Jh. n. Chr., LVR-RömerMuseum, Xanten.

MEHR ALS NUR EIN ZAHLUNGSMITTEL

DAS GELD DER RÖMER

DIE MÜNZPRÄGUNG des 1. Jahrhunderts n. Chr. zeigt besonders augenfällig, wie die Herrscher das umlaufende Geld als Propagandamittel und zur Selbstinszenierung nutzten. Mit Hilfe von einprägsamen Bildformeln und prägnanten Umschriften wurden politische Aussagen gemacht oder Errungenschaften und Siege immer wieder in Erinnerung gerufen Abb. 40. Da die Münzen im ganzen Reich Verwendung fanden, verbreiteten sich die Botschaften überall und erreichten wegen ihrer großen Zahl jeden Bürger. Die Münzen sind daher ein wichtiges Zeugnis für unser Verständnis dieser Zeit.

PECUNIA NON OLET – GELD STINKT NICHT

„Geld stinkt nicht" – Dieses bekannte Sprichwort soll auf Vespasian zurückgehen. Als der Kaiser nämlich eine Steuer auf Urin erhob, der zum Gerben benötigt wurde, machte ihm sein Sohn Titus wegen der Anrüchigkeit Vorwürfe. Daraufhin hielt ihm Vespasian Geld aus dieser Steuer hin und fragte, ob ihn der Geruch störe. Als dieser verneinte, sagte er: „Und doch kommt es vom Urin." (Suet. Vesp. 23,3).

Die Germanen kannten kein Münzgeld. Sie bezahlten mit Naturalien wie Vieh und landwirtschaftlichen Produkten. Doch mit der Ankunft der Römer wurde der Tauschhandel in Niedergermanien zurückgedrängt und das römische Münzgeld kam vermehrt in Umlauf. Dieses Geld könnte man als Vorform des Euro bezeichnen, denn es diente im gesamten Imperium Romanum als Zahlungsmittel – von Britannien über Westeuropa, den Balkan, Vorderasien bis nach Nordafrika Abb. 41.

Der lateinische Begriff *pecunia* leitet sich von *pecus*, „Vieh", ab und erinnert an die Zeiten, in denen mit Vieh bezahlt wurde. Die ersten Bronze- und Silbermünzen wurden um 300 v. Chr. geprägt. Die Münzstätte Roms befand sich im Tempel der Iuno Moneta („die Mahnerin", von *monere* = „mahnen") auf der Arx, der Burg auf dem Kapitolshügel. Ihr Beiname wurde dann auf das dort gelagerte Münzgeld übertragen. Auch unser Begriff „Moneten" und das englische Wort „money" haben hier ihren Ursprung. Das Münzrecht für Silber- und Goldmünzen lag in der Kaiserzeit beim Kaiser, während der Senat das Münzrecht für Bronze- und Kupfermünzen hatte. Die im Auftrag des Senats geprägten Münzen trugen die Buchstaben *SC* (*senatus consulto* = „auf Senatsbeschluss").

(Abb. 40) Auf den Münzen wurden Motive wie die trauernde besiegte Barbarin abgebildet. Die Motive beschränkten sich häufig aber nicht nur auf die Münzbilder, sondern wurden z. B. auch auf Sarkophagen verwendet. Auf diese Weise waren sie im ganzen Reich bekannt und konnten die gewünschten Botschaften transportieren. Sarkophag des Ammendola (Detail). Marmor, um 170 n. Chr., Kapitolinische Museen, Rom sowie Sesterz des Domitian.

Von Augustus wurden die Wertverhältnisse der Münzen festgelegt; Grundlage ist der *as*, ein römisches Pfund (= 327,45 g). Später wog ein *as* ca. 11 g. Zum Vergleich: Die Ein-Euro-Münze wiegt 7,5 g und die Zwei-Euro-Münze 8,5 g.

Münze	Wert
quadrans (Kupfer, Bronze, ca. 3,2 g)	¼ *as*
semis (Kupfer, Bronze, ca. 4,5 g)	½ *as*
dupondius (Messing, ca. 13,6 g)	2 *asses*
sestertius (Messing, ca. 27,3 g)	2 *dupondii* = 4 *asses*
denarius (Silber, ca. 4 g)	4 *sestertii* = 8 *dupondii* = 16 *asses*
aureus (Gold, ca. 8 g)	25 *denarii* = 100 *sestertii* = 200 *dupondii* = 400 *asses*

Goldmünzen wurden gleichmäßig über das Reich verteilt. Kleingeld dagegen blieb häufig regional beschränkt. Denar, Gold, ca. 15 v. Chr., LVR-Römer-Museum, Xanten.

42

PROPAGANDA IM KLEINFORMAT – WAS MÜNZEN UNS VERRATEN

Münzen dienten aber nicht nur als Zahlungsmittel, sondern auch zu Propagandazwecken. Zwar griffen schon in der Republik Politiker und Feldherren auf dieses Mittel zurück, doch erst in der Kaiserzeit wurden Münzen systematisch zur Propaganda eingesetzt. Auf der Vorderseite war das Kaiserbildnis mit seiner Titulatur (Ehrenbezeichnungen und Ämter) abgebildet, die Rückseite diente dazu, das kaiserliche Programm vorzustellen und politische Ereignisse zu feiern. Dabei handelt es sich um militärische Erfolge oder (zivile) Taten des Kaisers wie z. B. die Erbauung oder Restaurierung von Tempeln oder Kultbildern. Das Programm konnte auch durch göttliche Personifikationen von Zuständen oder von Eigenschaften des Kaisers charakterisiert werden: Freiheit des Volkes (*libertas publica*), Eintracht (*concordia*), Gerechtigkeit (*iustitia*), Freigebigkeit (*liberalitas*), Sicherheit (*securitas*), Glück (*felicitas*, *fortuna augusti*), Wohl des Volkes (*salus publica*), Tugend (*virtus augusti*), Sieghaftigkeit (*victoria augusti*).

An der Gemmenstation ist eine Goldmünze des Augustus ausgestellt Abb. 42. Sie zeigt auf der Vorderseite wie üblich ein Porträt des jugendlichen Augustus. Die begleitende Umschrift erleichtert dem Betrachter die sichere Identifizierung: AVGVSTVS DIVI F(ilius), „Augustus, Sohn des Vergöttlichten (d. i. Caesar)".

Auf der Rückseite erscheint der Gott Apollon mit Leier und Plectrum. Den Beistand dieses Gottes hatte sich Augustus für die Schlacht von Actium erwünscht, in der er 31 v. Chr. seinen Gegner Marcus Antoninus und dessen Verbündete Kleopatra vernichtend geschlagen hatte. Mit der Darstellung seines göttlichen Beistandes sowie der Inschrift ACT(ium) für den Ort des Geschehens erinnert Augustus an seinen historischen Sieg. Rechts und links des Gottes steht die Angabe IMP(erator) X, „zum 10. Mal Imperator". Diese hilft uns heute bei der Datierung der Prägung. Denn Kaiser Augustus wurde die militärische Amtsgewalt (*imperium*) im Jahr 15 v. Chr. zum zehnten Mal verliehen. Die Münze ist demnach 15 v. Chr. oder etwas später entstanden. Auf den Sieg, der ihn endgültig zum Alleinherrscher machte, verweist Augustus also auch noch über 16 Jahre nach dem eigentlichen Ereignis. Daran sieht man, welche Bedeutung er ihm zumaß.

Eine weitere Münze an der Gemmenstation, ein Dupondius aus Messing, stammt von Kaiser Gaius, ge-

43

Gold- und Silbermünzen ließ der Kaiser selbst prägen, Münzen mit geringerem Wert wie diese wurden dagegen häufig „auf Senatsbeschluss" geprägt. Dupondius, Messing, 1. Jh. n. Chr., LVR-RömerMuseum, Xanten.

nannt Caligula, der von 37 bis 41 n. Chr. regierte Abb. 43. Caligula erinnerte mit dieser Münze an seinen Vater Germanicus (15 v. Chr. bis 19 n. Chr.). Dieser hatte nach der Varusschlacht mehrere Germanienfeldzüge geführt und konnte zwei der damals verlorenen Legionsadler zurückgewinnen. Da dies für die Römer von großer Bedeutung war, durfte Germanicus in Rom einen Triumphzug abhalten.

Die Vorderseite mit der Inschrift GERMANICVS CAESAR zeigt den Feldherrn daher mit Zepter in einem Triumphwagen stehend. Den Triumphwagen ziert eine geflügelte Victoria, die Siegesgöttin. Die Motive verweisen auf seine militärischen Erfolge in Germanien.

Auf die bedeutsame Rückgewinnung der Feldzeichen nimmt die Inschrift auf der Rückseite Bezug. Sie lautet: SIGNIS RECEPTIS DEVICTIS GERMANIS. Zu übersetzen ist dies mit „anlässlich der Wiedererlangung der Feldzeichen und des Sieges über die Germanen".

Zwischen der Inschrift ist der siegreiche Feldherr abgebildet, der in seiner Linken ein Adlerzepter hält und seine Rechte zu einem militärischen Gruß erhoben hat. Unter der Inschrift stehen die Buchstaben *SC – senatus consulto*, „auf Senatsbeschluss".

44

Sesterz. Bronze, 85 n. Chr., Münzkabinett, Staatliche Museen, Berlin.

Eine dritte Münze an der Gemmenstation zeigt, dass auch die späteren Kaiser, unter ihnen Domitian (81 bis 96 n. Chr.), dieses Mittel zu nutzen wussten Abb. 44. Nach der Neuorganisation der Provinz und einem militärischen Erfolg gegen die Chatten ließ Domitian diese Münze zwischen 85 und 96 n. Chr. prägen. Die Vorderseite zeigt das Porträt des Kaisers mit Lorbeerkranz. Auf der Rückseite sitzt eine trauernde Germanin links unter einem Siegesmal (Tropäum). Rechts steht ein Besiegter, dessen Hände hinter dem Rücken gefesselt sind. Seine Waffen liegen als Zeichen seiner Niederlage zu seinen Füßen. Die Umschrift lautet GERMANIA CAPTA („Germanien ist eingenommen"; von *capere*: „einnehmen, besetzen"). Heute wissen wir, dass das nur für die linksrheinischen Gebiete galt.

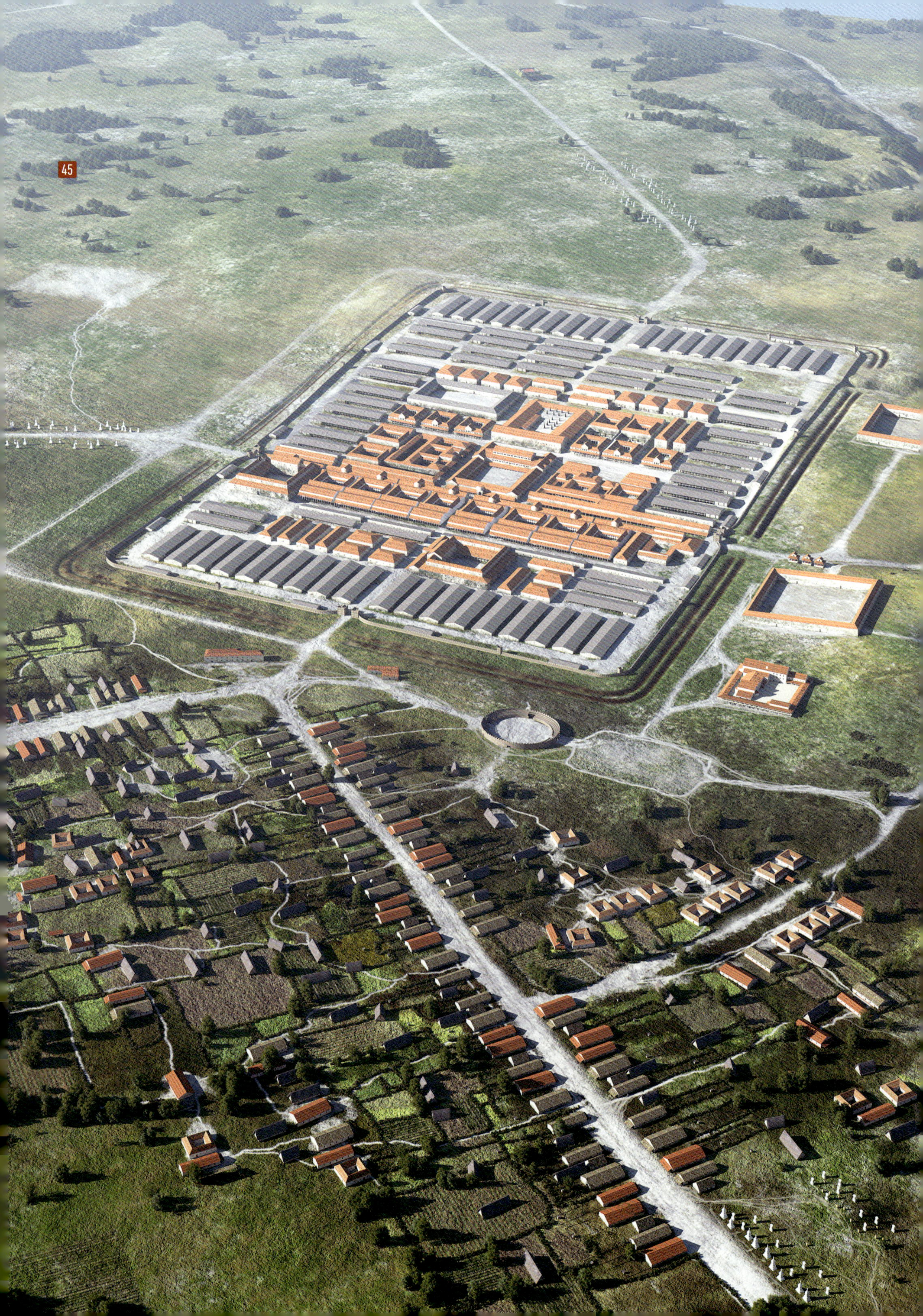
45

Tac. hist. 4,18: *... et fuit interim effugium legionibus in castra, quibus Veterum nomen est.* „... und unterdessen konnten sich die Legionen in das **Lager** flüchten, das Vetera heißt."

DAS LAGER VETERA I

VON DER NACHSCHUBBASIS ZUM GRENZPOSTEN

Die Entscheidung des Tiberius, den Rhein nach der Varusschlacht als Reichsgrenze zu akzeptieren, war für das Lager Vetera von entscheidender Bedeutung. Das Lager, das bereits 12 v. Chr. während der Feldzüge des Drusus gegründet worden war, diente in augusteischer Zeit zunächst als Ausgangsbasis für die militärischen Offensiven auf der rechten Rheinseite. So konnten die Anmarschwege verkürzt werden. Die Truppen, die nach Germanien ausrückten, wurden von hier aus versorgt und abgesichert. Die günstige Lage auf einem Hochplateau, dem Fürstenberg bei Xanten / Birten, ermöglichte die Kontrolle über den Rhein sowie darüber hinaus die Absicherung der Lippe-Mündung. Zugleich bot die Höhenlage Schutz vor Hochwasser. In der Nähe des Lagers befand sich eine Anlegestelle, die den Material- und Truppentransport sicherstellte. Die Gründung von Vetera war der Beginn der dauerhaften Präsenz der Römer am Niederrhein Abb. 45.

Vetera castra ist der Name, der bei Tacitus überliefert ist (Tac. hist. 4,18 u. 21). Leider gibt es keine antike Inschrift, die den Namen bezeugt. Er geht wohl auf eine einheimische, vielleicht germanische Siedlungs- oder Ortsbezeichnung zurück, in der Wasser eine Rolle spielte: **wed-*, ** wod-* = „Wasser, feucht".

Der Historiker Tacitus überliefert einige Details zur Orientierung des **Lagers**.

„Ein Teil des Lagers zog sich an einem leicht ansteigenden Hügel hinauf, der andere war auf ebenem Boden zugänglich. Denn Augustus hatte angenommen, durch jenes Winterlager werde Germanien im Zustand der Belagerung und unter Druck gehalten werden, und es werde nie zu einer so schlimmen Lage kommen, dass man sogar zum Sturm gegen unsere Legionen antrete. Deshalb hatte man sich weder um die Wahl des Ortes, noch um die Anlage von Befestigungen bemüht: Macht und Waffen schienen zu genügen." (Tac. hist. 4,23)

Mit der Neuorientierung der Germanienpolitik des Tiberius veränderte sich nun auch die Funktion des Lagers Vetera grundlegend. Aus einer Nachschubbasis und einem Winterquartier für die durchziehenden Truppen wurde ein Grenzposten zur Sicherung der Rheingrenze. Die Legionen wurden damit dauerhaft stationiert. Um 60 n. Chr. erfolgte dann schließlich auch der Ausbau des Lagers in Stein. Diese Grenze glich aber dennoch keiner hermetisch abgeriegel-

Das Lager hat die typische Form einer Spielkarte. In das südliche Tor bog die Limesstraße ab. Vorgelagert sind größere Komplexe wie Exerzierplätze, das Amphitheater, eine Badeanlage und Gräber.

46

Mare Germanicum
Oceanus Atlanticus
GERMANIA MAGNA
BELGICA
LUGDUNENSIS
AQUITANIA
Lugdunum
PANNONIA
Aquileia
NARBONENSIS
Narbo
LUSITANIA
TARRACONENSIS
Emerita Augusta
Tarraco
DALMATIA
MOESIA
ITALIA
Roma
CORSICA ET SARDINIA
Corduba
BAETICA
MACEDONIA
Thessalonica
Caralis
ACHAIA
Carthago
SICILIA
Syracusae
Corinth
AFRICA
Mare Internum
GAETULIA
Cyrene
PHAZANIA

Die Karte zeigt die Legionsstandorte im Jahr 23 n. Chr, wie sie von Tacitus überliefert werden. Auffällig ist, wie viele Legionen im Verhältnis zum gesamten Reich am Rhein stationiert waren.

47

Die unterschiedlichen Spuren im Boden, die teils durch archäologische Ausgrabungen, teils durch Luftbildarchäologie ausgemacht werden können, belegen mehrere aufeinander folgende Lager.

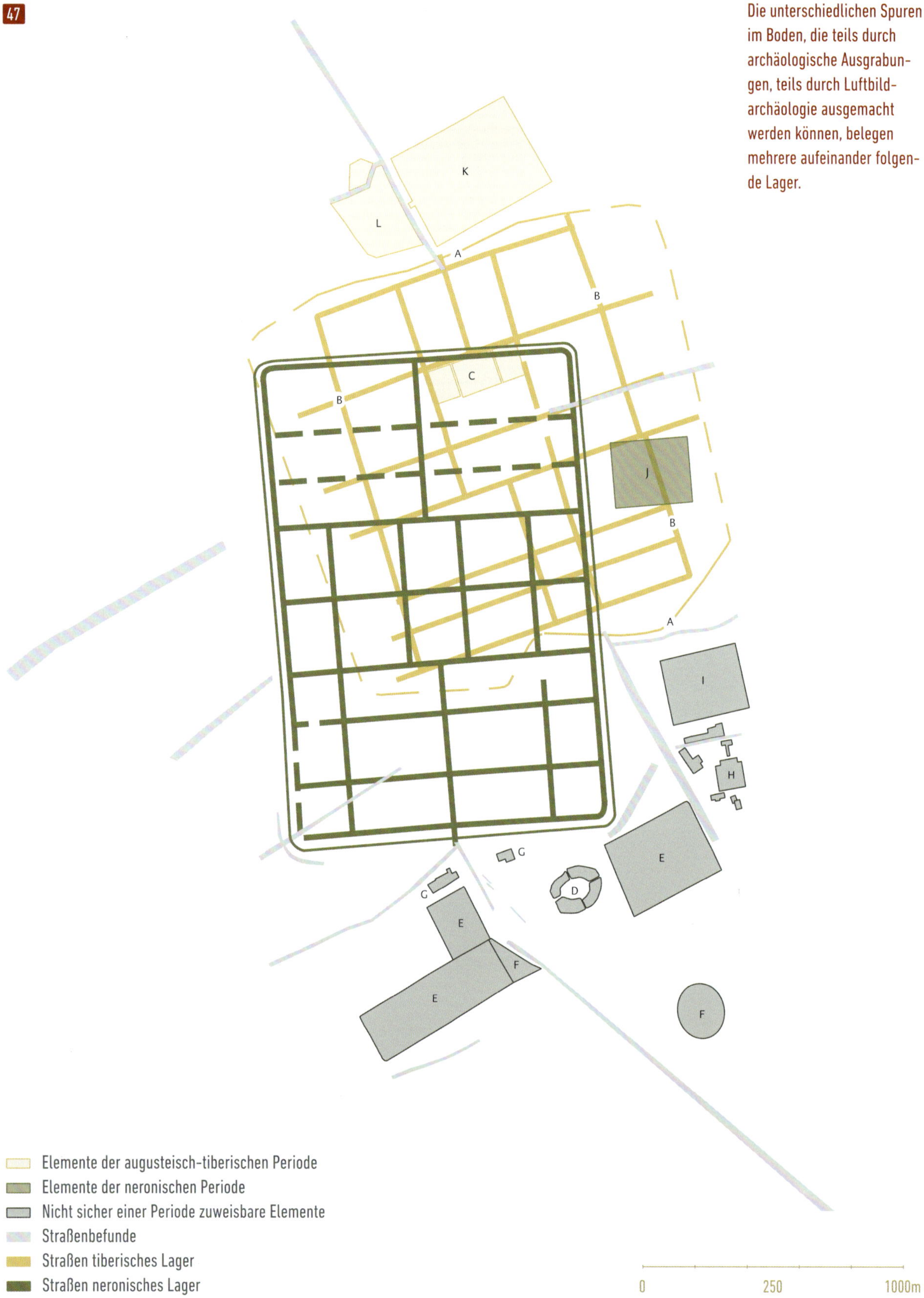

ten Linie. Vielmehr handelte es sich um ein offenes System, bei dem Grenzverkehr durchaus einkalkuliert war.
Zu Beginn des 1. Jahrhunderts n.Chr. waren acht Legionen in Germanien stationiert, fast ein Drittel aller römischen Legionen. In Niedergermanien befanden sich vier Legionen, die das niedergermanische Heer bildeten (*exercitus Germaniae inferioris*, in Inschriften abgekürzt zu EXGERINF, Abb. 46). Standorte waren zunächst Vetera mit zwei Legionen sowie Köln (CCAA) und Nijmegen (oppidum Batavorum, später Ulpia Noviomagus Batavorum) mit je einer Legion. Noch während der 1. Hälfte des 1. Jahrhunderts n.Chr. wurden zuerst Noviomagus und später auch Köln als Standort aufgegeben und stattdessen jeweils eine Legion nach Bonn (Bonna) und Neuss (Novaesium) verlegt.
Für Vetera castra ist in Tacitus' Text (Tac. ann. 1,45) die Stationierung der **5. Legion (legio V Alaudae)** sowie der **21. Legion (legio XXI Rapax)** bezeugt. Damit war das Zwei-Legionenlager bei Xanten einer der größten Stützpunkte des gesamten römischen Reiches überhaupt Abb. 47.

EIN BUNTER HAUFEN – DIE ZUSAMMENSETZUNG DER RÖMISCHEN LEGION

Die römische Legion stellte den größten und wichtigsten Heeresverbund der römischen Antike dar. Sie war verwaltungstechnisch und taktisch unabhängig. In der Zeit der römischen Republik hatte jede Legion zunächst ihr eigenes Tierzeichen, seit dem Ende des 2. Jahrhunderts v.Chr. marschierten die Legionen allerdings nur noch unter dem Zeichen des Adlers. Als Tier Iuppiters, des obersten römischen Gottes, war es ein Symbol für den Machtanspruch des römischen Reiches. Der Adler (*aquila*) bekrönte auch das Feldzeichen einer jeden Legion, das in einem eigenen Fahnenheiligtum verehrt wurde Abb. 18 (s. S. 41). Der Verlust des Feldzeichens wie z.B. in der Varusschlacht bedeutete daher die größte und schmachvollste Niederlage. Zwar schwankte im Laufe der Zeit die Anzahl der Legionen, dennoch kann man in der Kaiserzeit von 28–30 Legionen ausgehen. Zur Unterscheidung erhielt jede Legion einen Nummer. Da die Nummern jedoch mehrfach vergeben werden konnten, erhielten die Legionen zudem einen Beinamen. Meist waren es Ehrentitel oder ein Verweis auf die Herkunft der Truppe, so dass eine Verwechslung ausgeschlossen wurde. Das römische Heer war also keine gleichförmige Masse an Soldaten, sondern ein System von aufeinander eingeschworenen Verbänden. Dies erklärt auch, warum die Legionen bisweilen der entscheidende Faktor bei der Erhebung eines neuen Kaisers waren. Die Legionäre sahen den Heeresverband nicht nur als taktische Einheit. Sie identifizierten sich mit ihrer Legion und machten mit einigem Stolz deutlich, zu welcher Abteilung sie sich zugehörig fühlten.

Aus Xanten und der Umgebung sind einige Gegenstände aus dem Lageralltag erhalten, die dies verdeutlichen. Aus zwei Reiterabteilungen haben sich Gerätschaften mit Besitzerinschriften erhalten. Ein Eimer trägt die Aufschrift TVRMA COMINI MAXIMI: „(Eigentum) des Maximus aus der Reitereinheit des Cominus" Abb. 48 und eine Handmühle aus Basaltlava kann dem Soldaten einer Reiterabteilung zugeordnet werden: TVR(ma) ENNI. Ob es allerdings die Reiterabteilung des Ennius war und wir den Namen des besitzenden Soldaten aufgrund der Unvollständigkeit des Stückes nicht kennen, oder ob der Soldat Ennius hieß und wir den Namen seiner Reitereinheit nicht kennen, lässt sich nicht mehr sagen.
Auf einer Amphore sind sogar mehrere Besitzer überliefert. Eingetragen war etwa ein Sellius Tertius aus der Zenturie des Paullus sowie ein weiterer Soldat aus der Zenturie eines Mannes, dessen Name vermutlich Petronius war. Am Anfang der Inschrift steht das sogenannte *c inversum*, also das umgedrehte c. Es wurde als Abkürzung für *centuria* oder *centurio* verwendet: [...] > (= centuria) PAVLLI SELLIVS TERTIV(s) [...] / > (= centuria) PE[troni?] (Eigentum) des Sellius Tertiu[...] aus der Zenturie des Paullus, Eigentum des [...] aus der Zenturie des Pe[tronius?]. Die Nennung zweier Besitzer auf Ausrüstungsgegenständen ist nicht ungewöhnlich, denn Ausrüstung und Bewaffnung waren Privateigentum der römischen Legionäre. Nach dem Ausscheiden aus dem Dienst wurden die Gegenstände häufig an die nachfolgenden Rekruten weiterverkauft. Das lässt sich nicht nur aus solchen Inschriften

48

Die **legio V Alaudae** („die der Lerche") war eine Legion Caesars, die ursprünglich – abweichend von der üblichen Sitte – nur aus Galliern bestand, die bei Eintritt das römische Bürgerrecht erhielten. Die Legion nahm an den Feldzügen des Germanicus teil (14–16 n.Chr.). Sie war bis 69/70 n.Chr. in Vetera stationiert, nach dem Bataveraufstand wurde sie aufgelöst.

Der Punkt dient zur Abtrennung der Wörter, das U wird geschrieben wie ein V, weil das einfacher ist. Eimer des Maximus, Bronze, 1. Jh. n.Chr., LVR-RömerMuseum, Xanten.

Die **legio XXI Rapax** („die Reißende, Unaufhaltsame") wurde von Octavian aufgestellt. Sie nahm ebenfalls an den Feldzügen des Germanicus teil. 69/70 n.Chr. gehörte sie dem Heer an, das den Bataveraufstand niederschlug. Nachdem die 21. Legion 43 n.Chr. nach Vindonissa (Windisch/Schweiz) verlegt worden war, folgte ihr die 15. Legion (legio XV Primigenia, „die Ursprüngliche/die Fortuna Primigenia geweihte") nach. Diese wurde 39 n.Chr. von Caligula für seinen Feldzug gegen die Chatten ausgehoben.

(Abb. 50) **Im LVR-Archäologischen Park präsentieren sich römische Reiter mit ihren reich geschmückten Pferden.**

schließen. Auch ägyptische Papyri überliefern Einzelheiten wie z. B., dass der Mutter eines verstorbenen Kameraden eine Zeltplane abgekauft wurde. In unruhigeren Zeiten, besonders im 3. Jahrhundert n. Chr., behielten die ehrenhaft entlassenen Soldaten häufig ihre Bewaffnung, um sich auch als zivile Personen verteidigen zu können.

Aus Vetera hat sich der Teil eines bronzenen Geschirrs erhalten, der zum reichen Schmuck eines Pferdes mit Amuletten, Bronzeglocken und Perlschnüren gehörte. Die eingepunzte Inschrift besagt, dass es einst Eigentum des Gaius Visellus aus der Zenturie des Latinus gewesen ist: > (= centuria) LATINI C(ai) VISELLI (Abb. 49, Abb. 50).

Andere Besitzerinschriften sind einfacher gehalten und nennen nur den Namen des Besitzers im Genitiv (possessivus). Ein ausgestellter Bronzeeimer etwa war im Besitz des Flavius Privatus.

51

50

49

Selbstverständlich hatten diese Besitzerinschriften auch einen ganz praktischen Zweck, denn so konnten die Gegenstände nicht verwechselt oder bei Diebstahl dem rechtmäßigen Besitzer wieder zugeordnet werden. Heute können wir anhand der Inschriften aber nicht nur sagen, wie der ehemalige Besitzer hieß. Einige der Namen lassen auch Rückschlüsse auf die Herkunft der Soldaten zu und zeigen so die Rekrutierungspraxis der römischen Armee.

Die ersten Soldaten, die an den Niederrhein versetzt wurden, stammten aus Oberitalien sowie aus Südfrankreich und Spanien. Diese Gegenden waren schon länger römische Provinzen. Ihre Bewohner besaßen daher das römische Bürgerrecht.

Drei Soldaten aus Mittel- oder Oberitalien haben ihre Terra Sigillata-Gefäße mit ihren Namen versehen.

Pferdeschmuck. Bronze, 1./2. Jh. n. Chr., LVR-Römer-Museum, Xanten.

52

Acilius hat seinen Dolch mit seinem Namen versehen. Dolchscheide mit erhaltener Klinge, Bronze, Silbereinlage, Eisen, Mitte 1. Jh. n. Chr., LVR-RömerMuseum, Xanten.

(Abb. 51) **Gaius Vibenius, Marcus Naevidus und Gaius Mettius haben ihre Teller und Schüsseln beschriftet.** Terra Sigillata, 1. Jh. n. Chr., LVR-RömerMuseum, Xanten.

Gaius Vibenius, Marcus Naevidus und Gaius Mettius stellten damit sicher, dass kein anderer sich ihres Geschirrs bediente. Die Beschriftungen sind auf den Unterseiten der Teller und Schüsseln angebracht Abb. 51. Auch der oben genannte, auf einem Pferdeanhänger überlieferte Name Gaius Visellius verweist auf eine italische Herkunft. Für Acilius, ebenfalls aus Italien, war sein Dolch so wertvoll, dass er seinen Namen darauf schrieb Abb. 52. Auch Acutius und Accius legten Wert auf ihren Besitz Abb. 54. Ihre Namen waren in Südgallien und Spanien gebräuchlich.

Neben den Namen auf Alltagsgegenständen geben uns auch die Grabsteine Hinweise auf die Herkunft der Soldaten. Aus der frühen Römerzeit am Niederrhein ist etwa das Fragment eines Grabsteins erhalten. Der verstorbene Soldat kam aus Lugdunum in Gallien, dem heutigen Lyon Abb. 53.

------] GAL(eria tribu) SE[---] / LVG(duno) MIL(es?) [---] / ANN(orum) XXV [---] / C(aius) I[VL(ius)] EP[------

------] aus dem Stimmbezirk Galeria, aus Lyon, Soldat [---] 25 (?) Jahre alt [---]. Gaius Iulius Ep[------

Obwohl dieses Fragment sehr klein ist und nur einzelne Buchstaben aufweist, liefert es doch einen wichtigen Hinweis auf die Zusammenstellung der Legionen am Niederrhein.

Ebenfalls aus dem 1. Jahrhundert n. Chr. stammt der Grabstein des Crescens, von dem eine Kopie im LVR-RömerMuseum steht. Das Original wurde im Kreuzgang des Xantener St. Viktor Domes verbaut. Auf diese Weise ist die Inschrift bis heute erhalten.

POLLIA CRES / CENS FANO / FORTVNAE / VETER(anus) EX LEG(ione) XXI / H(eres) F(aciendum) C(uravit)

[...] Crescens aus Fanum Fortunae, (aus dem Stimmbezirk) Pollia. Veteran aus der 21. Legion. Sein Erbe hat veranlasst, (den Grabstein) aufzustellen.

Grabstein eines unbekannten Soldaten. Kalkstein, 1. Hälfte 1. Jh. n. Chr., LVR-Römer-Museum, Xanten.

53

54

Acutius und Accius haben ihr Geschirr markiert. Terra Sigillata, 1. Hälfte 1. Jh. n. Chr., LVR-RömerMuseum, Xanten.

Da der Beginn der Inschrift sehr stark verwittert ist, kennen wir den Vor- und Familiennamen des Crescens nicht; Crescens ist der Beiname des Verstorbenen (*cognomen*). Seine Heimatstadt war das an der Adriaküste gelegene Fanum Fortunae, das heutige Fano in der Region Marken. Die Stadt gehörte zum Stimmbezirk (*tribus*) Pollia, der direkt an Rom angrenzte. Crescens war Soldat der 21. Legion (legio XXI Rapax), die von 9 bis 43 n. Chr. in Vetera stationiert war. Nach seiner Entlassung – er wird als Veteran bezeichnet – blieb er offenbar am Niederrhein, wo sein Grabstein gesetzt wurde.

Seit flavischer Zeit (69–96 n. Chr.) finden sich vermehrt auch Soldaten aus den nördlichen Gegenden des römischen Reiches. Diese dienten allerdings nicht in der Legion, die den römischen Bürgern vorbehalten war, sondern in den Hilfstruppen. Gegen Ende des 1. und zu Beginn des 2. Jahrhunderts n. Chr. gab es mindestens zwei Kohorten aus lokalen Hilfstruppen. Die germanischen Namen der cohors I Baetasiorum („1. Kohorte der Baetasier") und der cohors I Ulpia Traiana Cugernorum („die 1. ulpisch-traianische Kohorte der Cugerner") weisen darauf hin.

ALLTAG IN DER RÖMISCHEN LEGION

Was ein Legionär so macht und woher wir davon wissen – Aktiver Dienst

Der Alltag der römischen Legionäre bestand bei Weitem nicht nur aus andauernden Kampfeinsätzen. Vielmehr waren die Soldaten auch für die infrastrukturelle Erschließung eroberter Gebiete zuständig. Neben der Errichtung von Legionslagern und Verteidigungsanlagen gehörte somit der Bau von Straßen, Brücken, Wasserleitungen und öffentlichen Gebäuden zu ihren Aufgaben. Die legionseigenen Ziegeleien, Kalkbrennereien und Steinbrüche sind Zeugnis dieser Tätigkeiten. Das dort gewonnene Material wurde nicht nur zum Bau militärischer Einrichtungen, sondern auch für zivile Bauvorhaben genutzt.
Nicht nur ganze Legionen, sondern auch einzelne Abteilungen, sogenannte Vexillationen (von *vexillum* = „Fahne, Standarte"), wurden für spezielle Kampf- oder Arbeitseinsätze verschoben. Eine solche Abteilung konnte einige Dutzend bis mehrere Hundert Soldaten umfassen, je nach Notwendigkeit des Einsatzes. Diese Praxis führte dazu, dass sich selten alle Soldaten einer Legion gleichzeitig im Lager aufhielten. Die volle Kampfstärke von ca. 5.000–6.000 Mann wurde daher wohl selten erreicht.

55 Ziegel mit Stempel des Minicius. Ton, 1. Jh. n. Chr., LVR-RömerMuseum, Xanten.

Stempel als Quellen – Ziegelei

Verschiedene materielle Hinterlassenschaften zeugen von den Tätigkeiten der Legionäre. Erhalten sind z. B. Produkte aus den Ziegeleien, die von Legionären betrieben wurden („Ziegelei" = *tegularia* von *tegula* = „Dachziegel, Deckplatte"). Soldaten der 5. Legion, die von 40 bis 70 n. Chr. in Vetera stationiert war, haben einige Ziegel hergestellt, von denen noch Bruchstücke erhalten sind. Die Stempel nennen nicht nur die Legion, sondern auch die Namen der Hersteller Abb. 55.
LEG(io) V / MINIC(ius) F(ecit). – Die 5. Legion, Minicius hat (dies) hergestellt.
L(egio) V / L(ucius) ELVO(rix) (fecit). – Die 5. Legion, Lucius Helvorix hat (dies) hergestellt.

Auch Rinnius und Pullius waren Ziegler der 5. Legion. Aus der 6. Legion sind uns ebenfalls verhältnismäßig viele Soldaten namentlich bekannt, die Ziegel produzierten. Genannt seien z. B. Iul(ius) Verec(undus), Iulius Martialis, Gaius Iulius Asiati(cus), Gaius I(ulius)/Cl(audius) Longinus, Aulus Valerius Severus, Sever(us) Plac(idus), Gaius Natalis Antoni(us) und Quintus Aurelius Optatus, die alle ihre Namen auf Stempeln verewigten.
Einige Stempel nennen allerdings keine einzelne Legion. Vielmehr ist auf ihnen zu lesen:
EXGERINF – eine Abkürzung für *exercitus Germaniae inferioris* = „die Streitkräfte Niedergermaniens". Das bezeugt, dass die niedergermanischen Legionen in einigen Ziegeleien wenn nötig gemeinsam arbeiteten.

56 Die verriebene Inschrift lautet DEAE VESTE, d. h. „Der Göttin Vesta (geweiht)".

Die Vielfältigkeit des Materials Ton bezeugen Tonrohre, die von der Rheinflotte hergestellt wurden Abb. 58. Von der Ziegelbrennerei zeugt auch eine kleine Statue der Vesta mit Basis und

57

Lebensbild der Arbeiten an einem römischen Steinbruch.

Inschrift Abb. 56. Sie wurde am Zugang zum Feuerungsraum einer Ziegelei südöstlich der CUT gefunden. Die Göttin hält eine Schale in der Rechten. Sie opfert damit über einem Altar. Als Göttin des Herdfeuers gehört sie zu den ältesten Gottheiten Roms. Für die Brennmeister war sie von großer Bedeutung, weil der Erfolg der Produktion u. a. von der Brenntemperatur abhing.

58

Die Rohre, die in der CUT gefunden wurden, tragen den Stempel der Rheinflotte, der classis Germanica Pia Fidelis (CGPF). Ton, spätes 1.–3. Jh. n. Chr., LVR-Römer-Museum, Xanten.

Steinbruch

Weitere Informationen über den Alltag der Legionäre erhalten wir z. B. von römischen Weihinschriften. Mit einer Weihinschrift belegt ein Stifter, dass er einer Gottheit eine Gabe geschenkt hat. Grundsätzlich konnte jedes Ding, vom Alltagsgegenstand bis zum Kunstwerk, geweiht werden. Häufig sind uns allerdings nicht mehr die Weihegaben selbst, sondern nur noch die Sockel mit der Inschrift erhalten. Diese sind wie die Grabinschriften der römischen Kaiserzeit stark normiert. Sie arbeiten ebenfalls mit vielen Abkürzungen. Genannt werden die Gottheit, für die die Weihung gedacht ist, sowie der Stifter. Unterschiedlich ausführlich kann die Auflistung der Tätigkeiten und Ehrenämter des Stifters sein. Der Grund für die Weihung wird nicht immer verraten. Eine feste Formel schließt die Weihinschrift ab. *V(otum) S(olvit) L(ibens) M(erito)*: „Das Gelübde hat er [oder sie] gerne und gebührend erfüllt".

Aus den Steinbrüchen des Brohltals in der Eifel und am Drachenfels kam das Material, das für den Bau des Lagers Vetera und der zivilen Siedlung benötigt wurde Abb. 57. Viele Weihesteine, die vor allem Hercules Saxanus geweiht waren, zeugen von den Tätigkeiten der Soldaten. Hercules war der Sohn des Göttervaters Iuppiter und ein Halbgott. Die Inschrift nennt den Beinamen Saxanus von *saxum* (= „Stein, Fels"). In dieser Funktion war er der Schutzpatron der Steinbrucharbeiter und erfreute sich großer Beliebtheit. Ungefähr 35 ihm geweihte Altäre wurden bisher gefunden. Die meisten Inschriften, in denen er erwähnt wird, stammen aus dem Brohltal.

Der Weihestein für Hercules Saxanus Abb. 59 wurde von einer Vexillation der 15. Legion gestiftet, die unter dem Kommando des Zenturio Gaius Mettius Seneca stand:

HERCVLI / SAX{S}ANO / C(aius) METTIVS / SENECA > (= centurio) / LEG(ionis) XV ET / VEXILLARI(I) / LEG(ionis) EIVSDEM / V(otum) S(olverunt) L(ibentes) M(erito)

Dem Hercules Saxanus (geweiht). Gaius Mettius Seneca, Zenturio der 15. Legion und die abkommandierten Soldaten derselben Legion haben ihr Gelübde gerne und gebührend eingelöst.

Eine weitere Weihung nennt nicht nur Hercules Saxanus, sondern auch den Göttervater selbst Abb. 60.

I(ovi) O(ptimo) M(aximo) / ET HER(culi) SAX(ano) / VEXIL(larii) / L(egionis) VI VIC(tricis) P(iae) F(idelis) L(egionis) X / G(eminae) P(iae) F(idelis) / ET AL(arum) COH(ortium) CL(assis) G(ermanicae) / P(iae) F(idelis) Q(uae) S(ub) Q(uinto) ACVT(io) / SV(nt) CV(ra) M(arci) IVL(li) / COSSVTI > (centurionis) / L(egionis) VI VIC(tricis) / P(iae) F(idelis)

Dem Iuppiter Optimus Maximus und Hercules Saxanus (haben) die abkommandierten Soldaten der 6. Legion Victrix Pia Fidelis, der 10. Legion Gemina Pia Fidelis und der Alen, Kohorten und der Germanischen Flotte, der treuen und frommen, die unter dem Kommando des Quintus Acutius stehen, (diesen Altar geweiht). Verantwortlich (für die Weihung) war Marcus Iulius Cossutus, Zenturio der 6. Legion Victrix Pia Fidelis.

59

Der Stein wurde im Brohltal gefunden, woher viel Material für den Bau des Militärlagers und der Siedlung kam. Weihaltar für Hercules Saxanus, Tuff, Mitte 1. Jh. n. Chr., LVR-RömerMuseum, Xanten.

Der Altar wurde von mehreren Einheiten der in Niedergermanien stationierten Streitkräfte gestiftet: Die 6. Legion („die Siegreiche, die Fromme, die Treue") war von 70 bis 90 / 100 n. Chr. in Novaesium (Neuss) und von 92 bis 120 n. Chr. in Vetera stationiert. Die 10. Legion („die Doppelte, die Fromme, die Treue") wird von 70 bis 104 n. Chr. in Noviomagus (Nijmegen) lokalisiert. Neben den Legionssoldaten gehörten der Vexillation auch Soldaten der Hilfstruppen an. Genannt sind Reitereinheiten (*alae*), Fußtruppen (*cohortes*) sowie Soldaten der Rheinflotte (*classis germanica*).

Als Statthalter der Provinz Niedergermanien hatte Quintus Acutius Nerva nach 100 n. Chr. das Oberkommando über die Truppen. Über Marcus Iulius Cossutus, der die Ausführung des Weihesteins besorgt hat, wissen wir nur, dass er Zenturio der 6. Legion war.

60

Diese Weihung wurde ebenfalls im Brohltal gefunden. Weihaltar für Iuppiter und Hercules Saxanus, Kalkstein, um 101/102 n. Chr., LVR-RömerMuseum, Xanten.

61

Transport

Die Region um Xanten ist besonders arm an Steinmaterial. Das Baumaterial für das Lager sowie für die zivile Siedlung musste also von weit her in die CUT transportiert werden. Dabei handelte es sich vermutlich nicht nur um Steine, sondern auch um Holz, das kaum bzw. nicht in ausreichender Menge vor Ort vorhanden war. Von besonderer Bedeutung war daher die Organisation und Sicherung des Transportweges über den Rhein. Die Positionierung von Lager und Siedlung in direkter Nähe zu diesem einfachsten und günstigsten Transportweg der ganzen Provinz Niedergermanien war daher von unschätzbarem Vorteil.

Der Hafen der CUT war somit ein wichtiger Umschlagplatz für Waren und Baumaterialien, die aus dem ganzen Römischen Reich angeliefert wurden, weshalb er im Laufe der Zeit immer weiter ausgebaut wurde. Mit den hier angelieferten Handelsgütern wurde nicht nur die Stadt selbst, sondern auch ihr Hinterland sowie das Legionslager Vetera II versorgt.

Für den Transport von z. B. Tuffsteinen aus der Eifel oder Trachytsteinen vom Drachenfels bei Bonn war die Rheinflotte (*classis Germanica*) zuständig. Ihre Hauptaufgabe bestand in der Überwachung des Rheins, seiner Nebenflüsse und der Küste sowie im Transport von Baumaterial, Versorgungsgütern und Truppen. Das Hauptquartier lag in Köln-Alteburg, weitere kleinere Stützpunkte gab es am Rhein und an der vorgelagerten Nordseeküste. Über die Größe und Stärke der Flotte gibt es keine sicheren Daten. Zu den Schiffen, die gerudert, gesegelt und getreidelt werden konnten, gehörten Flottentransporter, leichte Wachschiffe und schwere Kriegsschiffe Abb. 61.

Bei Xanten-Wardt wurden die Reste eines Prahms gefunden. Transportboot, Eiche, Eisen, um 95 n. Chr.

Eine Weihinschrift aus Bonn, die 160 n. Chr. von der Rheinflotte, der classis Germanica Pia Fidelis (= „die Germanische, die Fromme, die Treue") gestiftet wurde, erwähnt den Arbeitseinsatz einer Vexillation der Flotte beim Bau der CUT Abb. 62 (s. S. 90). Die Männer lieferten Steine an, die für den Ausbau des Forums der CUT benötigt wurden. Bei Ausgrabungen auf dem Forum wurden tatsächlich Trachytsteine gefunden. Die Flotte stand bei diesem Arbeitseinsatz unter dem Kommando des Gaius Sunicius Faustus, der als *trierarcha* bezeichnet wird, d. h. als Kapitän einer dreiruderigen Galeere. Den Einsatz hatte Tiberius Claudius Julianus angeordnet, der von ca. 158 bis 160 Statthalter der Provinz Niedergermanien war.

Der Weihaltar zum Wohl des Kaisers belegt den Einsatz einer Militäreinheit beim Steintransport zum Ausbau des Forums der CUT. Das Original befindet sich im LVR-LandesMuseum Bonn. Weihaltar, Trachyt, 160 n. Chr., LVR-Landesmuseum, Bonn.

[PRO SA]L(ute) IMP(eratoris) / ANTON(ini) AVG(usti) / PII F(elicis) VEX(illatio) CLA(ssis) / GERM(anicae) P(iae) F(idelis) QVAE / EST AD LAPIDEM / CITANDVM / FORVM C(oloniae) V(lpiae) T(raianae) / IVSSV CLAVDI / IVLIANI LEG(ati) / AVG(usti) PRO PRAE(tore) / CVRAM AGENTE / C(aio) SVNICIO / FAVSTO / TRI[E] RARC(ho) / BRADVA ET VARO / CO(n)S(ulibus) V(otum) S(olvit) L(ibens) M(erito)

Zum Wohl des Kaisers Antoninus Augustus Pius Felix. Das Arbeitskommando der Classis Germanica Pia Fidelis, das auf Befehl des Statthalters Claudius Julianus unter der Führung des Kapitäns Gaius Sunicius Faustus eingesetzt ist, um Steine für das Forum der Colonia Ulpia Traiana herbeizuschaffen, hat (diesen Altar geweiht und damit) sein Gelübde gerne und gebührend eingelöst. (Im Jahr) als Bradua und Varus Konsuln waren.

Der zu Beginn der Inschrift genannte Kaiser Antoninus Pius regierte seit 138 n. Chr. Die Inschrift lässt sich aufgrund der beiden genannten Konsuln Appius Annius Atilius Bradua und Titus Clodius Vibius Varus auf das Jahr 160 n. Chr. datieren.

62

Grenzbewachung

Selbstverständlich gehörte auch die Überwachung der Grenze und des Grenzverkehrs zu den Aufgaben der Soldaten Abb. 63. Das belegt ein anderer Weihestein, der von zwei Soldaten aufgestellt wurde, die am Vinxtbach in der Eifel einen Abschnitt zwischen Nieder- und Obergermanien kontrollierten Abb. 65.

FINIBVS ET / GENIO LOCI / ET I(ovi) O(ptimo) M(aximo) MILI(tes) / LEG(ionis) XXX V(lpiae) V(ictricis) / M(arcus) MASSIANI / VS SECVNDVS / ET T(itus) AVRELIVS / DOSSO / V(otum) S(olverunt) L(ibentes) M(erito)

Den Grenzen (d.h. Grenzgöttern) und dem Schutzgeist des Ortes und dem Iuppiter Optimus Maximus (geweiht). Die Soldaten der 30. Legion Ulpia Victrix, Marcus Massianius Secundus und Titus Aurelius Dosso, haben ihr Gelübde gern und gebührend erfüllt.

(Abb. 63) Lebensbilld zur Überwachung des Grenzverkehrs

63

An der Mündung des Vinxtbaches bei Brohl-Lützing befand sich eine Grenzstation, an der militärische Straßenposten stationiert waren. Der nördliche Posten unterstand dem niedergermanischen Statthalter in Köln, der südliche dem obergermanischen Statthalter in Mainz. Der Name Vinxt leitet sich von *ad fines* (= „an der Grenze") ab und verweist somit auf die ehemalige Grenzfunktion des Flusses. Weihungen an die Grenzgötter und den Schutzgeist des Ortes findet man häufig an solchen Grenzstationen, so gibt es z. B. zahlreiche Altarweihungen an die *Nymphae fines* („Grenznymphen"). Die Namen der beiden Stifter lassen vermuten, dass es sich um Einheimische gehandelt hat.

Bärenfänger

Ein Weihestein, der in Xanten-Birten, in der Nähe des Lagers Vetera, gefunden wurde, belegt noch einen weiteren, nicht militärischen Aufgabenbereich für einen Soldaten. Cessorinius Ammausius wird als *ursarius* bezeichnet (von *ursus* = „Bär"). Er fing und

64

(Abb. 64) **Mosaik mit Darstellung eines Kampfes zwischen Bär und Stier im Amphitheater.** Mosaik, um 200 n. Chr., Nationalmuseum, Tripolis.

versorgte also die Bären, die im Amphitheater für Tierhatzen benötigt wurden Abb. 64. Der Name deutet auf eine gallo-germanische Herkunft hin, denn

65

(Abb. 65) **Weihestein für die Grenzgötter, den Schutzgeist des Ortes und Iuppiter.** Brohler Tuffstein, um 200 n. Chr., LVR-Römer-Museum, Xanten.

Weihung an den Waldgott Silvanus. Kalkstein, 222–235 n. Chr., LVR-Römer-Museum, Xanten.

66

er ist bisher nur in den Nordwestprovinzen belegt. Die Namensbildung auf -inius ist darüber hinaus typisch für das Rheinland. Gut möglich, dass der Mann sich in der Region besonders gut auskannte und deshalb für diese Aufgabe eingeteilt worden war Abb. 66.

DEO SILVANO / CESSORINIVS / AMMAVSIVS / VRSARIVS LEG(ionis) / XXX V(lpiae) V(ictricis) S(everianae) A(lexandrianae) V(otum) S(olvit) L(ibens) M(erito)

Dem Gott Silvanus (geweiht). Cessorinius Ammausius, Bärenfänger der 30. Legion Ulpia Victrix Severiana Alexandriana, hat sein Gelübde gerne und gebührend eingelöst.

Die Gabe war für den Waldgott Silvanus gedacht, dessen Statue auf dem Inschriftensockel steht. Kopf und Arme fehlen. Der Gott trägt ein knielanges, gegürtetes Gewand und einen Mantel. Sein rechter Arm war angewinkelt, wahrscheinlich hielt er ein Winzermesser oder eine Sichel in der Hand. Zu seinen Füßen sitzt ein Bär, der an Früchten knabbert.

Die 30. Legion führt in dieser Inschrift den Beinamen *Severiana Alexandriana*. Sie erhielt diesen Titel unter Kaiser Severus Alexander, der von 222 bis zu seiner Ermordung im Jahr 235 n. Chr. regierte. Nach der Damnatio memoriae wurde dieser Beiname wieder gestrichen, sodass man die Entstehung des Weihesteins auf die Zeit zwischen 222 und 235 n. Chr. eingrenzen kann.

Bautätigkeit

Die Aufgaben rund um den Bau von Gebäuden umfassten verschiedene Tätigkeiten wie die Planung und Vermessung, die Materialbeschaffung und -bearbeitung sowie den eigentlichen Bau. Die römische Legion war eine geschulte und effiziente Bautruppe und wurde deshalb auch für den Bau der zivilen Infrastruktur eingesetzt. Aus der CUT sind die Arbeitsfelder der Legionäre in den Ziegeleien, den Steinbrüchen und beim Materialtransport belegt.

Die Bauinschrift zum Wiederaufbau des Dolichenus-Heiligtums in Köln zeugt von der Beteiligung der römischen Legionen an der Wiedererrichtung eines ganzen Tempels sowie von der Tätigkeit eines Zenturio als Bauleiter Abb. 67:

I(ovi) O(ptimo) M(aximo) DOLICHENO PRO [SALVTE IMP(eratorum) CAES(arum)] / M(arci) AVRELLI ANTONINI PII A[VG(usti) ET P(ubli) SEPT(imi) GETAE] / PII AVG(usti) ET IVLIAE AVGVSTAE [MATRIS AVG(ustorum) ET CASTR(orum)] / L(ucius) LVCCEIVS MARTINVS LEG[ATVS AVG(ustorum) PR(o) PR(aetore) PROV(inciae)] / GERMANIAE INFER(ioris) TEM[PLVM VETVSTATE CON]/LABSVM A SOLO RESTITVIT C[VRANTE ---] / PRISCO > (centurione) LEG(ionis) XXX V(lpiae) V(ictricis) P(iae) F(idelis) GEN[TIANO ET BASSO CO(n)S(ulibus)]

Dem Iuppiter Optimus Maximus von Doliche (geweiht). Zum Wohle der Kaiser Marcus Aurelius Antoninus Pius Augustus und Publius Septimius Geta Pius Augustus und der Iulia Augusta, der Mutter der Kaiser und der Heerlager, hat Lucius Lucceius Martinus, Statthalter der Provinz Niedergermanien, den wegen seines hohen Alters eingestürzten Tempel von Grund auf wiederhergestellt unter der Aufsicht des Priscus, Zenturio der 30. Legion Ulpia Victrix Pia Fidelis. Im Konsulatsjahr des Gentianus und Bassus.

Kaiser Marcus Aurel(l)ius (Severus) Antoninus ist besser bekannt unter dem Namen Caracalla. Er regierte seit 211 n. Chr. zunächst zusammen mit seinem jüngeren Bruder Publius Septimius Geta. Diesen ließ Caracalla noch im selben Jahr töten und verhängte eine Damnatio memoriae. Da die Inschrift beide Brüder als Kaiser nennt, muss sie vor Dezember 211 verfasst worden sein.

Neben den beiden Brüdern wird auch ihre Mutter, Julia Domna, aufgeführt. Zahlreiche Ehrentitel wurden ihr verliehen, darunter der Titel „Mutter der Heerlager" im Jahr 195 oder 196 n. Chr., der hier wahrscheinlich in der Inschrift aufgeführt wird.

Die Wiederherstellung des eingestürzten Tempels in Köln gab der Statthalter der Provinz Niedergermanien, Lucius Lucceius Martinus, in Auftrag. Iuppiter Dolichenus war der Sturm- und Wettergott der syri-

67

In Xanten steht eine Kopie dieser Bauinschrift aus Köln.
Bauinschrift, Kalkstein, 211 n. Chr., Römisch-Germanisches Museum, Köln.

schen Stadt Doliche, der vor allem von den Truppen an den Nordgrenzen des Imperiums verehrt wurde. Von den beiden Konsuln des Jahres 211 n. Chr. ist nur noch der Name des Gentianus erhalten.
Eine weitere Bauinschrift bezeugt die Mitarbeit einer Legion an einem Bauwerk. Wir erfahren, dass der Statthalter Publius Sulpicius Scribonius Rufus der Auftraggeber war. Die 15. Legion führte die Arbeiten aus. Leider wissen wir nicht, um welches Gebäude es sich handelte.

IMP(erator) NERO CAESAR AVGVSTVS / DIVI CLAVDI F(ilius) GERMANICI CAESARIS / N(epos) TIB(eri) CAESARIS AVG(usti) PRON(epos) DIVI AVG(usti) ABN(epos) / PONTIF(ex) MAX(imus) TRIB(uniciae) POTEST(atis) XII IMP(erator) X CO(n)S(ul) IIII P(ater) P(atriae) / P(ublio) SVLPICIO SCRIBONIO RVFO LEG(ato) AVG(usti) PROPR(aetore) / LEG(io) XV PRIMIG(enia)

Imperator Nero Caesar Augustus, Sohn des vergöttlichten Claudius, Enkel des Germanicus Caesar, Urenkel des Tiberius Caesar Augustus, Ururenkel des vergöttlichten Augustus, oberster Priester, zum zwölften Male Inhaber der tribunizischen Amtsgewalt, zum zehnten Male zum Imperator akklamiert, viermaliger Konsul, Vater des Vaterlandes. Unter der Leitung des Statthalters Publius Sulpicius Scribonius Rufus (hat) die 15. Legion Primigenia (dieses Bauwerk errichtet).

Bedeutsam ist diese Inschrift nicht nur, weil wir darin von der Bautätigkeit der Legionäre erfahren. Die Titel und Auszeichnungen, die der genannte Kaiser Nero erhielt, helfen bei der Datierung (s. S. 48). Nero hatte von Oktober oder Dezember 65 n. Chr. bis Oktober oder Dezember 66 n. Chr. zum zwölften Mal die tribunizische Amtsgewalt inne. 64 oder 65 n. Chr. wurde er zum zehnten Mal zum siegreichen Feldherrn (Imperator) ausgerufen. Da er im Spätsommer 66 n. Chr. zum elften Mal Imperator war, muss die Inschrift vorher verfasst worden sein. Sein vierter Konsulat war im Jahre 60, erst 68 n. Chr. bekleidete er den Konsulat zum fünften Mal. Aus diesen Angaben ergibt sich, dass die Inschrift in der ersten Hälfte des Jahres 66 n. Chr. entstanden sein muss.

Und vieles mehr...

Eine Vielfalt von Tätigkeiten bezeugt der Weihestein eines Veteranen der Xantener 30. Legion (Ulpia Victrix), Titus Flavius Super Cepula, der in Lyon aufgestellt war Abb. 68.

NVMINIB[VS] AVG(ustorum) / ARAM POS[VI]T IN / TRA SCHOLAM / PO[L]IONVM LEG(ionum) / IIII [E]T AEDICVLAM / E PARIETE SCAL / PSIT ET INPEN / DIO SVO FECIT T(itus) / FL(avius) SVPER CEPVLA / SCAENICVS HO / NESTA MISSIONE / MISSVS EX LEG(ione) / XXX V(lpia) V(ictrice) P(ia) F(ideli) SVB CV / RA SATVRI(i) CEN / SORINI PROC(uratoris) AVG(usti) / D(edicata) N(onis) N(ovembribus) APRO ET MAXIMO CO(n)S(ulibus)

Dem göttlichen Walten der Kaiser (geweiht). Einen Altar im Versammlungshaus der Waffenputzer (?) der vier Legionen aufgestellt und eine Ädikula aus der Wand gehauen und aus eigenen Mitteln angefertigt hat Titus Flavius Super Cepula, Schauspieler und ehrenhaft entlassen aus der 30. Legion Ulpia Victrix Pia Fidelis. Unter dem kaiserlichen Prokurator Saturius Censorinus, an den Nonen des November im Konsulatsjahr des Aper und des Maximus.

Der Weihende, Cepula, stiftete einen Altar (*ara*), der den *numinibus Augustorum* geweiht war. Der Begriff *numen* bezeichnet das Walten, die wirkende Macht einer Gottheit. Bei den nicht namentlich erwähnten Kaisern handelt es sich um Septimius Severus (reg. 193–211 n. Chr.) und Caracalla, der seit 197 n. Chr. Mitregent war.

Als Aufstellungsort für den Altar und die Ädikula wird die *schola pol(l)ionum* in der Inschrift genannt. *Schola* bezeichnet in diesem Kontext ein Gebäude, das als Versammlungsort oder Vereinshaus, hier das der *poliones,* diente. Was man unter einem *pollio/polio* zu verstehen hat, ist in der Fachliteratur sehr umstritten: Die Deutung reicht von Rüstungs- oder Schwertfeger, Zeughausarbeiter, Zureiter bis zu Sprachlehrer.

68 **Der Stein, von dem eine Kopie in Xanten steht, wurde von einem Soldaten namens Cepula („Zwiebelchen") geweiht.** Weihestein für das göttliche Walten des Kaisers, Kalkstein, 5. November 207 n. Chr., Gallo-römisches Museum, Lyon.

Der Stifter ist ein Veteran, der ehrenhaft entlassen wurde. Der Aufstellungsort lässt vermuten, dass er als *pollio* tätig gewesen war. Daneben war Titus Flavius Super, dessen Spitzname Cepula vielleicht ein Künstlername war, ein Schauspieler oder für die Soldatenbühne zuständig (*scaenicus*). Betont wird, dass er den Weihaltar auf eigene Kosten anfertigen ließ.

Bei den erwähnten vier Legionen handelt es sich um Abordnungen der vier rheinischen Legionen aus Vetera II, aus Bonna (Bonn, legio I Minervia), aus Mogontiacum (Mainz, legio XXII Primigenia) und aus Argentoratum (Straßburg, legio VIII Augusta). Diese waren für den Schutz der in Lyon ansässigen Münzstätte zuständig.

Saturius Censorinus wird als *procurator Augusti* bezeichnet. Er war also entweder der Statthalter oder der Finanzverwalter der Provinz Gallia Lugdunensis. Während Statthalter aus dem Senatorenstand den Titel *legati Augusti pro praetore* trugen, hießen Statthalter aus dem Ritterstand *procuratores Augusti*. Mit *procurator Augusti* konnte jedoch auch der Oberverwalter der kaiserlichen Einkünfte gemeint sein, der die Steuern für den *fiscus*, das persönliche Vermögen des Kaisers, eintrieb und abführte.

UND WAS DANN? – RUHESTAND UND TOD

Das Wort *veteranus* bedeutet „altgedienter Soldat, Veteran, Reservist". Nach 20 Jahren endete für die Soldaten zwar ihre reguläre Dienstzeit, doch sie mussten auch nach ihrer Entlassung aus dem aktiven Dienst noch für fünf weitere Jahre an ihrem Standort verbleiben, um bei Bedarf wieder aktiviert werden zu können. Der Begriff *veteranus missus* (*honesta missione*), ein „in Ehren entlassener bzw. freigestellter Soldat", bezeichnet daher sowohl die Reservisten als auch die vollständig ausgeschiedenen Männer. Da die meisten Soldaten im Alter von 17 bis 20 Jahren in das Heer eintraten, waren sie bei ihrer Entlassung häufig weit über 40 Jahre alt.

Bei Dienstende erhielten die Veteranen entweder Geld oder Land als Abfindung. Das zugewiesene Land befand sich meist in der Nähe des ehemaligen Dienstortes. Auf die Weise wurde gewährleistet, dass die dünn besiedelten Gebiete bewirtschaftet wurden und so die Versorgung des Militärs gesichert war. Viele Veteranen betätigten sich als Handwerker oder im Handel und bauten so die lokale Wirtschaft auf.

Bis ins 1. Jahrhundet n. Chr. gab es meist nur Römer und Italiker sowie Südgallier und Spanier unter den Soldaten, da der Miltärdienst römischen Bürgern vorbehalten war. Die Soldaten der Auxiliareinheiten wurden dagegen von den Provinzen gestellt. Für die Einheimischen (*peregrini* = „Fremde, Nichtbürger") war der Militärdienst deshalb so attraktiv, weil sie bei ihrer ehrenhaften Entlassung das römische Bürgerrecht (*civitas romana*) erhielten. Dies beinhaltete u. a. das Recht Verträge zu schließen, zu erben sowie zu vererben und vor allem das Recht zu heiraten. Auch die Kinder aus diesen Ehen erhielten bei Geburt automatisch das römische Bürgerrecht. Die Veteranen der Auxiliareinheiten wurden als Träger des römischen Bürgerrechts auf diese Weise eine treibende Kraft bei der Vermittlung der römischen Kultur in den eroberten Provinzen.

Oft nahmen die Soldaten den Familiennamen (*nomen gentile*) des Kaisers an, von dem sie das Bürgerrecht erhalten hatten. Es tauchen etwa Iulius, Claudius, Flavius, Ulpius oder Aelius auf. Auch der Weihaltar an Apollon Dysprus Abb. 143 (s. S. 163), den sechs Soldaten geweiht haben, ist ein beredtes Zeugnis von dieser Praxis. Alle sechs Personen tragen den Namen des Kaisers Septimius. Sie nahmen außerdem einen römischen Vornamen (*praenomen*) an, ihr alter Name wurde dann zum Beinamen (*cognomen*).

125 / 130 n. Chr. muss es die erste Entlassungswelle in der lange in Vetera stationierten 30. Legion gegeben haben, da die Legion zu Beginn des 2. Jahrhunderts gegründet wurde. Man rekrutierte hierfür vor allem Soldaten in Oberitalien. Einige von ihnen kehrten nach der Entlassung dorthin zurück. Das belegen die dort gefundenen Veteranen-Grabsteine. Die Veteranen, die in Niedergermanien blieben, siedelten sich meist in Städten und Siedlungen (*vici*) in Rheinnähe an, besonders Köln erfreute sich großer Beliebtheit. Daher sind aus Köln einige Inschriften von Veteranen der 30. Legion überliefert. Dagegen waren das Hinterland und der nördliche Teil der Provinz offensichtlich nicht sehr beliebt. Bisher kamen hier nur wenige Funde zutage. Seit dem 3. Jahrhundert blieben viele Veteranen in Lugdunum (Lyon), wo eine Vexillation der vier rheinischen Legionen stationiert war. Aus Lyon stammen bisher 17 Inschriften von Veteranen der 30. Legion, darunter auch der oben genannte Weihestein des Super Cepula.

missio honesta – missio ignominiosa

Nach Ableistung ihrer regulären Dienstzeit erwartete die Soldaten ihre ehrenhafte Entlassung (*honesta missio*). Nur bei schweren Verbrechen erfolgte die unehrenhafte Entlassung, die *missio ignominiosa*. Diese war nach der Todesstrafe die schwerste Bestrafung mit gravierenden Konsequenzen: Der be-

69

[... im Konsulatsjahr des Marcus Servilius Fabianus und] Quintus Iallius Bassus. (Die Urkunde ist ausgefertigt) aus der 1. teilberittenen Kohorte der Pannonier und [Dalmater, der] Numisius (...) [vorsteht], aus den Fußtruppen, dem Aiiucco, [dem Sohn] des Leub[-asnus] (...). Abgeschrieben und überprüft von [der Bronzetafel], die in Rom [an der Mauer hinter] dem Tempel des vergöttlichten Augustus [bei der Minerva(statue)] angebracht ist.

troffene Soldat verlor seine Belohnungen und Privilegien und damit auch seine Altersabsicherung.
Bei Dienstunfähigkeit aus gesundheitlichen Gründen, z.B. nach einer Verletzung im Kampf, wurden die Soldaten vorzeitig entlassen (*missio causaria*). Sie erhielten oft die gleichen Privilegien wie ehrenhaft entlassene Soldaten, jedoch wurde ihre Abfindung nach den geleisteten Dienstjahren berechnet.
Bei ihrer Entlassung erhielten die Soldaten eine Bescheinigung über ihre gute Führung, die *tabula honestae missionis*. Die Soldaten der Hilfstruppen erhielten zudem das Militärdiplom, in dem die Verleihung des römischen Bürgerrechts dokumentiert wurde. Aus Xanten ist nur ein einziges Exemplar erhalten Abb. 69. Viele Diplome waren wie das Xantener Stück aus Bronze, und wurden später aufgrund des hohen Materialwertes oft eingeschmolzen und wiederverwendet.

[...] / [M(arco) SERVILIO FABIANO ET] / Q(uinto) IALLIO BASS[O CO(n)S(ulibus)] / COH(ortis) I PANNON(iorum) ET [DEL(matarum) EQ(uitatae) C(ui) PR(aeest)] NVMISIVS [...] / EX PEDITI[BVS] AIIVCCONI LEVB[ASNI? F(ilio) ...] / DESCRIP(tum) ET RECOGN(itum) E[X TABVLA AEREA] / QVAE FIXA EST ROMA[E IN MVRO POST] / TEMP(lum) DIVI AVG(usti) [AD MINERVAM]

Militärdiplom des Aiiucco.
Bronze, 158 n. Chr.,
LVR-RömerMuseum, Xanten.

Ein Militärdiplom bestand ursprünglich aus zwei gleichen Bronzetäfelchen, die in der Form eines Diptychons, also mit Scharnieren, Riemchen oder Ringen miteinander verbunden waren. Auf der Außen- und Innenseite befanden sich zwei identische Abschriften des kaiserlichen Ediktes (*constitutio*), das in Rom durch öffentlichen Anschlag bekanntgegeben worden war. Die Diplome wurden in Rom erstellt und versiegelt. Wenn der Verdacht bestand, dass der Text auf der Außenseite manipuliert worden war, wurde das Siegel aufgebrochen und der Text der Außenseite mit dem Text auf der Innenseite verglichen. Man hatte also quasi immer eine Sicherungskopie bei sich. Oft galt das Diplom für mehrere Soldaten oder für ganze Einheiten. Auch die Urkunde aus Xanten ist demnach eine beglaubigte Abschrift des ursprünglich in Rom publizierten Ediktes.
Die Wendung für die Verleihung des Bürgerrechts (*civitatem dare* oder *tribuere*) ist auf dem Fragment leider nicht mehr erhalten. Da solche Militärdiplome aber wie viele andere Inschriften standardisiert waren, lässt sich der Text zumindest teilweise aus anderen Diplomen, die zur gleichen Zeit entstanden sind, ergänzen. Wir können also erschließen, dass ein Aiiucco, aufgrund seines Namens vermutlich ein Gallier, nach 25 Dienstjahren bei den Hilfstruppen sein Militärdiplom erhielt.
Glücklicherweise ist der Name des Konsuls Quintus Iallius Bassus noch lesbar. So kann das Diplom datiert werden: Bassus war mit Marcus Servilius Fabianus Maximus Konsul des Jahres 158 n. Chr.
Die genannte 1. Kohorte war eine sogenannte *cohors equitata*, sie bestand also aus Fußsoldaten und berittenen Soldaten. Sie wurde ursprünglich in den Provinzen Pannonien und Dalmatien aufgestellt. Pannonien umfasste das heutige Westungarn sowie Teile Österreichs, Serbiens, Sloweniens und Kroatiens; Dalmatien ist die östliche Gegend des Adriatischen Meeres. Die Kohorte war in der Provinz Germania inferior stationiert, wo sie auch schon für

70

Das Lebensbild zeigt, wie wir uns heute die Gräberstraßen der römischen Zeit vorstellen. Alle Erkenntnisse fließen in so eine Darstellung ein.

die 1. Hälfte des 2. Jahrhunderts durch Militärdiplome belegt ist.

Ehre den Toten – Letzte Ruhestätte

Da das Zwölftafelgesetz (5. Jh. v. Chr.) die Bestattung der Toten innerhalb der Stadtmauern verbot, befanden sich die römischen Friedhöfe an den großen Ausfallstraßen der Städte. Sie zogen sich zum Teil kilometerlang hin. Jeder, der in die Stadt wollte oder aus der Stadt kam, ging an diesen Gräbern vorbei, las die Namen der Toten und sah ihre Porträts. Nicht selten sprachen die Toten in ihren Grabtexten die Betrachter sogar direkt an Abb. 70.

Für die Kaiser und ihre Familien wurden zum Teil große Prachtbauten errichtet wie die Mausoleen des Augustus oder des Hadrian. Hadrians Mausoleum ist heute als die Engelsburg in Rom bekannt.

Wohlhabende Menschen leisteten sich ebenfalls auffallende Grabdenkmäler z. B. in Form einer Grabstele oder Grabsäule. Ein bekanntes Beispiel hierfür ist die Igeler Säule (3. Jh. n. Chr.), die von den Brüdern und Tuchhändlern Lucius Secundinius Aventinus und Lucius Secundinius Securus errichtet wurde.

Wer es sich leisten konnte, kaufte einen Grabstein mit einer bildlichen Darstellung. Die Porträts und szenischen Darstellungen wurden als Statements genutzt, um sich und seinen Status stolz der Nachwelt zu präsentieren. Indem sich der Reitersoldat Iulius Primus auf seiner Grabstele liegend beim Totenmahl darstellen ließ, zeigte er der Nachwelt seine Vertrautheit mit der römischen Kultur und Lebensweise Abb. 88 (s. S. 118). In der unteren Bildhälfte seines Grabsteins wird mit dem gesattelten Pferd, das von einem Knecht geführt wird, seine berufliche Karriere visualisiert.

Wenn der Leichnam des Verstorbenen nicht greifbar war, wie dies bei Marcus Caelius der Fall war, wurde ein leeres Grab, ein Kenotaph, errichtet Abb. 24 (s. S. 53). Nach römischer Vorstellung erhielt der Totengeist des Marcus Caelius so einen Ort, an dem er zur Ruhe kommen konnte.

Wer nicht so viel Geld besaß, gab einen schlichten Grabstein ohne Bildschmuck in Auftrag, der nur einige knappe Angaben zum Verstorbenen enthielt. Arme Menschen konnten sich überhaupt keinen Grabstein leisten und wurden anonym in Massengräbern beigesetzt.

Die Römer weihten ihre Grabsteine den Manen (*Di manes* oder *manes*). Daher taucht auf den Inschriften häufig die Abkürzung „DM" auf (*dis manibus* = „Den Totengeistern", s. Abkürzungsliste im Anhang). Die Manen waren Totengeister (*lemures* und *larvae*), die grundsätzlich feindselig gestimmt waren und deshalb besänftigt werden mussten. Nach römischer Vorstellung lebten die Verstorbenen als Seelen oder Schatten (*anima*, Pl.: *animae*) im Grab freud- und leidlos weiter. Die Toten behielten ihren sozialen Status bei und bekamen daher entsprechende Grabbeigaben (Speisen, Schmuck etc.). Das Grab war eine Art Übergangsstation zwischen Leben und Unterwelt, dem Tartarus. Dort wurden sie je nach Lebenswandel entweder bestraft oder sie gelangten ins Elysium. Daneben gab es die Vorstellung des Grabs als letztem Aufenthaltsort des Totengeistes (*domus aeterna*, „ewiges Haus"), weshalb einige Gräber wie Häuser oder Wohnungen eingerichtet waren. An bestimmten Tagen kamen die Geister aus der Unterwelt in die Welt der Lebenden, dann mussten festgelegte Riten vollzogen werden. Bei Nichteinhaltung, so fürchtete man, würden sich die Totengeister erheben und ruhelos umherirren. Es gab vier offizielle Totengedenkfeste: An den *parentalia*, dem Fest der verstorbenen Eltern und Vorfahren (von *parentes* = „Eltern") im Februar, besuchten die Familien die Gräber der Verstorbenen, schmückten sie mit Blumen und sprachen ein Gebet. Danach nahmen sie am Grab ein Totenmahl ein, an dem, so die Vorstellung, auch die Toten teilnahmen. Weitere Gedenktage waren der Veilchentag (*dies violaris*) im März, das Rosenfest (*rosalia*) im Mai / Juni und der Geburtstag (*natalis* oder *dies natalis*).

Nach Dienstende ließen sich viele Soldaten des Lagers Vetera als Zivilisten in der Colonia Ulpia Traiana sowie dem Umland nieder. Es gibt Zeugnisse von Veteranen aus Burginatium (Kalkar, Abb. 71), Pont, Asciburgium (Moers-Asberg) und Novaesium (Neuss). Weil Soldaten der 30. Legion nach Köln an den Sitz des Statthalters versetzt wurden, gibt es auch dort Inschriftenfunde von Angehörigen der Xantener Legion. Ebenso haben sich in Lyon Spuren der 30. Legion erhalten (Abb. 72, 73 und 74). Andere Soldaten dagegen stammten zwar aus der CUT, waren aber in eine andere Legion eingetreten. Wurde diese ins Ausland verlegt, finden wir auch dort epigraphische Hinweise auf Bürger der CUT (*cives Traianenses*) wie z. B. auf Grabsteinen in der Provinz Britannien. Nicht zuletzt sind diese Grabsteine also ein wichtiges Zeugnis für die große Mobilität der römischen Soldaten.

Der Grabstein des Iulius Hilario Abb. 71 ist ein Beispiel für eine sehr knapp gehaltene Inschrift, die sich zwar auf das Nötigste beschränkt, uns aber dennoch einige Informationen zu dem Verstorbenen liefert.

D(is) M(anibus) / IVLIVS HILARIO / [V]ETERANVS EX / [L]EGIONE XXX V(lpia) V(ictrice) / FRATER F(ecit)

Die **30. Legion** wurde von Traian um 105 n. Chr. in Oberitalien ausgehoben. Sie ist die Legion, die am längsten in Vetera stationiert war, von ihr sind demnach am meisten Nachweise in und um Xanten erhalten.

Den Totengeistern. Iulius Hilario, Veteran aus der 30. Legion Ulpia Victrix. (Sein) Bruder ließ (den Grabstein) anfertigen.

Der Beiname Hilario (*cognomen*) deutet auf eine italische Herkunft hin. Er war Veteran der **30. Legion**. Wenn Hilario direkt nach der Gründung der Legion dort eingetreten ist, dürfte er zwischen 125 und 130 n. Chr. entlassen worden sein. Nach seinem Dienstende ließ er sich in Burginatium beim heutigen Kalkar nieder, wo der Grabstein gefunden wurde. Zudem erfahren wir, dass er einen Bruder hatte, der für die Aufstellung des Grabsteins gesorgt hat.
Der Grabstein des Marcus Ulpius Ianuarius überliefert ein wenig mehr Information über den Verstorbenen:

D(is) M(anibus) M(arcus) VLP(ius) M(arci) F(ilius)/VLPI(a) IANVARIVS TRAIA(na) S(tipendiorum) XVIII AN(norum) XXXVII …

Den Totengeistern. Marcus Ulpius Ianuarius, Sohn des Marcus, aus (der Colonia) Ulpia Traiana, 18 Dienstjahre, 37 Jahre alt.

71

Der Stein wurde im 2. Weltkrieg beschädigt, weshalb die Inschrift nicht mehr vollständig erhalten ist. Dank eines Fotos weiß man jedoch, wie sie ursprünglich gelautet hat. Grabstein des Iulius Hilario aus der Nähe von Kalkar. Kalkstein, 1. Hälfte des 2. Jhs. n. Chr., LVR-RömerMuseum, Xanten.

Nach römischer Sitte ist hier das Gentiliz (*nomen gentile*) aufgeführt, d. h. der Name des Vaters, der ebenfalls Marcus hieß. Grabinschriften römischer Bürger nennen üblicherweise den Stimmbezirk, die *tribus* (s. S. 52), wodurch der Status des Verstorbenen als römischer Bürger für alle erkennbar war. Bei Nichtrömern (*peregrini*) fehlt diese Angabe natürlich. Da alle Bürger einer *colonia* aber ebenfalls römisches Bürgerrecht innehatten, genügt an dieser Stelle der Hinweis auf die Herkunft aus der Colonia Ulpia Traiana, um den rechtlichen Status deutlich zu machen.

Neben dem Alter des Verstorbenen (37) erfahren wir auch die Dauer seiner Dienstzeit (18 Jahre). Aufgrund des Fundortes, Deva, das heutige Chester, kann man annehmen, dass er in der **20. Legion** gedient hat. Die Todesursache wird in den meisten Inschriften – so auch hier – nicht genannt. Vielleicht fiel er in einem Kampfeinsatz, denn die Truppen in Britannien waren wiederholt in Kämpfe verwickelt. Weitere Informationen – z. B. wer den Grabstein aufstellen ließ – sind aufgrund der Beschädigungen verloren gegangen.

Bei den Römern war es üblich, dass Grabsteine von männlichen Angehörigen aufgestellt wurden wie bei Marcus Caelius Abb. 24 (s. S. 53) und Iulius Hilario Abb. 71. Frauen treten nur selten in Erscheinung, entweder als Verstorbene oder als Verwandte, die für die Setzung des Grabsteins verantwortlich zeichnet. Der Grabstein des Quintinius Primanus wurde von seiner Ehefrau gesetzt Abb. 72.

Die 20. Legion wurde von Ocatavian während des 2. Triumvirats (43–32 v. Chr.) ausgehoben. Sie hatte den Beinamen Valeria Victrix (= die „Valerische, die Siegreiche"). Zuerst war sie vielleicht in Spanien, später in Oberitalien oder Ilyrien stationiert. Nach der Varus-Niederlage wurde Germanien, zuerst Köln, dann Neuss, ihr neuer Standort. 43 n. Chr. wurde sie nach Britannien verlegt. Seit 88 n. Chr. war sie in Deva, dem heutigen Chester in Nordwestengland, stationiert, wo einer der wichtigsten Stützpunkte Roms auf der Britischen Insel lag.

D(is) M(anibus) / ET MEMORIAE AETERNAE / QVINTINI PRIMANI / CIVIS TREVERI VET(erani) EX / LEG(ione) XXX V(lpia) V(ictrice) / ALEXANDRIAN(a) / VALERIA VERA CONIVGI / KARISSIMO P(onendum) C(uravit) ET / SVB ASCIA DEDICAVIT / ET SIBI VIVA PONEND(um) CVRAVIT

Den Totengeistern und in ewigem Andenken an Quintinius Primanus, den Bürger aus Trier und Veteranen der 30. Legion Ulpia Victrix Alexandriana. Valeria Vera sorgte dafür, dass dem teuersten Gatten (dieser Grabstein) gesetzt wurde, und weihte ihn unter der *ascia* und ließ ihn noch zu ihren Lebzeiten für sich selbst errichten.

72 Zwischen D und M erkennt man die ascia. Die genaue Bedeutung dieses Symbols wird auch durch die Inschrift nicht klarer. In Xanten steht eine Kopie des Steins.
Grabstein des Quintinius Primanus, Kalkstein, 222–235 n. Chr., Gallo-römisches Museum, Lyon.

Quintinius Primanus war Treverer (*civis Treveri*). Er stammte also aus Trier oder Umgebung. Seine letzten Dienstjahre verbrachte er in Lyon (Lugdunum), der Hauptstadt der Tres Galliae, der drei gallischen Provinzen Aquitania, Lugdunensis und Belgica. Seine Heimatstadt Trier gehörte zur Provinz Belgica, der südlichen Nachbarprovinz der Germania inferior. Ob er direkt in Lyon in die dort stationierte Vexillation eintrat oder von Vetera aus nach Lyon versetzt wurde, ist unbekannt. Nach Beendigung seiner Dienstzeit ließ er sich mit seiner Ehefrau Valeria Vera dort nieder. Er dürfte mindestens 45 Jahre alt geworden sein, legt man das übliche Eintrittsalter

in den Militärdienst von 20 Jahren zugrunde. Seine Ehefrau bestimmte den Grabstein nicht nur für ihren Mann, sondern auch für sich selbst (*sibi*). Dass der Grabstein noch zu Lebzeiten (*viva*) fertiggestellt wurde, war nicht ungewöhnlich, wir finden öfter Inschriften, aus denen hervorgeht, dass der Verstorbene noch selbst die Anfertigung eines Grabsteins in Auftrag gegeben hatte (*vivus/viva fecit*).
Da die 30. Legion in dieser Inschrift den Beinamen Alexandriana trägt, kann die Datierung für den Grabstein auf den Zeitraum 222–235 n. Chr. eingegrenzt werden.
Ungewöhnlich und für uns nicht eindeutig verständlich ist der Ausdruck *sub ascia dedicavit*, „hat (den Grabstein) unter der *ascia* geweiht". Die Wendung erscheint auf Grabsteinen aus dem südlichen Gallien häufiger. *Ascia* bezeichnet entweder eine kurzstielige Axt oder ein Maurerwerkzeug, um Steine zu bearbeiten. Vielleicht sollte damit angezeigt werden, dass der Stein noch unvollendet war oder dass es sich um ein neues Grab handelte. Eine andere Erklärung sieht hierin eine Art Schutzformel, um Grabmäler vor Beschädigung zu schützen.
Eine traurige Pflicht musste Ianuarinia Ianuaria erfüllen, als sie den Grabstein ihres jung verstorbenen Sohnes Valerius Honoratus in Auftrag gab Abb. 73.

D(is) M(anibus) / ET MEMORIAE AETERNAE / VALERI HONORATI / IVVENIS OPTIMI QVI / VIXIT ANNIS XXIII M(ense) I / D(iebus) XVI NATIONE TROIA / NENSIS IANVARINIA / IANVARIA MATER MOR / TE EIVS ORBATA FILIO / PIENTISSIMO DULCIS / SIMOQ(ue) POSTERISQ(ue) / SUIS P(onendum) C(uravit) ET SUB / ASC(ia) DE[DICAVIT]

Den Totengeistern und in ewigem Andenken an Valerius Honoratus, den besten jungen Mann, der 23 Jahre, einen Monat und 16 Tage lebte, gebürtig aus Traiana. Seine Mutter Ianuarinia Ianuaria, die durch den Tod ihres überaus innig geliebten und zärtlichen Sohnes beraubt wurde, ließ (für ihn) und ihre Nachkommen (den Grabstein) aufstellen und weihte ihn unter der *ascia*.

Valerius Honoratus stammte zwar aus der CUT, doch er verstarb wie Quintinius Primanus in Lyon. Es ist nicht vermerkt, ob er Soldat war. Vielleicht war sein Vater Legionär oder er war noch nicht lange in der Legion. Ungewöhnlich ist die sehr präzise Angabe seines Lebensalters: 23 Jahre, ein Monat und 16 Tage. Er war wahrscheinlich nicht verheiratet, sonst hätte wohl seine Ehefrau – wie im Fall des Quintinius Primanus – den Grabstein in Auftrag gegeben. Anscheinend gab es keine männlichen Verwandten mehr, die diese Aufgabe übernehmen konnten. Der Grabstein ist nicht nur für den Sohn der Ianuaria, sondern auch für ihre anderen Nachkommen (*posterisque suis*) bestimmt. Daraus folgt, dass sie mindestens ein weiteres Kind gehabt haben muss.

Die Inschrift nennt Troiana statt richtig Traiana. Das ist prinzipiell nicht ungewöhnlich. Denn immer wieder wurden Laute ausgetauscht, so dass aus „a" ein „o" werden konnte. Im frühen Mittelalter war diese Lautverschiebung noch häufiger. Im 3./4. Jahrhundert n. Chr. entstand auch der Niederrheinische Trojamythos, ein Gründungsmythos des Frankenreichs, der in der Fredegar-Chronik des 7. Jahrhunderts zum ersten Mal urkundlich erwähnt wird. Der Name Traiana wurde demnach auf Troja zurückgeführt und Xanten als Troia nova oder Troia minor tituliert.

73

Die Inschrift, von der eine Kopie in Xanten steht, weist eine nicht ungewöhnliche Lautverschiebung auf: Aus Traiana wurde Troiana. Grabstein des Valerius Honoratus, Kalkstein, 2.–3. Jh. n. Chr., Gallo-römisches Museum, Lyon.

Der Avitia Restituta hat ihr Ehemann den Grabstein gesetzt. Er legte Wert darauf, der Nachwelt ein bestimmtes Bild seiner Gattin zu vermitteln Abb. 74.

Kopie eines römischen Grabsteins im LVR-Archäologischen Park Xanten

> D(is) M(anibus) / ET MEMORIAE / AETERNAE / AVITIAE RESTITVT(a)E / FEMINAE SANCTIS / SIMAE T(itus) FI(avius) VLFVS / SIG(nifer) LEG(ionis) XXX V(lpiae) V(ictricis) S(everianae) A(lexandrianae) / CON(i)VGI CARISSIM(ae) / QVAE VIXIT ANN(os) XXV / ET SIB(i) VIVVS FECIT / ET SUB ASCIA DEDIKA / VIT

> Den Totengeistern und in ewigem Andenken an Avitia Restituta, der überaus tugendhaften Ehefrau. Titus Flavius Ulfus, Feldzeichenträger der 30. Legion Ulpia Victrix Severiana Alexandriana, ließ (den Grabstein) für seine überaus geliebte Ehegattin, die 25 Jahre alt wurde, und für sich noch zu seinen Lebzeiten errichten und weihte ihn unter der *ascia*.

Avitia Restituta, die nur 25 Jahre alt wurde, wird als *femina sanctissima*, „äußerst tugendhafte Ehefrau", und *carissima coniux*, „überaus geliebte Gattin", gepriesen. Dabei handelt es sich mehr um stereotype Formeln als um Hinweise auf individuelle Charakterzüge der Verstorbenen. Weitere Angaben etwa zu ihrer Herkunft gibt es nicht. Da in der Inschrift keine Kinder oder ihre Rolle als Mutter erwähnt werden, kann man vermuten, dass das Paar kinderlos geblieben ist. Dagegen erfahren wir von ihrem Mann, Titus Flavius Ulfus, dass er Feldzeichenträger (*signifer*) der 30. Legion war. Ulfus dürfte dem Namen nach vom Niederrhein stammen und von dort nach Lyon versetzt worden sein. Der Grabstein, der für ihn mitbestimmt war (*sibi*), wurde noch zu seinen Lebzeiten (*vivus fecit*) errichtet. Die Formel *sub ascia dedicavit* schließt auch hier die Inschrift ab. Wie schon bei dem Grabstein des Quintinius Primanus grenzt auch hier der Beiname der 30. Legion, Severiana Alexandriana, die Datierung auf die Jahre 222–235 ein.

Ein Feldzeichenträger der 30. Legion, die lange in Vetera stationiert war, ließ seiner Frau einen Grabstein setzen. In Xanten steht eine Kopie des Steins. Grabstein der Avitia Restituta, Kalkstein, 222–235 n. Chr., Gallo-römisches Museum, Lyon.

74

75

76

77

A VITELLIVS GERMAN IMP TR P
SPQR
OB
CS

78

IMP SER GALBA AVG
SPQR
OBCS

79

UNRUHIGE ZEITEN

BÜRGERKRIEG UND BATAVERAUFSTAND

BÜRGERKRIEG UND VIER-KAISER-JAHR (68 / 69 N. CHR.)

Die Ereignisse, die zum Bürgerkrieg führen sollten, wurden durch die Rebellion des Statthalters der Provinz Gallia Lugdunensis, Iulius Vindex, in Gang gesetzt. Zwar wurde sein Aufstand schnell niedergeschlagen, doch Vindex hatte sich mit Galba verbündet, dem Statthalter der Provinz Hispania Tarraconensis, der sich ebenfalls von Rom lossagte.
Neros Macht begann nun rasant zu schwinden: Sowohl die Prätorianer, die kaiserliche Leibwache, stellten sich gegen ihn, als auch der Senat. Dieser bestätigte am 8. Juni 68 n. Chr. Galba **als neuen Kaiser** und erklärte Nero zum Staatsfeind. In dieser dramatischen Lage sah Nero keinen anderen Ausweg als Selbstmord zu begehen Abb. 75. Der anschließende Bürgerkrieg um seine Nachfolge führte zu einem Machtvakuum, das auch Auswirkungen auf die niedergermanische Provinz hatte. Galba Abb. 78 machte sich innerhalb kürzester Zeit bei wichtigen Stützen seiner Herrschaft – Senatoren, Statthaltern, Offizieren und Soldaten – unbeliebt. Vor allem in den germanischen Legionen wuchs der Unmut über seine Wahl. Als Otho, der Statthalter der spanischen Provinz Lusitania, der Galba bis dahin unterstützt hatte, von diesem bei der Nachfolgeregelung übergangen wurde, stiftete er die Prätorianer dazu an, Galba zu töten und stattdessen ihn zum Kaiser auszurufen Abb. 76. Doch auch seine Stellung war nicht unangefochten, da sich schon am 2. Januar der niedergermanische Statthalter Vitellius in Köln von seinen Truppen zum Kaiser hatte ausrufen lassen Abb. 77. Dieser wurde außer von den niedergermanischen auch von den obergermanischen, rätischen und britannischen Truppen sowie von den Provinzen Belgica und Lugdunensis unterstützt. Bei Bedriacum, in der Nähe von Cremona, kam es im April 69 n. Chr. zwischen den Truppen des Otho und des Vitellius zu einer Schlacht, in der Otho eine Niederlage erlitt und daraufhin Selbstmord beging.
Vitellius wurde nun vom Senat offiziell als Nachfolger anerkannt. Doch schon bald regte sich in den östlichen Legionen Widerstand gegen ihn, und so wurde am 1. Juli 69 Vespasian in Judäa zum Kaiser ausgerufen Abb. 79. Die Truppen des Vitellius wurden in der zweiten Schlacht von Bedriacum am 23. Oktober durch Vespasian geschlagen und die Provinzen Spanien, Gallien und Britannien wechselten daraufhin auf seine Seite. Im Dezember wurden schließlich die letzten Anhänger des Vitellius in Rom besiegt. Vitellius wurde ergriffen und getötet und Vespasian vom Senat zum Princeps ernannt. Er regierte für zehn Jahre (69–79 n. Chr.) und begründete die Herrschaft des flavischen Kaiserhauses.

(Abb. 75) **Nero Claudius Caesar Augustus Germanicus.** Münzbildnis, Gold, um 64/68 n. Chr., Numismatisches Museum, Casablanca.

(Abb. 76) **Marcus Salvius Otho.** Münzbildnis, Bronze, 69 n. Chr., Archäologisches Nationalmuseum, Siena.

(Abb. 77) **Aulus Vitellius.** Münzbildnis, Gold, 69 n. Chr., Art Institute, Chicago.

(Abb. 78) **Servius Sulpicius Galba.** Münzbildnis, Gold, 68/69 n. Chr., Art Institute, Chicago.

(Abb. 79) **Titus Flavius Vespasianus.** Münzbildnis, Gold, 70 n. Chr., Privatbesitz.

Da es im Jahr 68/69 n. Chr. vier Kaiser gab – Galba, Otho, Vitellius und Vespasian –, spricht man vom sogenannten **Vier-Kaiser-Jahr**.

DAS DRAMA NIMMT SEINEN LAUF – DER BATAVERAUFSTAND (69 / 70 N. CHR.)

Auch in den Provinzen blieben die unruhigen Zeiten des **Bürgerkrieges** nicht ohne Folgen: Im Kampf der Bewerber um die Herrschaft waren die römischen Legionen gebunden und die Lager in den Provinzen nicht mehr mit voller Mannstärke besetzt. Etwa 70.000 Soldaten wurden im Laufe der Kämpfe abgezogen. Verschiedene germanische und gallische Stämme nutzten das Chaos und die damit verbundene Schwäche der Römer und erhoben sich 69 n. Chr. in Nieder- und Obergermanien sowie in Teilen Galliens im sogenannten Bataveraufstand. Sie eroberten die Militärlager und Siedlungen am Niederrhein, darunter auch Vetera, das im Laufe der Kampfhandlungen zerstört wurde. Erst nachdem sich Vespasian durchgesetzt hatte, konnten die Römer den Aufstand niederschlagen und den Frieden wiederherstellen.

Der Aufstand ging von einem Germanenstamm, den Batavern, aus. Der Anführer, Iulius Civilis, war ebenfalls Bataver. Daher wurde der **ganze Aufstand nach ihnen benannt**, obwohl noch andere germanische und auch gallische Stämme beteiligt waren. Die Bataver stammten ursprünglich von der rechten Rheinseite und waren ein Teilstamm der Chatten. In der 1. Hälfte des 1. Jahrhunderts v. Chr. siedelten sie in das Gebiet zwischen Rhein und Maas um. Seitdem bildete die *insula Batavorum* ihr Stammland Abb. 2 (s. S. 20). Der heutige Name der Gegend, Betuwe (NL), verweist noch auf die ehemaligen Bewohner.

Die Bataver standen seit augusteischer Zeit im Dienst der Römer, als Verbündete (*foederati*) dienten sie in den Auxiliareinheiten. Besonderes Aufsehen erregten ihre reiterlichen Fähigkeiten. Voller Bewunderung schildert Tacitus, wie sie auf ihren Pferden und in voller Bewaffnung Flüsse in fester Formation schwimmend durchquerten (Tac. hist. 4,12). Auch werden ihr Mut und ihre Kampftüchtigkeit gepriesen. Die Bataver mussten zwar keine Steuern zahlen, aber Soldaten stellen. Sie genossen jedoch das Privileg, von ihren eigenen Führungsleuten kommandiert zu werden. Ihr hohes Ansehen zeigt sich auch darin, dass Soldaten der Bataver – wohl vornehmlich Reiter – der kaiserlichen Leibgarde angehörten (*Germani corporis custodes*), womit sie zu den Elitesoldaten Roms zählten.

Eine detaillierte Beschreibung der dramatischen Ereignisse in Niedergermanien liefert Tacitus im vierten und fünften Buch seiner *Historiae*. Bei Tacitus tritt auch das Legionslager zum ersten und einzigen Mal ins literarische Scheinwerferlicht.

„Seitdem war Ruhe, bis sie (d. h. die Germanen) unsere Zwietracht und den **Bürgerkrieg** ausnutzten und die Winterlager der Legionen erstürmten und selbst Gallien zu gewinnen suchten." (Tac. germ. 37).

Der Aufstand einiger Germanenstämme wird heute – Pars pro toto – als **Bataveraufstand** bezeichnet. Das Stilmittel („Ein Teil für das Ganze") wurde schon von den antiken Schriftstellern verwendet. Beispielhaft ist der Ausdruck „Ein Dach über dem Kopf haben". „Dach" steht hier für das ganze Haus und „Kopf" für die Person.

Als Vitellius, der Statthalter in Niedergermanien, eine Rekrutierung bei den Batavern und Canninefaten, ihrem westgermanischen Nachbarstamm, veranlasste, nutzte Iulius Civilis die entstandene Unruhe und Empörung. Civilis war ein Adliger, der das römische Bürgerrecht besaß und auch eine Batavekohorte befehligte. Sein Ziel war es, den römischen Einfluss einzudämmen und die Eigenständigkeit des Stammes zu erhalten. Die Bataver und ihre Verbündeten vertrieben zuerst die Römer von der Bataverinsel und auch die folgenden Auseinandersetzungen mit der 5. und 15. Legion, die in Vetera stationiert waren, konnten die Aufständischen für sich entscheiden.

Als sich die in Vetera stationierten Legionen weigerten, Vitellius abzuschwören, besetzte Civilis beide Rheinufer und belagerte im Spätsommer 69 n. Chr. das Römerlager. Dort hielten sich ca. 5.000 Mann auf, die andere Hälfte der Besatzung befand sich noch in Italien, wo sie im Bürgerkrieg gekämpft hatte. Als der Angriff auf das Lager erfolglos blieb, entschied sich Civilis dazu, die eingeschlossenen Soldaten auszuhungern. Dies erschien ihm eine erfolgversprechende Strategie, denn es waren zwar die Verteidigungsanlagen befestigt, nicht aber genügend Vorräte angelegt worden.

Nachdem sich Vespasian im Kampf um die Herrschaft durchgesetzt hatte, wurde eine Gesandtschaft zu Civilis geschickt, um diesen zur Einstellung seiner kriegerischen Handlungen zu bewegen, doch Civilis setzte die Belagerung fort. Zwischenzeitlich konnten die Germanen zwar vertrieben werden, doch schon Ende Dezember war Vetera erneut von den feindlichen Truppen eingeschlossen. Die Lage in Vetera war aufgrund des Nahrungsmangels so dramatisch, dass die Soldaten der 5. und 15. Legion schließlich kapitulieren und um Gnade bitten mussten.

Tacitus schildert eindrücklich die Zustände im Lager während der Belagerung (Tac. hist. 4,60):

„Auf der einen Seite stand bei den Belagerten die Treue, auf der anderen Seite die Not, und so wurden sie zwischen Ehrgefühl und Schandtat hin und her gerissen. Während sie so zögerten, gingen ihnen die gewöhnlichen und die ungewöhnlichen Lebensmittel aus, nachdem sie die Zugtiere, Pferde und alles übrige Getier, unreines und widerliches, wie es die Notlage zu verwenden zwang, aufgezehrt hatten. Zuletzt rissen sie Strauchwerk, Wurzeln und zwischen den Steinen wachsende Kräuter heraus und boten so ein sprechendes Bild vom Elend und Dulden, bis sie ihr hervorragend rühmliches Verhalten zuletzt schimpflich befleckten: sie schickten Gesandte an Civilis und baten um ihr Leben. Aber er nahm ihre Bitten nicht eher an, als bis sie auf Gallien den Eid abgelegt hatten."

Zwar schworen die Soldaten auf das Gallische Reich und erhielten die Zusicherung auf einen freien Abzug, doch nachdem sie das Lager verlassen hatten, wurden die unbewaffneten Männer aus einem Hinterhalt heraus überfallen. Die wenigen Überlebenden flohen zurück nach Vetera, wo sie in dem von den Germanen geplünderten und angezündeten Lager umkamen. Dies war das dramatische Ende von Vetera I.

Nachdem in Rom mit dem Sieg Vespasians die Machtfrage geklärt war, richtete sich das Augenmerk Roms auf die Geschehnisse am Niederrhein. Um den Aufstand zu beenden wurde ein gewaltiges Heer aus acht Legionen nach Germanien versetzt. Die 8., 11., 13. und 21. sowie die neu aufgestellte 2. Legion zogen über die Alpen nach Germanien. Die 1. und die 6. Legion kamen aus Spanien, die 14. aus Britannien. Quintus Petillius Cerialis, der neue niedergermanische Statthalter, eroberte die besetzten Gebiete zurück und verfolgte Civilis, der mit seinem Heer in der Nähe von Vetera lagerte. Zwar konnten die Germanen zunächst die lokalen Gegebenheiten, ein Sumpfgebiet, zu ihrem Vorteil ausnutzen, doch schon am nächsten Tag gelang den Römern ein Sieg. Daraufhin zog sich Civilis nach Norden in sein Stammgebiet zurück. Cerialis versuchte nun durch Verhandlungen den Widerstand zu brechen, und da sich bei den Batavern die Stimmung wendete, ging Civilis auf das Angebot des Cerialis ein. Die Römer stellten ihre Autorität wieder her und ließen Milde gegenüber den beteiligten Stämmen walten, allerdings wurde wieder eine Legion bei Nijmegen, im Kernland der Bataver, stationiert.

Die **6. Legion**, legio VI Victrix (= „die Siegreiche"), wurde 41 v. Chr. von Octavian ausgehoben und war für fast ein Jahrhundert in Spanien stationiert, weshalb sie den Beinamen Hispaniensis (= „die Spanische") trug, bis sie in neronischer Zeit den Beinamen Victrix erhielt.

80

Der Siegesstein der 6. Legion wurde in Xanten-Vynen gefunden. Inschriftenplatte, Kalkstein, 73 n. Chr., LVR-RömerMuseum, Xanten.

ZEUGNIS DES SIEGES – DER SIEGESSTEIN DER 6. LEGION

Zu den Legionen, die an der Schlacht um Vetera teilnahmen, gehörte auch die **6. Legion**. Nach der Niederschlagung des Bataveraufstandes wurde Novaesium (Neuss) ihr neuer Standort. Vexillationen der 6. Legion hielten sich aber auch in Vetera II auf. Spätestens 104 n. Chr. wurde die komplette Legion von Neuss nach Vetera verlegt, wo sie bis ca. 121 n. Chr. blieb. Das Siegesdenkmal der 6. Legion erinnert eindrücklich an die erfolgreiche Niederschlagung des Aufstandes Abb. 80. Es wurde 73 n. Chr., wahrscheinlich nach dem Bau von Vetera II, auf dem ehemaligen Schlachtfeld aufgestellt und demonstriert die Wiederherstellung der römischen Ordung.

[...] / T(ito) IMP(eratoris) VESPASIAN[I] / AVG(usti) F(ilio) TR(ibunicia) POT(estate) IMP(eratore) / IIII CO(n) S(ule) II DESIG(nato) / III CENS(ore) DESIG(nato) / A(ulo) MARIO CELSO / LEG(ato) AVG(usti) PR(o) PR(aetore) / SEX(to) CAELIO TV[S]CO / LEG(ato) AVG(usti) / LEG(io) VI / [V]ICTRIX

[...] für Titus, den Sohn des Kaisers Vespasian Augustus, als er die tribunizische Amtsgewalt inne hatte, zum vierten Mal zum Imperator (= „siegreichen Feldherrn") akklamiert wurde, zum zweiten Mal Konsul, zum dritten Mal designierter (Konsul), designierter Censor war. Unter dem Statthalter Aulus Marius Celsus und unter dem Legionskommandeur Sextus Caelius Tuscus (errichtete) die 6. Legion Victrix (dieses Denkmal).

Die Inschriftenplatte war Teil eines größeren Denkmals und ist eines der bedeutendsten römischen Steindenkmäler in Xanten. Das hochrechteckige, eingetiefte Schriftfeld wird seitlich von Stangen gerahmt, bei denen es sich wohl um die Schäfte der Legionszeichen handelt. Wahrscheinlich war auf der einen Standarte der Legionsadler dargestellt und auf der anderen das Tierzeichen der Legion, ein Stier. An diese Platte schlossen sich rechts und links weitere Platten an. Der rechteckige oder quadratische Sockel hatte wohl eine Breite von 2,70 m und eine Höhe von 2,40 m.

Der obere Teil der Inschriftenplatte ist abgebrochen, die erste Zeile nur teilweise erhalten. Da jedoch am Anfang der Kaiser genannt sein muss, kann anhand der bekannten Kaisertitulatur rekonstruiert werden, wie der Beginn der Inschrift gelautet haben könnte.

Imperatori Caesari Vespasiano Augusto Pontifici Maximo tribunicia potestate IIII imperatore X consule IIII designato V censore designato patri patriae

Für Kaiser Vespasian Caesar Augustus, den obersten Staatspriester, als er zum vierten Mal die tribunizische Amtsgewalt inne hatte, zum zehnten Mal zum Imperator ausgerufen wurde, zum vierten Mal Konsul, zum fünften Mal designierter Konsul und designierter Zensor war, Vater des Vaterlandes.

Die erste erhaltene Zeile nennt Titus, den Sohn des Vespasian und designierten Nachfolger Abb. 81. Kaiser Vespasian bestimmte 69 n. Chr. seinen Sohn Titus zu seinem Nachfolger. Dies liefert einen ersten Hinweis zur Datierung: Die Inschrift stammt sicher aus der Zeit nach 69 n. Chr.
Weil Titus in der Inschrift noch als designierter Zensor angesprochen wird, muss sie vor dem 1. Juli 73 entstanden sein (Terminus ante quem). Da er aber erst ab Mitte März 73 n. Chr. zum dritten Mal designierter Konsul war, entstand die Inschrift sicher danach (**Terminus post quem**). Der Entstehungszeitraum der Inschrift – und damit des ganzen Monuments – kann also relativ genau auf Mitte März bis Ende Juni 73 n. Chr. eingegrenzt werden.
Auch die anderen Angaben passen zu diesem Ergebnis. Schon als designierter Nachfolger erhielt Titus die *tribunicia potestas*, und zwar zum ersten Mal vom 1. Juli 71 bis zum 30. Juni 72. Er war 72 n. Chr. zum vierten Mal Imperator; wann genau er zum fünften Mal zum Imperator ausgerufen wurde, ist nicht überliefert, sicher nicht vor März 73 n. Chr. Insgesamt wurde er vierzehn Mal zum Imperator ausgerufen. Schon vor seinem Herrschaftsantritt im Jahr 79 n. Chr. wurde Titus sieben Mal zum Konsul gewählt, insgesamt war er neun Mal designierter Konsul. Von Januar bis April 72 n. Chr. war er zum zweiten Mal Konsul, seit Mitte März 73 n. Chr. zum dritten Mal designierter Konsul (*cos. design. III*). Ende 72/Anfang 73 n Chr. wurde er zusammen mit seinem Vater Vespasian zum Zensor designiert, ab dem 1. Juli 73 n. Chr. übte er das Amt aus. Da nicht genau bekannt ist, wann Titus zum fünften Mal zum Imperator ausgerufen wurde, kann diese Angabe keinen weiteren Anhaltspunkt für die Datierung geben. Bei der Angabe zur *tribunicia potestas* gibt es eine kleine Ungenauigkeit, denn eigentlich müsste hier eine „*II*" stehen, da Titus im Jahr 73 die *tribunicia potestas* schon zum zweiten Male inne hatte. Eine solche Ungenauigkeit kann durchaus vorkommen.
Der damalige Statthalter von Niedergermanien war Aulus Marius Celsus, der ebenfalls in der Inschrift genannt wird. Nachdem er von Juli bis September 69 n. Chr. Suffektkonsul gewesen war, übernahm er 72 / 73 n. Chr. die Statthalterschaft von Niedergermanien (*legatus Augusti pro praetore*). Namentlich erwähnt wird zudem der Legionslegat Sextus Caelius Tuscus. Der Statthalter hatte zwar den militärischen Oberbefehl in der Provinz, doch in Provinzen mit mehreren Legionen – wie in Niedergermanien – standen ihm die Legionslegaten (*legati legionis / legati Augusti*) zur Seite, die das Kommando über jeweils eine Legion hatten.

Terminus post quem und Terminus ante quem sind Fachbegriffe aus den Altertumswissenschaften. Mit ihrer Hilfe datiert man Geschehnisse, die entweder sicher nach (post quem) oder sicher vor (ante quem) einem bestimmbaren Zeitpunkt stattgefunden haben müssen.

Titus Caesar Vespasianus Augustus. Porträt, Marmor, 1. Jh. n. Chr., Museo della Civiltà Romana, Rom (Gipsabguss).

81

VETERA II – DIE LEGIONEN WERDEN NEU SORTIERT

Das im Bataveraufstand zerstörte Vetera wurde nicht wieder aufgebaut, sondern ein neues Lager ca. 1,5 km östlich vom alten Lager in Rheinnähe angelegt Abb. 82. Das neue Lager wird von der modernen Forschung zur Unterscheidung vom alten Lager Vetera II genannt. Warum man das neue Lager nicht am Standort des alten Lagers aufbaute, ist nicht bekannt. Vielleicht wurde der Ort nach der schmählichen Zerstörung durch die Germanen als fluchbeladen betrachtet. Von Vetera II sind kaum Spuren erhalten, da der Standort durch die Verlagerung des Rheins im Mittelalter unterspült und mit Kiesablagerungen bedeckt wurde. Deshalb kann die Position des Lagers nicht mehr ge-

Das Lager Vetera castra und seine Umgebung in neronischer Zeit.

— Straßen
— Wasserleitungen
Rheinverlauf in römischer Zeit
Heutiger Rheinverlauf / Altrheinarm

82

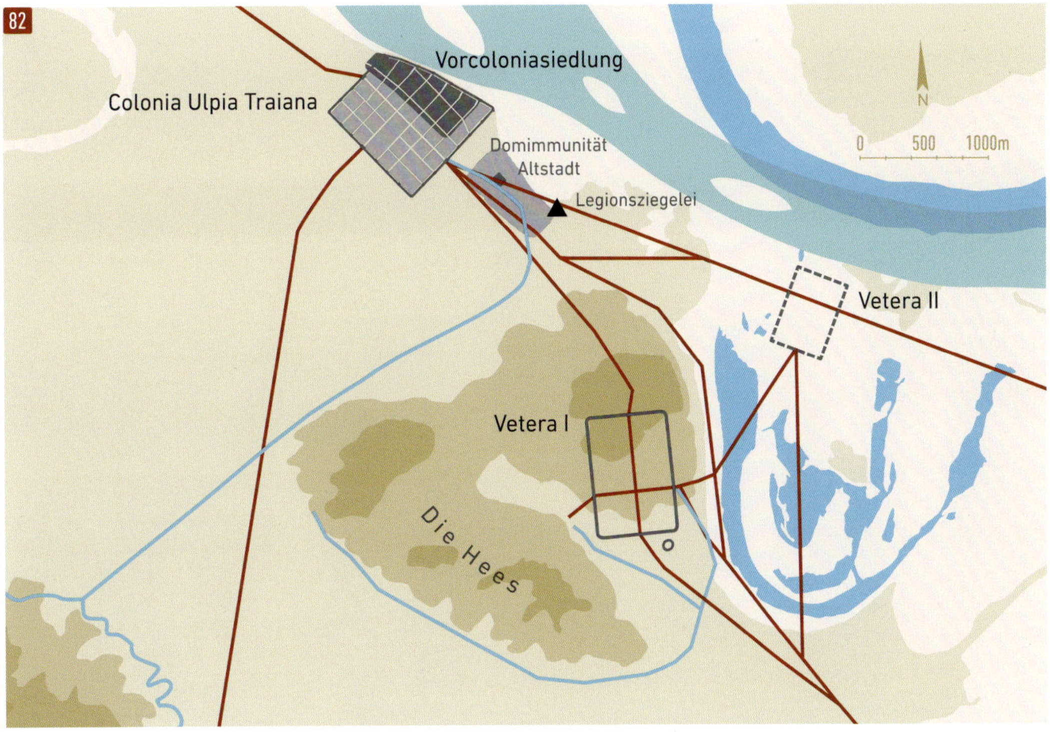

nau festgestellt werden. Man nimmt allerdings an, dass sich die Fundamente von Vetera II im Bereich der heutigen Bislicher Insel befinden. Nach dem Bataveraufstand war in der Regel nur eine Legion hier stationiert. Daraus kann man schließen, dass Vetera II kleiner war als das Zwei-Legionenlager Vetera I.

Die Zerstörung von Vetera II durch die Rheinverlagerungen hat auch Auswirkungen auf die Inschriftenlage, denn Vetera II ist bis heute nicht wissenschaftlich untersucht und ergraben worden. Daher sind aus Vetera II, den benachbarten *canabae* und dem dazugehörigen Gräberfeld bisher vergleichsweise wenige Fundstücke auf uns gekommen. Es gibt z. B. keine Grabinschrift von aktiven Soldaten aus Xanten. Erhalten sind lediglich Inschriften, die an anderen Orten gefunden wurden, an denen die 30. Legion aus Xanten tätig war. Die meisten Inschriften stammen vom Ende des 2. und dem Beginn des 3. Jahrhunderts n. Chr. Danach gibt es nur noch wenig und ab dem 4. Jahrhundert keinerlei inschriftliches Material zur 30. Legion mehr.

Nach dem Bataveraufstand und der Zerstörung fast aller niedergermanischen Lager baute Vespasian die Grenzsicherung neu auf. So wurde wieder eine Legion, die legio X Gemina („die Doppelte"), in Batavodurum (Nijmegen), im Stammesgebiet der Bataver, stationiert. Die Legionen, die sich während des Bataveraufstandes als unzuverlässig erwiesen hatten, wurden durch loyale Truppen ersetzt. Die beiden Legionen, die vor dem Bürgerkrieg und dem Bataveraufstand in Vetera stationiert waren, existierten so gut wie nicht mehr und deshalb kam die 22. Legion (legio XXII Primigenia, „die der Fortuna Primigenia geweihte") nach Vetera, die seit 43 n. Chr. in Mainz stationiert war und nach einem kurzen Einsatz in Pannonien, dem heutigen Westungarn, wieder nach Niedergermanien verlegt wurde.
Vespasians Sohn Domitian (81–96 n. Chr.) führte erneut militärische Maßnahmen auf rechtsrheinischem Gebiet durch. Im Jahr 83 überschritten die Römer den Rhein und begannen einen Feldzug gegen die Chatten, die im Bereich des heutigen Hessen lebten. Diese Feldzüge kamen jedoch zu einem Ende, als die Daker 85 n. Chr. in die Donauprovinzen eindrangen und zurückgeschlagen werden mussten. Die Rheingrenze blieb somit in ihrer Form bestehen, und bis ins 3. Jahrhundert herrschten weitgehend Ruhe und Frieden in der niedergermanischen Provinz.

COLONIA ULPIA TRAIANA

EIN NEUES ZENTRUM AM NIEDERRHEIN

DIE GERMANIENPOLITIK NACH DEM BATAVERAUFSTAND

NACH DER NIEDERSCHLAGUNG des Bataveraufstandes und der Neuorganisation der Grenzsicherung spiegelt sich die Befriedung der linksrheinischen Gebiete auch in der Umwandlung von einer Militär- in eine Zivilverwaltung wider. Nach 82 n. Chr. gibt es die ersten Erwähnungen der *duae Germaniae*, der beiden Germanien; die Gründung der Provinzen Germania inferior (Niedergermanien) und Germania superior (Obergermanien) wird wahrscheinlich zwischen 82 und 90 n. Chr. vollzogen worden sein. Obergermanien umfasste Teile der heutigen Schweiz, Frankreichs und Südwestdeutschlands. Mogontiacum (Mainz) war Sitz des Statthalters. Zur Provinz Niedergermanien gehörten Teile der heutigen Niederlande und Belgiens, das linksrheinische Nordrhein-Westfalen sowie Teile von Rheinland-Pfalz bis Koblenz und Remagen. Auch ein rechtsrheinischer Streifen gehörte wohl zur Provinz. Dieser wurde von den Soldaten kontrolliert und u. a. als Weideland für Vieh genutzt. Man bezeichnet diese Zone daher als *prata* (Sg. *pratum*, Pl. *prata* = „Wiese, Aue“). Militärische Ziegeleien (*tegularia transrhenana*) und Steinbrüche lagen ebenfalls auf rechtsrheinischem Gebiet.

83 / 84 n. Chr. wurden wahrscheinlich die *leges provinciae* für Germania inferior erlassen. In diesen Gesetzen wurden Fragen der Gerichtsbarkeit, Steuergesetzgebung und Verwaltung geregelt. Mit der Umwandlung in eine Zivilverwaltung änderte sich auch der Amtstitel des niedergermanischen Statthalters, denn aus dem *legatus Augusti pro praetore exercitus Germanici inferioris* („Legat des Kaisers im Rang eines Praetors für das niedergermanische Heer“) wurde ein *legatus Augusti pro praetore Germaniae inferioris* („Legat des Kaisers im Rang eines Praetors für Niedergermanien“). Hauptstadt der Provinz und Sitz des Statthalters war die Colonia Claudia Ara Agrippinensium (Köln), wo sich schon zuvor das Oberkommando des Heeres befunden hatte. Der Zensus, d. h. die Finanz- und Steuerverwaltung, verblieben beim Prokurator von Gallien, der seinen Sitz in Augusta Treverorum (Trier) hatte. Mit der Ermordung Domitians endete das flavische Kaiserhaus. Als neuer Kaiser wurde Marcus Cocceius Nerva gewählt (30–98 n. Chr., reg. 96–98). Mit ihm begann das Adoptivkaisertum (96–192 n. Chr.), das dem Reich eine Zeit der wirtschaftlichen Prosperität bringen sollte. Dank der gut ausgebauten Infrastruktur florierte der Handel, so dass Waren aus dem gesamten römischen Reich bis in die Provinz Niedergermanien gelangten. Auch der Niederrhein erlebte eine Zeit des Aufschwungs.

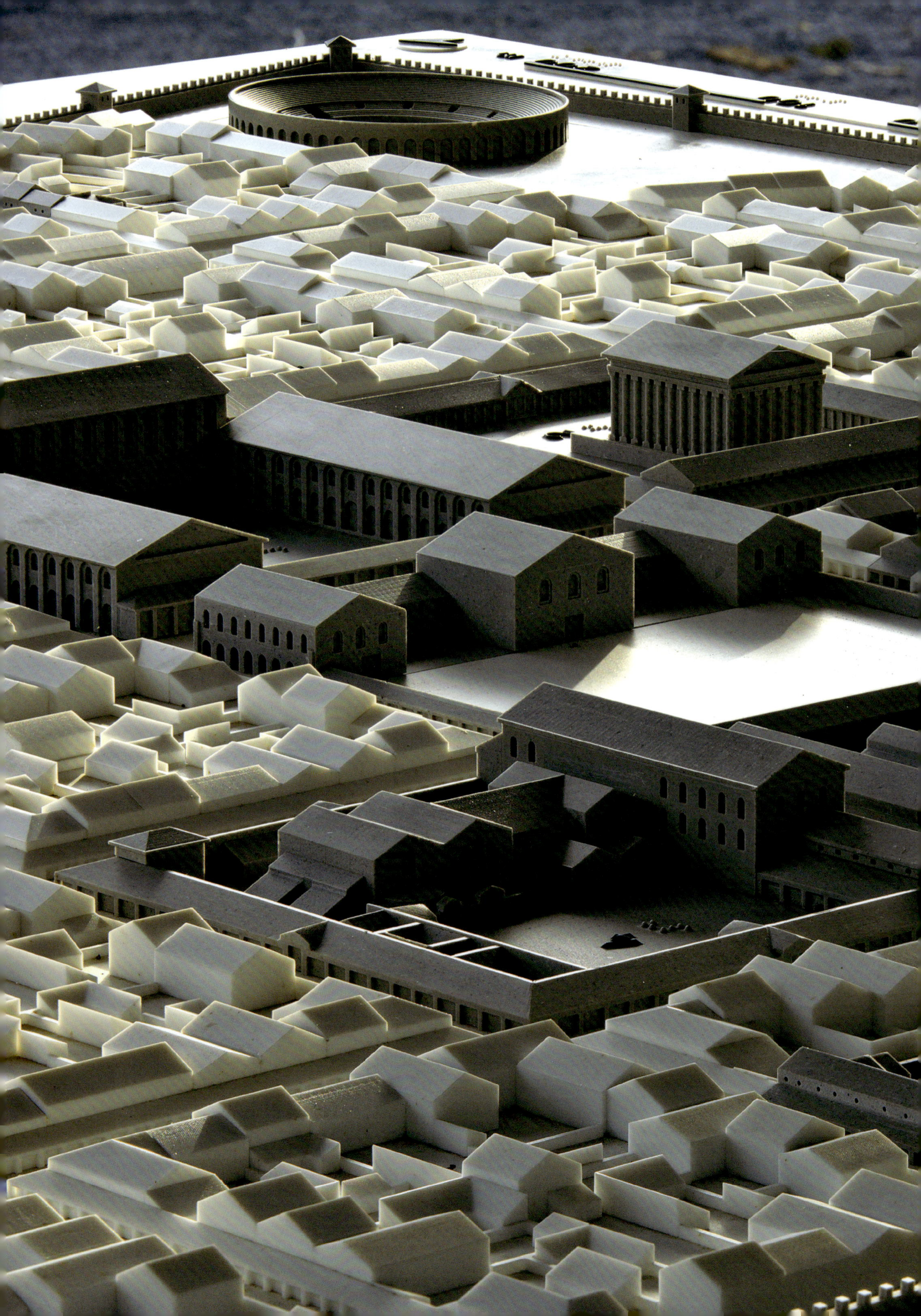

Das Modell der Colonia Ulpia Traiana steht am Eingang des LVR-Archäologischen Parks. Die Gebäude, die wir relativ sicher rekonstruieren können, sind dunkelgrau. Die Bebauung der anderen Bereich lässt sich anhand von Untersuchungen erschließen, die ohne Eingriffe in den Boden gemacht werden können.

VON DER SIEDLUNG ZUR STADT

DIE SIEDLUNGEN VOR DER GRÜNDUNG DER COLONIA ULPIA TRAIANA (CUT)

Canabae legionis

Als die römischen Legionen in augusteischer Zeit an den nur dünn besiedelten Niederrhein verlegt wurden, kamen sie nicht allein. Ihnen folgten Geschäftsleute und Händler, welche die Versorgung der Soldaten mit den Dingen des täglichen Bedarfs sicherstellten sowie die Familien der Soldaten.

Obwohl die Soldaten während ihrer aktiven Dienstzeit nicht heiraten durften, hatten sie oft Frauen und Kinder, die sie begleiteten. Diese siedelten sich dann in unmittelbarer Nähe zum Legionslager an und lebten in zivilen Lagerdörfern, den sogenannten *canabae (legionis)*. *Canaba* bezeichnet eigentlich einen Verkaufsstand oder eine Bude. Auch feuergefährliche Handwerksbetriebe wie Schmieden, Metallwerkstätten, Ziegeleien und Glasbläsereien wurden hier errichtet. Sie gehörten zwar eigentlich zum Legionslager, waren aber aus Sicherheitsgründen in den Lagervorstädten untergebracht. Daneben boten diese Lagervorstädte den Soldaten verschiedene Vergnügungs- und Erholungsmöglichkeiten: Die Badeanlage diente der Körperhygiene und der Regeneration. In den Gaststätten erfreuten sich die Soldaten bei einem Becher Wein an den beliebten Würfelspielen. Auch Prostituierte boten dort sicherlich immer wieder ihre Dienste an. Im Amphitheater wurden die Menschen mit Spielen und Gladiatorenkämpfen unterhalten.

Mit Hilfe von modernen Untersuchungsmethoden konnten inzwischen verschiedene Gebäudekomplexe südlich und südöstlich des Lagers entdeckt werden. Belegt sind eine Badeanlage sowie zwei Exerzierplätze (*campi*). Die exakten Ausmaße und das genaue Aussehen des Lagerdorfes sind allerdings (noch) nicht bekannt. Das einzige noch heute sichtbare Bauwerk ist das ovale Amphitheater bei Xanten-Birten, das sich südöstlich des Lagers befand und aus Erdwällen errichtet wurde. Mit Außenmaßen von ca. 98 x 84 m ist es nur geringfügig kleiner als das steinerne Amphitheater der CUT und hat vermutlich zwischen 6.000 und 10.000 Zuschauern Platz geboten.

Das Amphitheater in Xanten-Birten ist seit dem Mittelalter als Schauplatz der Legende überliefert, wonach der Heilige Viktor am Ende des 3. Jahrhunderts n. Chr. dort das Martyrium erlitten haben soll. Laut der Überlieferung habe sich Viktor, der Anführer einer Kohorte der Thebäischen Legion, aufgrund seines christlichen Glaubens geweigert, den römischen Göttern zu opfern. Seine Gebeine sollen von Kaiserin Helena von Konstantinopel geborgen und bestattet worden sein. Noch heute ist der Heilige der Namensgeber für den Xantener Viktor-Dom.

Vicus, oppidum, municipium

Mit der Ankunft der Römer veränderte sich die Bevölkerungsstruktur schlagartig. Mehrere Tausend Menschen kamen plötzlich an den Niederrhein: Soldaten, Händler und Kaufleute zusammen mit ihren Frauen und Kindern.

Bereits Caesar ließ die ansässigen Stämme entweder verdrängen oder vernichten. In der Folge kam es bis zum Ende des 1. Jahrhunderts v. Chr. immer wieder zu Umsiedlungen von romtreuen Stämmen auf frei gewordene Gebiete. Eine große Umsiedlung von 40.000 Germanen erfolgte etwa nach den Drusus-Feldzügen (12–8 v. Chr.) durch Tiberius: In das ehemalige Gebiet der Menapier, zwischen Kleve und Krefeld, kamen nun die Sugambrer, die bis dahin rechtsrheinisch an der unteren Lippe in Westfalen gelebt hatten. Neben den Sugambrern gehörten vielleicht auch Sueben und Brukterer zu den neuen Bewohnern. Diese verschmolzen mit der Vorbevölkerung und bildeten einen neuen Stammesverband, die Cugerner (*Cugerni* oder auch *Cuberni, Guberni, Ciberni*). Die *Cugerni* werden im Zusammenhang mit dem Bataveraufstand erstmalig literarisch erwähnt. Nach dem Bericht des Tacitus lag ihr Stammesgebiet nördlich von Krefeld-Gellep (hist. 4,26). Laut Plinius dem Älteren besiedelten die *Guberni*, wie er sie nennt, das Gebiet zwischen den Batavern und Ubiern (nat. 4,42,106).

Die Siedlungen in den eroberten Gebieten unterschieden sich in ihrem jeweiligen Rechtsstatus, der sich in unterschiedlichen Bezeichnungen niederschlug. *Vicus* bezeichnet entweder ein Stadtviertel oder eine kleine Gewerbesiedlung wie sie z. B. in Nähe von Militärkastellen entstanden („Dorf, Weiler"). Mit *oppidum* ist eine befestigte Siedlung gemeint („Stadt"), in der eine größere Anzahl Menschen wohnte. Der Begriff gibt keinen Hinweis auf den Rechtsstatus, anders als der Begriff *municipium* (Pl. *municipia*), der ursprünglich eine von Rom abhängige Stadt in Latium bezeichnete. Man unterschied zwischen einem *municipium cum suffragio* (*suffragium* = „Stimmrecht"), dessen Bürger das volle römische Bürgerrecht besaßen, und einem *municipium sine suffragio*. Die Bürger einer solchen Stadt hatten nur das latinische Recht, d. h. sie mussten zwar Militärdienst leisten und Steuern bezahlen, hatten jedoch kein Wahlrecht in der Volksversammlung. *Municipia* in den Provinzen besaßen das latinische Recht.
Die einheimischen Stämme standen zwar unter der Kontrolle eines römischen Präfekten, doch sie konnten sich selbst verwalten. Ein solches politisches Gebilde, das aus einem Stammesgebiet mit einem Zentralort bestand, wurde als *civitas* bezeichnet. Eine *civitas* konnte mit Rom Verträge schließen. Das Verwaltungsgebiet am Niederrhein hieß civitas Cugernorum und umfasste neben dem Stammesgebiet der Cugerner auch das Territorium der Baetasier Abb. 2 (s. S. 20). Die Siedlung auf dem Gelände der späteren CUT war keine einheimische Siedlung, sondern eine Gründung durch die Römer. Vielleicht war sie der Hauptort der civitas Cugernorum. Vorschläge für die Benennung lauten etwa vicus oder oppidum oder municipium Cugernorum / Cibernodurum („Dorf bzw. Stadt der Cugerner"), doch gesicherte inschriftliche Belege gibt es bisher nicht.

Den einzigen inschriftlichen Hinweis auf den Namen der Siedlung finden wir auf dem Weihaltar für Mars Cicollus Abb. 83.

MARTI CICOL / LVI SACRVM / PRO SALVTE / [[NE / RONIS CAES(aris)]] AV[G(usti)] / GERMAN[I]CI I[MP(eratoris)] / P(atris) [P(atriae)] / CIVES LINGONUM QUI CIḄ[---] / CONSIṢṬṾṆ[T---]

Mars Cicollus geweiht. Zum Wohl des Nero (Claudius) Caesar Augustus, des siegreichen Feldherrn über die Germanen, Vater des Vaterlandes, haben die Bürger der Lingonen, die sich in Ci[b---] niedergelassen haben, [---].

83

Weihaltar für Mars Cicollus. Kalkstein, 55–68 n. Chr., LVR-RömerMuseum, Xanten.

Die siebte Zeile der Inschrift ist für uns am interessantesten, da hier die Siedlung genannt wird. Leider ist nur noch der Beginn des Namens erhalten, der zudem nicht eindeutig lesbar ist. Bei dem ersten Buchstaben handelt es sich sehr wahrscheinlich um ein C, danach folgt ein I. Der dritte Buchstabe, den man noch teilweise erkennen kann, könnte ein B, P oder R sein. Somit ergeben sich folgende Möglichkeiten: Cib, Cip oder Cir. Man vermutet nun, dass der Name des hier ansässigen Stammes in dem Ortsnamen aufgegriffen wurde. Während Tacitus von den Cugernern (*Cugerni*) spricht, nennt Plinius der Ältere sie *Guberni*. Da in Inschriften der Wechsel von u zu i nicht ungewöhnlich ist, ist die Namensvariante *Ciberni* durchaus denkbar – auch wenn sie nirgendwo sonst belegt ist. Parallel zu

84

Grabstein eines Malers.
Kalkstein, Mitte 1. Jh. n. Chr., LVR-RömerMuseum, Xanten.

anderen bekannten keltischen Ortsnamen könnte an den Stammesnamen die keltische Bezeichnung für „Burg" oder „Stadt", *-durum*, angehängt worden sein, ähnlich wie in Autessiodurum (Auxerre) oder Batavodurum (Nijmegen). Vielleicht lautete der Name der Siedlung somit Cibernodurum. Im Lateinischen steht die Angabe des Ortes im Lokativ. Diesen speziellen Fall für Ortsangaben gibt es im Deutschen nicht, man gebraucht daher Präpositionalauasdrücke wie etwa „in Rom". Demnach hätte die siebte Zeile der Inschrift folgendermaßen gelautet: *cives Lingonum, qui Cibernoduri consistunt* – „die Bürger der Lingonen, die sich in Cibernodurum niedergelassen haben." Dies bleibt zunächst allerdings eine reine Mutmaßung.

Diese Siedlung war die Keimzelle für die spätere Colonia Ulpia Traiana (CUT). Sie entstand in den letzten Regierungsjahren des Augustus und lag am Rhein; im Norden war eine Auxiliartruppe stationiert. Anfangs bestand der Ort nur aus einer Ansammlung von umzäunten Gehöften, doch im Laufe der Zeit vergrößerte sich die Siedlung immer mehr, und im letzten Drittel des 1. Jahrhunderts n. Chr. war sie auf über 25 ha angewachsen. Aufgrund der Lage am Fluss besaß der Ort spätestens seit den 40er Jahren des 1. Jahrhunderts n. Chr. eine Kaianlage, die dann zu einem Hafen ausgebaut wurde. Die Bewohner lebten von Handel und Gewerbe; hiervon zeugen Abfälle von Leder und Holz verarbeitenden Betrieben, von Töpfereien und Schlachtereien, die im Bereich des Hafenareals gefunden wurden.
In seinen Historien berichtet Tacitus (hist. 4,22) von einer Siedlung nahe des Lagers, die während des Bataveraufstandes von den Römern absichtlich zerstört wurde, damit die Feinde sie nicht nutzen konnten. Wir können allerdings nicht sagen, ob er damit die Siedlung am Lager (*canabae*) oder die Vorgängersiedlung der CUT meinte. Vielleicht waren auch beide von den Zerstörungen betroffen.

Multi-Kulti am Niederrhein

Wie können wir wissen, wer in der Siedlung gelebt hat? Aus den ergrabenen Siedlungsresten lässt sich nicht erschließen, wer die Bewohner der vorcoloniazeitlichen Siedlung waren. Allein Funde wie Keramik und inschriftliche Zeugnisse können darüber Aufschluss geben. So weisen einige Funde darauf hin, dass hier neben Römern auch Gallier und Germanen lebten.
Der Verstorbene, dessen Grabstein als einziger aus der vorcoloniazeitlichen Siedlung stammt, war mit großer Sicherheit ein Römer. Er war Maler von Beruf Abb. 84.

TI(berio) IVL(io) TERTIO / PICTORI / H(eres) E(x) T(estamento) F(aciendum) C(uravit)

Für den Maler Tiberius Iulius Tertius. Sein Erbe hat dem Testament entsprechend (den Grabstein) anfertigen lassen.

Der Grabstein wurde unter dem Matronentempel gefunden, wo er in einer Abfallgrube entsorgt worden war; der ursprüngliche Standort ist nicht bekannt. Der Name des Verstorbenen lautete Tiberius Iulius – vielleicht auch Iulianus? – Tertius. Iulianus ist ein Namensteil, der eventuell auf eine nicht-römische Herkunft verweist. Vielleicht hat erst Tertius oder schon dessen Vater das römische Bürgerrecht erhalten. Tiberius ist ein typisch römischer Name, den Beinamen (*cognomen*) Tertius (= „der Dritte") könnte er vielleicht erhalten haben, weil er entweder im dritten Monat geboren wurde oder weil er der dritte Sohn war. Die Grabinschrift ist sehr knapp gehalten, aber wir erfahren, dass sein Erbe wie bei den Römern üblich im Testament dazu verpflichtet wurde, den Grabstein aufstellen zu lassen.
Eine Besitzerinschrift auf der Bodenunterseite eines Keramiktellers, der aus augusteischer Zeit stammt und im Hafenbereich gefunden wurde, lautet: BELADA FRIA[---]. Vielleicht ist dies zu Friattonis filia, „Belada, die Tochter des Friatto" zu ergänzen. Der Name ist sicherlich germanischen Ursprungs: Belada ist ethymologisch mit Veleda verwandt und Fria- leitet sich von germanisch „frija" ab. Diese Vorsilbe findet man bei verschiedenen germanischen Namen wie Friannius und Friattius.
Auch die beiden Namen auf einem Weihestein an Iuppiter weisen auf die germanische Herkunft der

85

Stifter hin, denn genannt werden Gumansa und sein Vater Harvus Abb. 85.

I(ovi) O(ptimo) M(aximo) / GVMA / NSA / HARVI / V(otum) S(olvit) L(ibens) M(erito)

Iuppiter, dem Besten und Größten (geweiht). Gumansa, (Sohn des) Harvus, hat sein Gelübde gerne und gebührend eingelöst.

Der Altar des Gumansa ist ein Zeugnis dafür, wie die einheimische Bevölkerung die römische Kultur übernahm. Bemerkenswert ist nämlich, dass der Altar keinem germanischen Gott geweiht ist, sondern Iuppiter, dem obersten römischen Gott.

Altar des Gumansa. Kalkstein, 1. Jh. n. Chr., LVR-RömerMuseum, Xanten.

Neben Germanen sind auch Gallier in der vorcoloniazeitlichen Siedlung belegt. Der oben genannte Altar etwa wurde von Lingonen aus dem heutigen Nordosten Frankreichs, der Gegend zwischen Sens und Straßburg, für Mars Cicollus gestiftet Abb. 83 (s. S. 114). Der Altar ist bisher die einzige bekannte Weihung für diesen Gott in Niedergermanien. Bei den Lingonen handelte es sich um ein gallisch-keltisches Volk. Hauptort der civitas Lingonum war Andematunnum (Langres) in der Provinz Obergermanien (Germania superior). Einige Angehörige des Stammes kamen vielleicht als Händler an den Niederrhein und ließen sich im Bereich der Vorcoloniasiedlung nieder. Cicollus war der Stammesgott der Lingonen, den sie wohl mit dem römischen Kriegsgott Mars gleichsetzten. Das keltische Wort *cicollus* bedeutet vermutlich „Ganz-Fleisch", was soviel wie „muskelstark" meint. Man kann also davon ausgehen, dass Cicollus wie Mars ein kriegerischer Gott war, der zugleich für den Schutz der Grenzen und des Gebietes zuständig war. Durch die Weihung an Mars und die Nennung des Kaisers bezeugten die

86

Das Original dieses Steins wird als Altar in der Kirche von Rindern bei Kleve genutzt. Weihaltar für Mars Camulus, Kalkstein, Mitte 1. Jh. n. Chr., Rindern (Kopie).

Lingonen ihre enge Verbindung und ihre Loyalität zu Rom.

Auch die Weihung an Mars mit dem Beinamen Camulus ist die einzige bekannte Weihung an diesen Gott. Der Stein dient heute als christlicher Altar in der St. Willibrord-Kirche in Kleve-Rindern Abb. 86.

MARTI CAMVLO / SACRVM PRO / SALVTE TIBERII [[NERONIS]] / CLAVDI CAESARIS / [A]VG(usti) GERMANICI IMP(peratoris) / [C] IVES REMI QUI / [T]EMPLVM CONSTITV / ERVNT

Mars Camulus (geweiht). Zum Wohl von Tiberius [Nero] Claudius Caesar Augustus, des siegreichen Feldherrn über die Germanen, von Stammesangehörigen der Remer, die den Tempel errichtet haben.

Angehörige der Remer (*cives Remi*), einer gallischen Volksgruppe, die aus der Gegend um Reims (Nordfrankreich) stammte, haben diesen Weihestein gestiftet. Sie kamen wahrscheinlich ähnlich wie die Lingonen als Händler oder Kaufleute an den Niederrhein. Der in der Inschrift erwähnte Tempel, der von ihnen errichtet wurde, konnte noch nicht lokalisiert werden. Eine These lautet, dass der Weihestein aus Noviomagus / Nijmegen oder der CUT stammt und später nach Rindern gebracht wurde. Es ist aber auch nicht ausgeschlossen, dass er im antiken Harenatium / Rindern aufgestellt war, wo bereits im 1. Jahrhundert n. Chr. die Anwesenheit der Römer nachgewiesen werden kann. Keiner der Vorschläge lässt sich sicher belegen.

Camulus war ein keltischer Gott, der wie sein römisches Pendant Mars wohl einen kriegerischen Charakter hatte. Die Bedeutung von Camulus ist nicht eindeutig geklärt, Camulorix könnte so viel wie „sklavenreich“ oder „König über die Kriegsgefangenen“ bedeuten. Die Remer gehörten seit 100 Jahren zum römischen Reich. Die Vermischung von keltisch-gallischem und römischem Kulturgut wird hier besonders deutlich. Die Remer verehrten ihren einheimischen Hauptgott Camulus unter dem Namen des Mars. Wir können hier also die Gleichsetzung einer lokalen, vorrömischen Gottheit mit dem römischen Gott Mars und die Verschmelzung der beiden Götter fassen. Auf diese Weise wurde die eigene Identität bewahrt und dennoch der Loyalität

87

Weihaltar an Alateivia.
Kalkstein, 1. Jh. n. Chr., LVR-RömerMuseum, Xanten.

gegenüber Rom und dem Kaiser Ausdruck verliehen. Schließlich bitten die Remer in ihrer Inschrift für das Wohlergehen des Kaisers Nero. Dessen Name wurde jedoch nach seiner Damnatio memoriae aus der Inschrift gelöscht, die so entstandene Lücke wurde in späterer Zeit mit dem Namen des Tiberius ausgefüllt.

Wie vielseitig die Vermischung der verschiedenen Kulturen war, lässt sich am Altar des Divos gut erkennen Abb. 87. Der Arzt Divos, dessen Name auf eine keltische Abstammung deutet, stammte wohl aus Gallien und kam wahrscheinlich mit dem Militär an den Niederrhein. Statt an eine keltisch-gallische oder eine römische Gottheit wandte er sich aber an die germanische Göttin Alateivia:

ALATEIVI / AE EX / IVSSV / DIVOS / MEDICV(s)

Alateivia (geweiht). Auf (ihren) Befehl hin hat der Arzt Divos (den Altar aufstellen lassen).

Auch in den Grabinschriften wird das Aufeinandertreffen unterschiedlicher Traditionen sichtbar. Ein

88

Der Grabstein des Treverers Iulius Primus, von dem eine Kopie in Xanten steht, ist in Burginatium bei Kalkar gefunden worden. Grabstein, Kalkstein, Ende 1. Jh. n. Chr., LVR-LandesMuseum, Bonn.

Beispiel hierfür ist der Gedenkstein an den Treverer Iulius Primus Abb. 88.

C(aio) IVLIO ADARI F(ilio) / PRIMO TREVERO / EQ(uiti) ALAE NORIC(orum) / STATORI AN(norum) XXVII / STIP(endiorum) VII H(eres) A S(uo) F(aciendum) C(uravit)

Für den Treverer Gaius Iulius Primus, den Sohn des Adarus, Reiter und Stator der Ala Noricorum, der 27 Jahre (alt wurde), sieben Jahre Militärdienst (leistete), ließ sein Erbe auf eigene Kosten (diesen Grabstein errichten).

Der Grabstein ist dreigeteilt. In der Mitte befindet sich das Inschriftenfeld. Oberhalb davon ist eine Mahlszene zu sehen. Ein Mann in Tunika und Mantel liegt auf einer Liege (*cline*). Er stützt sich mit seinem linken Arm auf, in seiner linken Hand hält er eine Serviette (*mappa*). Vor ihm befindet sich ein Tisch mit Gefäßen. Am Fußende der Liege steht ein Diener. Das untere Bild zeigt einen nackten Stallknecht (*calo*) und ein Pferd. In seiner Linken hält der Knecht zwei Speere, die Rechte greift die Zügel. Das Pferd trägt einen Sattel und eine lange Satteldecke.
Die Grabstele des Primus folgt den römischen Gepflogenheiten. Der Vater des Verstorbenen trägt noch einen germanischen Namen, Adarus. Sein Sohn hat dagegen einen römischen Namen mit drei Namensbestandteilen (*tria nomina*): Gaius Iulius Primus. Dennoch war er germanisch-keltischer Abstammung, darauf verweisen der Namen seines Vaters und auch seine Herkunftsbezeichnung als Treverer, d. h. „der aus Trier stammt".
Als Einheimischer war Primus Reiter einer Hilfstruppe. Die Germanen galten als sehr gute Reiter. Sein Beruf wird auch in der Pferdedarstellung ins Bild gesetzt. Primus wird zudem als *stator* bezeichnet, als Amtsgehilfe im Stab des Kommandeurs.
Der Treverer Primus diente in der Einheit der keltischen Noriker, die im Gebiet des heutigen Österreichs siedelten. Das ist in der römischen Zeit nicht ungewöhnlich. Die Truppen erhielten ihren Namen zwar von dem Stamm, aus dem sie zuerst ausgehoben wurden. Bei einer Verlegung wurden allerdings neue Soldaten auch vor Ort rekrutiert.
Primus wurde nur 27 Jahre alt, von denen er sieben Jahre im Heer gedient hatte. Eine Todesursa-

che wird – wie oft – nicht erwähnt. Aufgestellt wurde sein Grabstein wie üblich von seinem Erben.
Die Übernahme der römischen Kultur und Lebensweise zeigt sich auch in der bildlichen Darstellung vom Tischmahl, das – wie bei den Römern üblich – liegend eingenommen wird. Solche Totenmahlszenen, in denen der Verstorbene am Gedächtnismahl teilnimmt, waren sehr beliebte Darstellungen auf Grabsteinen. Typisch für Reitersoldaten ist die Kombination mit der Darstellung einer Pferdevorführung durch einen Knecht. Es handelt sich wohl um eine symbolische Mitgabe des Pferdes, eine gemeinsame Bestattung von Reiter und Pferd war eher selten.

Dieses bunte Gemisch aus verschiedenen Stämmen blieb auch in der Folgezeit erhalten. Dies belegt ein Weihestein, der in das 2. oder 3. Jahrhundert n. Chr. zu datieren ist Abb. 89.

[......] / SACRV[M] / VICVS MATI[...]/RVM

[......] heilig. Das Stadtviertel der Mati[...]rum (hat diesen Altar gestiftet).

Dieser Weihestein wurde von einem *vicus* gestiftet. Das Wort dürfte hier in der Bedeutung von „Stadtviertel" verwendet worden sein, denn der Weihestein wurde auf dem Gebiet der CUT gefunden. Der Name der Stifter hat sich leider nicht vollständig erhalten. Man vermutet, dass *Mati[---]rum* für *Ma(t)tiacorum* stehen könnte. Die **Mattiaker** waren Germanen und wahrscheinlich ein Teilstamm der Chatten, die in der Gegend des heutigen Wiesbaden lebten. Vielleicht kamen sie als Händler oder Handwerker an den Niederrhein.
Die Stationierung zweier Legionen auf dem Fürstenberg bedeutete für die Gegend einen gewaltigen Umbruch: Durch die Legionssoldaten kam es zum Zuzug von Tausenden von Menschen aus anderen Teilen des Imperiums. Diese Menschen – Soldaten, Händler, Handwerker, Familien – brachten ihre eigene Kultur mit, also ihre Essensgewohnheiten, ihre Kleidung, ihre Religion, ihre Architektur, die sich von der hiesigen Kultur zum Teil deutlich unterschied.
Die Römer organisierten die neu gewonnenen Gebiete mit Hilfe ihrer Gesetze und ihrer administrativen Strukturen. Im Bereich der Verwaltung, der Gerichtsbarkeit und der Infrastruktur wurden die Provinzen an römische Verhältnisse angeglichen. In anderen Belangen, wie etwa der Religion, durften die Einheimischen ihre eigenen Sitten und Gebräuche sowie ihre Götter beibehalten. Oft wurden dann – wie wir es bei den Remern und Lingonen gesehen haben – Elemente aus beiden Kulturkreisen vermischt. Nur die Verehrung des höchsten Gottes Iuppiter und des Kaisers war für alle Einwohner im gesamten Imperium Romanum verpflichtend.
Durch die Verbindung der einheimischen Bevölkerung mit den zugezogenen Soldaten, Händlern und Kaufleuten aus Italien, Gallien und Spanien entstand eine Mischkultur, bei der man von einer gallo-römischen Kultur spricht. Der Prozess der Aneignung der römischen Gebräuche wird als Romanisierung bezeichnet. Die Romanisierung zeigt sich nicht nur in der Übernahme von Gottheiten, sondern auch in so alltäglichen Dingen wie der Nutzung typisch römischer Gegenstände etwa Amphoren und Geschirr aus Terra sigillata. Man kann davon ausgehen, dass die Bevölkerung in der Nachbarschaft zu den Legionslagern und in den Städten die römischen Gebräuche relativ schnell annahm, während man auf dem Land länger an den lokalen Traditionen festhielt. Vor allem die oberen Gesellschaftsschichten griffen bald die Gewohnheiten der Römer auf und zeigten sich stolz als römische Bürger. Um die führenden Familien für sich zu gewinnen, gaben ihnen die Römer schon bald nach der Eroberung das römische Bürgerrecht. Nach einer gewissen Zeit durften sie dann auch Führungsämter in den neu geschaffenen Verwaltungsstrukturen oder im Militär übernehmen.

Tacitus schreibt über die **Mattiaker** (germ. 29): „In gleicher Abhängigkeit (sc. wie die Bataver) steht der Stamm der Mattiaker. Denn die Hoheit des römischen Volkes hat sich auch jenseits des Rheines und jenseits der alten Reichsgrenzen Achtung verschafft. So haben sie Gebiet und Wohnsitz auf germanischer Seite, doch Herz und Gesinnung bei uns. Im übrigen gleichen sie den Batavern, nur dass Bodenbeschaffenheit und Klima ihres Landes sie mit noch größerer Lebhaftigkeit begabt haben."

89

Weihestein der Mattiaker. Kalkstein, 2.–3. Jh. n. Chr., LVR-RömerMuseum, Xanten.

STARTSCHUSS – DIE GRÜNDUNG DER COLONIA ULPIA TRAIANA (CUT)

Die zivile Siedlung, die bald nach Christi Geburt am Rhein gegründet worden war und sich in ca. 2 km Entfernung zum Legionslager befand, kam vermutlich während des Bataveraufstandes zu Schaden, wurde aber unter den Flaviern (Domitian) wieder aufgebaut und erweitert.
Unter Kaiser Traian, dem Nachfolger Nervas, kam es zu einschneidenden Veränderungen. Er begab sich 98 / 99 n. Chr. auf Inspektionsreise an Rhein und Donau und führte verschiedene Maßnahmen zur Siche-

rung der Außengrenzen durch. Dazu gehörte u.a. der Ausbau der Limesstraße sowie die Verstärkung der militärischen Grenzanlagen. Aufgrund der stabilen Verhältnisse in Niedergermanien ließ er die Truppen aus Nijmegen und Neuss abziehen, sodass allein die Legionsstandorte Bonn und Vetera erhalten blieben. Der Abzug von zwei Legionen bedeutete einen enormen Verlust von Kaufkraft in der Region. Vermutlich zum Ausgleich erhob Traian die Siedlung zur Kolonie. Sie wurde nach dem Kaiser selbst Colonia Ulpia Traiana (CUT) benannt. Die Ernennung fand wohl zwischen dem Herrschaftsantritt im Januar 98 und 100 n.Chr. statt. Die Stadtrechte wurden wahrscheinlich zwischen 103 und 105 n.Chr. verliehen. Unter den Kolonie-Neugründungen Traians ist die CUT mit einer Größe von 73 ha Fläche die größte. Mit der Koloniegründung wurden die Siedlungsgebiete der Cugerner und der Baetasier als *ager coloniae* in das Territorium der CUT übernommen. Mit *ager* („Gebiet", „Mark") wird der Grund und Boden einer Gemeinde bezeichnet.

Colonia bezeichnet einen Rechtstitel, also die rechtliche Stellung einer Stadt. In der niedergermanischen Provinz gab es nur zwei *coloniae*: die Colonia Claudia Ara Agrippinensium (CCAA), die 49/50 n.Chr. gegründet wurde, das heutige Köln, und die Colonia Ulpia Traiana (CUT), die römische Siedlung beim heutigen Xanten. In einer *colonia* lebten überwiegend römische Bürger (*cives romani*), aber auch Freie ohne Bürgerrecht (*peregrini*, *incolae*). Eine *colonia* zeichnete aus, dass sie direkt dem Statthalter unterstand, dass ihre Bürger Grundbesitz erwerben konnten, von der Grundsteuer befreit waren, und dass die Stadtgemeinde sich selbst verwaltete.

Die Colonia Ulpia Traiana war keine Neugründung, denn die Vorgängersiedlung wurde integriert. Mit der Ernennung zur *colonia* begann ein umfangreiches Bauprogramm, das unter anderem öffentliche Gebäude wie das zentrale Forum, die Thermen und Tempel, die Stadtbefestigung sowie eine entsprechende Infrastruktur mit Straßen und Aquädukten umfasste.

Für die Neugründung der CUT gab es vermutlich verschiedene Gründe. Sie diente einerseits sicherlich der Kompensation des Wegzuges der zwei versetzten Legionen und der Sicherung der Loyalität der in der Region verbleibenden Legionen in Vetera und Bonn. Außerdem erhielten viele Veteranen Land aus dem *ager coloniae* und wurden dort als ansässige Römer mit ihren Familien zu einem wichtigen Faktor der Verbreitung römischer Lebensart.

MARCUS ULPIUS TRAIANUS

T

90

96 n.Chr. wurde Nerva vom Senat zum Kaiser gewählt. Er galt von Anfang an als Übergangskandidat, da er schon alt und kinderlos war. Als die kaiserliche Leibwache meuterte, adoptierte er Traian und begründete damit das Adoptivkaisertum **Abb. 90**. Traian genoss sowohl beim Heer als auch bei einigen einflussreichen Senatoren wie Sextus Iulius Frontinus hohes Ansehen. Er war seit 97 n.Chr. Statthalter in Germania superior und hatte damit drei Legionen sowie mehrere Auxiliareinheiten, insgesamt ca. 35.000 Mann, hinter sich. Als designierter Nachfolger trug er nun den Titel Caesar und den Beinamen Germanicus. Er erhielt darüber hinaus das *imperium proconsulare* und die *tribunicia potestas*, die ihn mit umfangreichen Befugnissen ausstatteten. Als Nerva im Jahr 98 n.Chr. verstarb, hielt sich Traian in Köln auf. Dort wurde er von den Truppen zum Kaiser ausgerufen. Erst 99 n.Chr. kehrte er nach Rom zurück.

Es begann eine rege Bautätigkeit. Das Straßennetz und das Wasserleitungssystem wurden ausgebaut und renoviert, und in Rom wurden die Traiansthermen und das Traiansforum (Forum Traiani) errichtet. In den Provinzen gründete Traian zahlreiche Städte. In der Provinz Niedergermanien zeugen die Colonia Ulpia Traiana sowie Ulpia Noviomagus Batavorum (Nijmegen) davon.

Das Gebiet des Imperium Romanum hatte unter Traian seine größte Ausdehnung. Kurz vor seinem Tod am 8. August 117 adoptierte Traian seinen Neffen Hadrian und bestimmte ihn so zum Nachfolger.

Außerdem war die *colonia* ein bedeutender Wirtschaftsfaktor. Der Ort am Rhein diente als Umschlagplatz für Güter und Waren aus dem gesamten römischen Reich. Durch den regen Handel gelangten nicht nur viele Devisen an den Niederrhein, Stadt und Umland wurden dadurch auch zum Zentrum römischer Lebenskultur, die den einheimischen Bewohnern so besonders schnell vertraut gemacht wurde.
Daneben dürften auch Prestigegründe Traian dazu bewogen haben, eine nach ihm benannte Kolonie in der Provinz Niedergermanien zu gründen – schließlich gab es mit der Colonia Claudia Ara Agrippinensium (Köln) bereits eine römische Kolonie, die nach einem seiner Vorgänger, Kaiser Claudius (41–54 n. Chr.) und dessen Gattin, der hier geborenen Agrippina der Jüngeren (15–59 n. Chr.), benannt war Abb. 91.

Nach der Versetzung der 22. Legion aus Vetera im Jahr 97 / 98 n. Chr. folgte ihr, vielleicht mit einigen Jahren Abstand, die 6. Legion. Sie kam aus Neuss, wo sie zuvor stationiert war. Die legio VI Victrix Pia Fidelis, die „Siegreiche, die Fromme, die Treue", war als eine ausgezeichnete Bautruppe bekannt, die beim Aufbau der CUT gefragt war. Sie blieb bis ca. 121 / 122 n. Chr. und wurde dann nach Britannien (York) versetzt, wo sie am Bau der Hadriansmauer mitarbeitete. Ihr folgte die **30. Legion Ulpia Victrix** („die Ulpische, die Siegreiche"). Auch diese Legion war massiv am Ausbau der Stadt beteiligt.

Statue des Kaisers Traian vor dem Amphitheater im Archäologischen Park (Kopie). Der Statuentypus ist angelehnt an den berühmten antiken Augustus von Primaporta.

Für seine Dakerkriege gründete Kaiser Traian zwei neue Legionen, die auch nach ihm benannt wurden: Die **30. Legion** erhielt „Ulpia" und die 2. „Traiana" als Beinamen. Die 30. Legion war zunächst in Brigetio (Szőny), in der Provinz Pannonia superior, stationiert. Die ersten Soldaten stammten vor allem aus Oberitalien. Später rekrutierte man die ca. 300 Soldaten, die pro Jahr benötigt wurden, vor Ort, d. h. größtenteils aus den Provinzen Germania inferior und Gallia Belgica. Die einheimischen Soldaten bekleideten in der Regel die unteren Ränge, eher selten trifft man sie als Unteroffiziere (*principales*) an. Wie lange die 30. Legion am Niederrhein blieb, wissen wir nicht genau. Vermutlich waren kleinere Truppenteile noch bis in der ersten Hälfte des 4. Jahrhunderts vor Ort.

(Abb. 90) Imperator Caesar Nerva Traianus Augustus. Münzbildnis, Gold, 98–117 n. Chr., LVR-RömerMuseum, Xanten.

91

93

Der Schutzbau, der über den Fundamenten der Großen Thermen im APX gebaut wurde, ahmt die antiken Baukörper nach. Zu jeder römischen Stadt gehörte mindestens eine öffentliche Thermenanlage.

WAS MACHT EINE STADT ZUR STADT

WEGE, WASSER, GROSSE BAUTEN – STÄDTISCHE INFRASTRUKTUR

Die Colonia Ulpia Traiana ist für die Archäologie ein großer Glücksfall, denn die römische Stadt wurde in späterer Zeit nicht überbaut. Die mittelalterliche Stadt Xanten entstand außerhalb des antiken Stadtgebietes, nämlich über dem römischen Gräberfeld Abb. 82 (s. S. 107). Das unterscheidet sie von anderen Städten wie etwa Köln oder Bonn.

Die überirdisch liegenden Teile wurden im Mittelalter und in der frühen Neuzeit abgetragen. Das Material wurde als Baumaterial genutzt. Dagegen liegen die Fundamente der CUT noch immer im Boden. Sie stellen daher einen nördlich der Alpen einzigartigen Bestand antiker Stadtstrukturen dar. Er bietet die außergewöhnliche Möglichkeit, die weitgehend ungestörten antiken Hinterlassenschaften wissenschaftlich zu untersuchen, sei es mit Hilfe archäologischer Ausgrabungen, anhand von Luftbildaufnahmen oder durch geophysikalische Messungen Abb. 92.

Die Anlage der CUT folgt einem festen Schema, das alle von Römern gegründeten Städte aufweisen. Zwei Hauptstraßen kreuzen sich in der Mitte des Stadtgebietes. Die eine Hauptstraße, der *cardo maximus*, führte von Nord nach Süd und die andere, der *decumanus maximus*, von West nach Ost. In der Stadtmitte treffen sich die beiden Straßen auf dem Marktplatz (*forum*). Daneben gliedern weitere dazu parallele Straßen das Stadtgebiet, so dass ein rechtwinkliges Straßenraster mit bebauten *insulae* (Wohnquartieren) entsteht.

Im Zentrum befinden sich außerdem auch die wichtigsten öffentlichen Gebäude. Dazu gehören der Haupttempel (*capitolium*) sowie die *basilica*, eine große Halle. Diese wurde vielseitig etwa als Börse, Gerichtssaal und Ort für Geschäftsabschlüsse genutzt. In der Nähe liegen auch die Thermen, die sowohl von den Bürgern als auch von den Soldaten besucht wurden Abb. 93. Das Amphitheater, in dem Tierhatzen und Gladiatorenkämpfe zur Unterhaltung abgehalten wurden, befindet sich im Os-

(Abb. 92) Die Leitung, die das Wasser aus dem nahegelegenen Waldgebiet in die CUT führte, stammt aus der Umgebung der antiken Stadt. Sie wurde im Block geborgen und in den Archäologischen Park gebracht, wo sie heute zu besichtigen ist.

VITRUVIUS

Nicht immer haben die Forscher so großes Glück wie im Fall der CUT. Häufig fehlen uns Informationen zu antiken Gebäuden, sowohl was das aufgehende Mauerwerk, als auch was technische Details angeht. Daher ist das Werk des Vitruvius aus dem 1. Jahrhundert v. Chr. eine besonders wichtige Quelle.
Vitruv war Architekt und Ingenieur, der unter Caesar und Augustus für den Bau von Kriegsmaschinen und für die Konstruktion von Wasserleitungen zuständig war. Seine Schrift *De architectura libri decem* („Zehn Bücher über die Architektur") ist besonders bekannt. Sie ist der einzige aus der Antike erhaltene Architekturtraktat und stellt für uns die wichtigste literarische Quelle über die antike Baukunst dar. Das Werk, das zwischen 33 und 22 v. Chr. entstand und Augustus gewidmet ist, wurde in der Antike selbst nur wenig rezipiert. Erst in der Renaissance erwachte das Interesse an Vitruvs Schrift, die die Baukunst und die Architekturtheorie jener Zeit stark beeinflusste. Davon zeugen z. B. der Traktat *De re aedificatoria* des Leon Battista Alberti (1404–1472) sowie die Bauten des italienischen Architekten Andrea Palladio (1508 bis 1580).
In *De architectura* behandelt Vitruv alle Wissensgebiete, die für einen Architekten wichtig waren. Dazu gehörten die Schriftkunde, Zeichnen, Geometrie, Arithmetik und das Messwesen, aber auch Geschichte, Philosophie, Musik, Medizin, Jura und Astronomie. Letztere ist z. B. die Voraussetzung für den Bau von Uhren. In der Antike umfasste die Architektur somit auch Themen, die heute in den Bereich der Ingenieurswissenschaften fallen.

ten der Stadt. Die genaue Einwohnerzahl ist unbekannt, grobe Schätzungen gehen von ungefähr 10.000 Menschen aus, wobei die Soldaten, die im Legionslager lebten, noch nicht mit eingerechnet sind. Umschlossen wurde das gesamte Stadtgebiet von einer Mauer mit einer Gesamtlänge von ungefähr 3,4 km.

Zu den wichtigsten Strukturmerkmalen einer guten römischen Stadt gehörte nach Ausweis der literarischen Quellen ein großzügig gestaltetes und planvoll angelegtes Wegenetz. Dies belegen Textstellen u. a. bei Cicero (*De lege agraria* 2,96) oder Livius (25,11,16). Es sollte übersichtlich sein und auf diese Weise eine gute Orientierung ermöglichen. Dass die Straßen sich rechtwinklig kreuzten war ebenso wichtig wie die Breite, die für Pferde- und Wagenverkehr ausreichend sein musste.
Aber nicht nur die präzise ausgerichteten Straßen innerhalb von Siedlungen gehörten zu den Errungenschaften einiger Provinzstädte, auch das gut ausgebaute Netz von Fern- und Überlandstraßen war ein wesentlicher Faktor bei der Verbreitung von römischer Kultur. Anhand dieses Netzes sowie entlang der Flussrouten entspann sich ein reger Handel, der fast alle Orte des römischen Reiches miteinander verband. Noch heutige Überlandstraßen folgen zum Teil dem Verlauf antiker Straßen, Teile der modernen B57 von Xanten nach Krefeld verlaufen etwa entlang der alten römischen Straße.
Reibungsloser und schneller funktionierte der Warenverkehr auf den Wasserwegen. Nicht nur der zivile Handel, sondern auch die Versorgung der Soldaten sowie die Verlegung von militärischen Einheiten wurden per Schiff abgewickelt. Die Lage am Fluss – zur Zeit der Römer floss der Rhein noch direkt an der Stadt vorbei – bedeutete einen wichtigen Standortvorteil, weswegen schon die Vorgängersiedlung der CUT einen Hafen besaß.

Von den Fern- und Überlandstraßen sind interessante Schriftquellen in Form von Meilensteinen auf uns gekommen. Sie waren entlang der Straßen aufgestellt und dienten als Orientierungshilfe Abb. 94. Auch in der Nähe des Xantener Doms wurde ein Meilenstein gefunden. Seinen ursprünglichen Aufstellungsort kennen wir leider nicht. Der größte Teil der nur bruchstückhaft überlieferten Inschrift musste ergänzt werden. Da die Angaben auf Meilensteinen jedoch – ähnlich wie auch die Angaben auf Grab- und Weihinschriften – normiert waren, kann man relativ sicher rekonstruieren, wie der Text wohl gelautet hat.

Bruchstücke diese Meilensteins wurden in der Nähe des Xantener Doms gefunden. Ob der Stein auch in der Antike dort aufgestellt war, wissen wir nicht. Meilenstein, Kalkstein, vermutlich 98 n. Chr., LVR-RömerMuseum, Xanten.

94

[IMP(erator) CAESAR / DIVI NE]RVAE / [F(ilius) NERVA] TRAIAN(us) / [AUG(ustus) PONT(ifex) MAX(imus) TRIB(unicia) POT(estate) III / P(ater) P(atriae) CO(n)S(ul) II / A TRA(iana) M(ilia) P(assuum) (?)]

Kaiser Nerva Traian Augustus, Sohn des vergöttlichten Nerva, oberster Staatspriester, zum dritten Mal Inhaber der tribunizischen Amtsgewalt, Vater des Vaterlandes, zum zweiten Mal Konsul, (hat diesen Meilenstein in einer Entfernung von (?) Meilen von Traiana (aufstellen lassen).

Auf seiner Inspektionsreise entlang der Rheingrenze (98 / 99 n. Chr.) ließ Kaiser Traian auch die Limesstraße ausbauen. Vermutlich kam es während dieser Reise zur Aufstellung des Steins. Dementsprechend wurde die Kaisertitulatur für das Jahr 98 n. Chr. ergänzt.

Eine römische Meile (*milia passuum* = „tausend Schritt“) entsprach 1,48 km. In den germanischen und gallischen Provinzen wurden die Entfernungen auch in der keltischen Maßeinheit, in Leugen, angegeben. Eine Leuge (*leuga*) entsprach 2,2 km. Allerdings wurde die Entfernung ausgehend von einem Ort berechnet (*a traiana* = „von Traiana entfernt“), d. h. man wusste, wie weit man sich von einem Ort entfernt hatte, während heutige Straßenschilder angeben, wie weit es noch bis zu einem Ort ist. Tacitus erwähnt in seinen Annalen, dass das Lager Vetera beim 60. (Meilen-)Stein lag, also ca. 88,8 km von Köln entfernt (Tac. ann. 1,45). Mit Hilfe von Reisebüchern, sogenannten Itinerarien (von *iter* = „Weg“) konnte man dann berechnen, wie weit es bis zum nächsten Ort oder zur nächsten Raststätte war.

Zwischen den größeren Siedlungen entlang des Rheins CCAA (Köln), CUT (Xanten) und Noviomagus (Nijmegen) waren die Straßen gut ausgebaut. Sie ermöglichten einen steten Fluss an Waren, Baumaterial und Menschen. Der Hauptweg, die sogenannte Limesstraße, führte entlang der Grenze von den Alpen bis an die Nordsee. Die Straßen wurden vom Militär angelegt und verwaltet. Man reiste zu Fuß, zu Pferd, mit Maultieren oder mit einem Ochsenkarren und konnte durchschnittlich 20 bis 30 km pro Tag zurücklegen. In Dörfern oder in der Randlage von Städten gab es entlang der Straßen Raststätten. Dort konnte man die Pferde wechseln (*mutatio*) oder auch übernachten (*mansio*). Itinerarien erleichterten die Orientierung. Wie man sich ein solches Itinerar vorzustellen hat, zeigt die Tabula Peutingeriana, eine 34 cm breite und 7 m lange Buchrolle Abb. 95. Hierbei handelt es sich um eine mittelalterliche Abschrift, die auf eine römische Vorlage aus dem 4. Jahrhundert zurückgeht. Sie ist nach Konrad Peutinger (1465–1547) benannt, in dessen Besitz sie sich einst befand. Sie zeigt das gesamte römische Reich von Spanien bis Persien. Straßen, Länder, Stämme sowie Distanzen in Meilen und Leugen sind dort verzeichnet. Für Städte, Heiligtümer, Bäder, Hafenanlagen, Leuchttürme und Rasthäuser gibt es wie auf heutigen Karten auch jeweils ein eigenes Symbol.

Neben der Anlage und Breite der Straßen war die Wasserversorgung ein wesentliches Merkmal einer gut funktionierenden römischen Stadt. Auch dieses Bild vermitteln neben den archäologischen Denkmälern die Schriftquellen. Pausanias etwa berichtet von der schlechten Wasserversorgung Athens (Paus., *Hellados Periegesis* 1,14,1). Besonders hervorgehoben wird etwa die Ausstattung der Städte mit öffentlichen Bädern, Brunnen und einem funktionierenden Abwassersystem. In vielen Fällen sicherten Aquädukte (*aquaeductus*, von *aqua* = „Wasser" und *ducere* = „führen, leiten") die städtische Wasserversorgung.

Bisher sind die Reste von zwei Wasserleitungen entdeckt worden: Die eine führte wahrscheinlich Wasser aus einem nahegelegenen Waldgebiet (Hees) zum Legionslager Vetera. Die andere versorgte die Stadt mit Wasser aus der ca. 5 km entfernten Sonsbecker Schweiz (Balberger Wald). Diese Leitung kam am Südosttor der Stadt an. Besonders für die Thermen benötigte man große Mengen an Wasser. In der Nähe der Thermen hat man die Fundamente eines Wasserturms gefunden, dessen Grundfläche ca. 55 m² betrug. Das Gefälle der Wasserleitung betrug 0,002 % und die Gesamtlänge ca. 11,7 km, wovon 3,2 km über Aquädukte geführt wurden. Wie die Wasserverteilung innerhalb der Stadt aussah, ist bisher noch weitgehend unbekannt. Sehr wahrscheinlich waren Wasserverteiler vorhanden Abb. 96. Die gemauerten Wasserleitungen verliefen sowohl ober- als auch unterirdisch. Allerdings hatten wohl nur öffentliche Gebäude einen Anschluss an die Wasserleitungen, die Bevölkerung wurde durch Brunnen, die sich meist in den Hinterhöfen befanden, mit Wasser versorgt. Das Abwasser wurde über Kanäle aus der Stadt in den Rhein geleitet.

95

Die Tabula Peutingeriana ist das einzige erhaltene Itinerar mit Karte, das auf ein antikes Original zurückgeht. Der Ausschnitt zeigt Rom und Umgebung. Bei der Schriftart handelt es sich um eine karolingische Minuskel des 12. Jahrhunderts. Tabula Peutingeriana, Faksimile, vor 16. Jh., Kartenabteilung Staatsbibliothek zu Berlin.

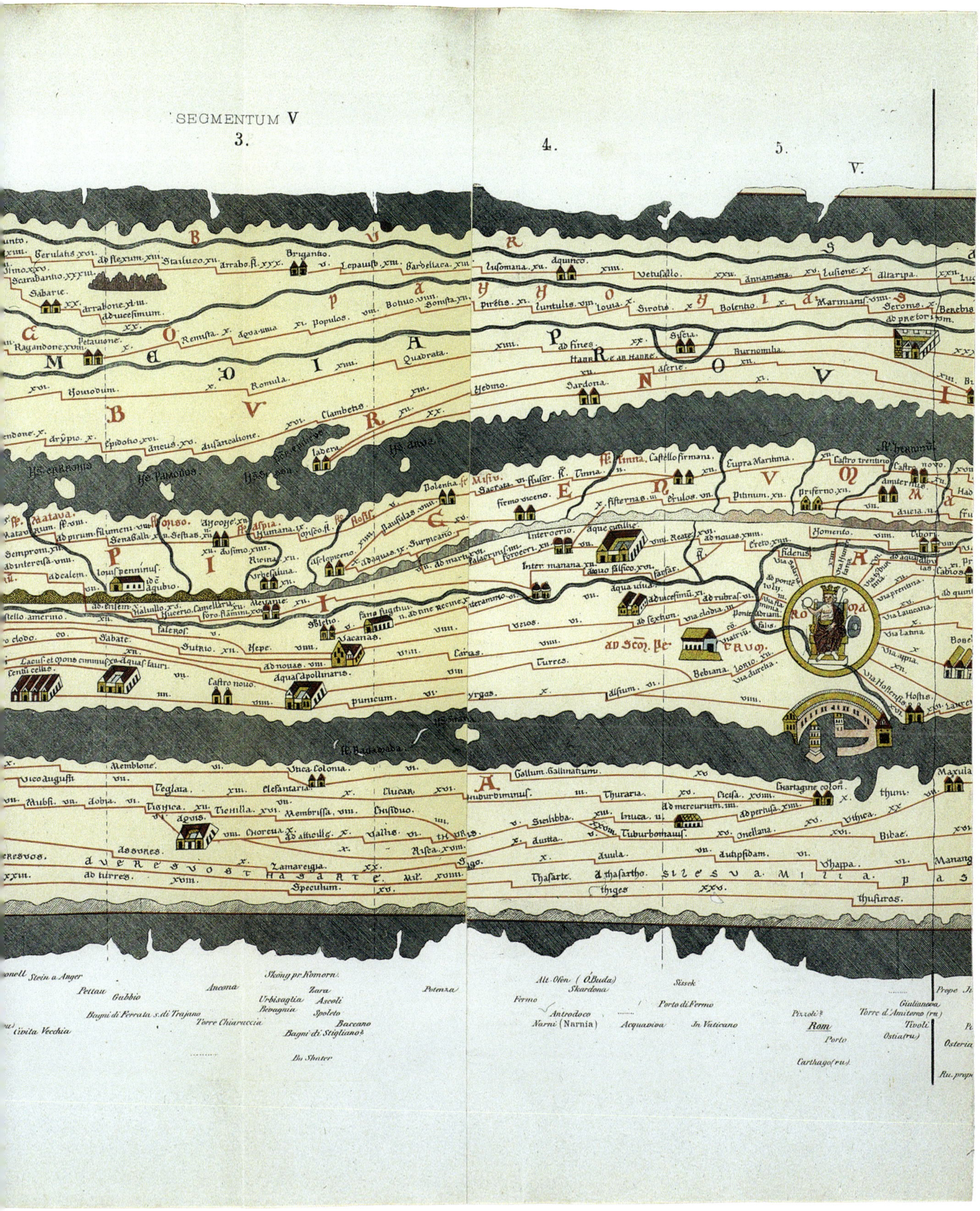
SEGMENTUM V
3.
4.
5.
V.
Stein a. Anger
Pettau
Gubbio
Ancona
Skong pr. Komorn
Zara
Urbisaglia
Ascoli
Bevagnia
Spoleto
Potenza
Bagni di Ferrata s. di Trajano
Torre Chiaraccia
Baccano
Bagni di Stigliano
Civita Vecchia
Alt-Ofen (O.Buda)
Skardona
Sissek
Fermo
Antrodoco
Narni (Narnia)
Acquaviva
Porto di Fermo
In Vaticano
Rom
Porto
Giulianova
Torre d'Amiterno (ru)
Tivoli
Ostia (ru)
Carthago (ru)

96

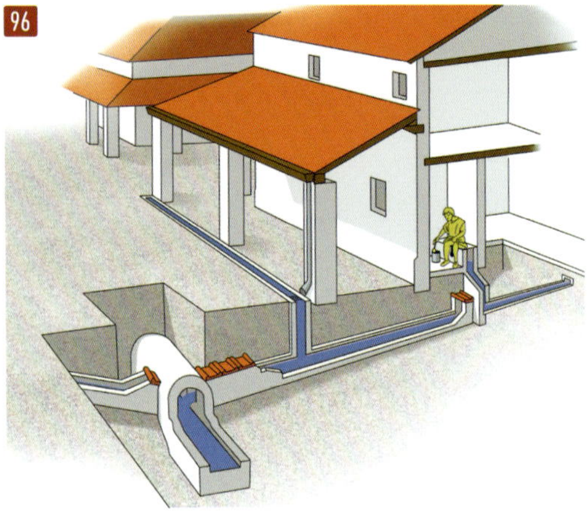

Rekonstruktion des Abwassersystems in den Wohnhäusern der wohlhabenderen Bevölkerung.

Eine der wichtigsten Quellen zum römischen Wasserwesen ist das Buch von Sextus Iulius Frontinus (ca. 35 bis kurz nach 100 n. Chr.) *De aquis urbis Romae*, das der Autor in seiner Funktion als *curator aquarum* („Aufseher über die Wasserversorgung") im Jahr 97 n. Chr. verfasste. Im Zuge seiner militärischen Laufbahn hielt sich dieser bedeutende Autor offenbar auch in der Colonia Ulpia Traiana auf Abb. 97.

> [I(ovi) O(ptimo) M(aximo) I]VNONI / [MINE] RVAE PRO / [SAL(ute) S]EXTI IVL(i) / [FRO] NTINI

> Iupiter Optimus Maximus, Iuno und Minerva (geweiht). Für das Wohlergehen des Sextus Iulius Frontinus.

Das Fragment ist Zeugnis einer Weihung an die Kapitolinische Trias und wurde für das Wohlergehen des Frontinus errichtet. Es ist auf den ersten Blick zwar unspektakulär, hat jedoch aufgrund des in der Inschrift genannten Autors große Bedeutung für die Colonia Ulpia Traiana. Bei Sextus Iulius Frontinus handelt es sich nämlich um einen einflussreichen Mann aus der römischen Elite, der unter den Flaviern eine zentrale Führungsrolle einnahm. Anfang 70 n. Chr. hatte Frontin das Kommando gegen aufständische Gallier und Germanen inne. Nach seinem Konsulat im Jahr 73 n. Chr. übernahm er die Statthalterschaft in Britannien, danach folgte die Statthalterschaft in Niedergermanien. Im Jahr 83 n. Chr. nahm er als Kommandeur des niedergermanischen Heeres am Feldzug gegen die germanischen Chatten teil. Wahrscheinlich stammt der Weihestein aus dieser Zeit.

86 n. Chr. zog er sich für einige Zeit ins Privatleben zurück und widmete sich der Schriftstellerei. Den Höhepunkt seines politischen Einflusses erlangte Frontin unter Traian, zu dessen engstem Beraterstab er gehörte. Als *curator aquarum* war er für die Wasserleitungen Roms zuständig. Den dritten Konsulat im Jahr 100 n. Chr. übte er zusammen mit Kaiser Traian aus – eine große Ehre, die von seinem Ansehen zeugt.

Weihestein des Sextus Iulius Frontinus. Kalkstein, 83–85 n. Chr., LVR-RömerMuseum, Xanten.

97

Die beiden Bücher über die römische Wasserversorgung und -entsorgung, *De aquis urbis Romae* oder *De aquae ductu urbis Romae*, sind als eine Art Handreichung für seine Nachfolger im Amt gedacht. Frontin hat dafür das Fachwissen und die Gesetze zusammengestellt, die für die Amtsführung notwendig sind. Behandelt werden die Entstehung der Aquädukte und Wasserleitungen, ihre Namen, Quellen und ihr Umfang sowie die Verteilung des Wassers. Außerdem listet er seine Amtsvorgänger auf und geht auf Maßnahmen Traians zur Verbesserung der Wasserqualität und Senatsbeschlüsse zum Wasserrecht ein. Diese Zusammenstellung ist aufgrund ihrer Einzigartigkeit für uns heute von unschätzbarem Wert.

AMTSTRÄGER IN DER PROVINZ – VERWALTUNG

In den Jahren zwischen 82 und 90 n. Chr. sind vermutlich die beiden Provinzen Germania inferior (Niedergermanien) und Germania superior (Obergermanien) eingerichtet worden. Damit wurde auch der Wechsel von einer Militärregierung zu einer zivilen Verwaltung vollzogen. Hauptsitz und Sitz des Statthalters von Niedergermanien blieb die Colonia Claudia Ara Agrippinensium (CCAA, Köln), in der auch schon das niedergermanische Heer sein Hauptquartier hatte. Nur die Colonia Ulpia Traiana hatte denselben angesehenen rechtlichen Status.

Das Territorium einer römischen Stadt umfasste weit mehr als das Gebiet innerhalb der Stadtmauer, so auch bei der CUT. Die gesamte Verwaltungseinheit der CUT bezeichnete man als civitas Traianensis. Dazu gehörte der Siedlungsraum der Cugerner (*Cugerni*) im Norden und der Baetasier (*Baetasii*) im Süden. Daran wird deutlich, dass nicht jeder Stamm automatisch eine eigene *civitas* bildete. Das Gebiet der civitas Traianensis reichte vom heutigen Klever Raum bis Krefeld-Gellep und im Westen bis ins Maastal. Es hatte eine Fläche von rund 3.900 km².

Die Römer nahmen in den besetzten Gebieten möglichst Rücksicht auf bestehende politische Gefüge, passten diese aber an die römische Verwaltungspraxis an.
Wichtige Merkmale für die politische Struktur der Römerzeit sind die Prinzipien von Kollegialität und Annuität. Mit Kollegialität (von *collegae* = „Kollegen") ist gemeint, dass jedes Amt von zwei Männern gleichzeitig ausgeübt wurde. Das Prinzip der Annuität (von *annus* = „Jahr") bedeutet, dass ein Amt nur eine begrenzte Zeit, meist nur ein Jahr lang, von ein und denselben Personen besetzt werden durfte. So sollte verhindert werden, dass ein Mann allein zu mächtig wurde.

Die Colonia Ulpia Traiana hatte dank ihres Status als *colonia* eine eigene Verwaltung, die die inneren Angelegenheiten selbst regelte. An der Spitze der Stadtverwaltung standen die Bürgermeister, die *duumviri* (= „zwei Männer") oder auch *duoviri quinquennales* (= „Zwei-Männer-Kollegium für fünf Jahre"). Für die Rechtssprechung war ein weiteres Zwei-Männer-Kollegium zuständig, die *duoviri iuri dicundo*. Die beiden Ädilen (*aediles*, auch *duumviri aedilicia potestate* = „Zwei-Männer-Kollegium mit ädilischer Gewalt") waren für die Polizei, die Infrastruktur, die Marktaufsicht und die Leitung der Spiele zuständig, während die Finanzen in den Händen der beiden Quästoren (*quaestores* = „Stadtkämmerer") lagen.
Aus dem *ordo decurionum*, der städtischen Oberschicht, wurde der Stadtrat gebildet, dessen Mitglieder auf Lebenszeit einen Sitz innehatten. Dieser wählte die oben aufgelisteten Führungsbeamten im jährlichen Wechsel. Für politische Ämter musste man das Bürgerrecht besitzen und durfte nicht vorbestraft sein. Frauen, Nichtrömer (*peregrini*), Freigelassene (*liberti*) und Sklaven waren von der politischen Teilhabe ausgeschlossen. Um politische Ämter überhaupt antreten zu können, musste man ein Mindestvermögen vorweisen. Denn da es sich um Ehrenämter handelte, wurden sie nicht entlohnt. Von den Amtsträgern wurden Wohltaten für die Allgemeinheit erwartet – Spenden, Stiftungen, die Ausrichtung von Zirkusspielen –, die aus eigener Tasche bezahlt werden mussten. Auf diese Weise war ein enormes Ansehen zu gewinnen.

98

Diese Inschrift eines Stadtratsmitglieds der CUT wurde in Heerlen (NL) gefunden. Bei RESSTITVTO liegt ein Schreibfehler vor, richtig müsste es heißen restituto.
Weihestein, Stein, 2.–3. Jh. n. Chr., Thermenmuseum, Heerlen (Kopie).

Über die Führungsschicht der CUT wissen wir wenig, denn es sind nur vereinzelte Zeugnisse erhalten. Einen Glücksfall stellt daher der Weihestein für Fortuna dar, der von dem Dekurio Marcus Sattonius Iucundus aus der CUT aufgestellt wurde Abb. 98.

FORTVN(a)E [REDVCI] / M(arcus) SATTONIVS I[VCVN]/DVS DEC(urio) C(oloniae) V(lpiae) T(raianae) BALN̦[EO] / RES{S}TITVT[O] V(otum) S(olvit) L(ibens) [M(erito)]

Fortuna [Redux?] (geweiht). Marcus Sattonius Iucundus, Stadtrat der Colonia Ulpia Traiana, hat mit der Wiederherstellung des Bades sein Gelübde gern und gebührend eingelöst.

Der Name des Stifters, Sattonius, lässt auf eine keltische Herkunft schließen. Zu den Wohltaten von Amtsträgern konnte – wie das Beispiel des Sattonius zeigt – auch die Renovierung einer öffentlichen Badeanlage (*balineum* oder *balneum*) gehören. Die Weihung richtet sich an Fortuna, die Göttin des Glücks und Schicksals. An sie gerichtete Weihungen sind häufig in Badeanstalten zu finden. Da die rechte obere Ecke der Inschrift fehlt, kann nur vermutet werden, dass Marcus Sattonius Iucundus sein Weihegelübde an Fortuna Redux erfüllt hat. Bei Fortuna Redux (*redux* = „zurückbringend") bedankte man sich, wenn man von einer Reise gesund und glücklich heimgekehrt war.
Interessant ist, dass der Stadtrat aus der CUT (*decurio CUT*) die Badeanlage in Coriovallum, im heutigen

99

Heerlen in den Niederlanden wiederherstellen ließ. Die Gegend um Heerlen gehörte offenkundig noch zum Territorium der CUT. Dort wurden mehrere große Landvillen (*villae rusticae*) anhand archäologischer Funde nachgewiesen. Vermutlich gehörten sie den Angehörigen der Oberschicht, die politische Ämter in der CUT wahrnahm Abb. 99.

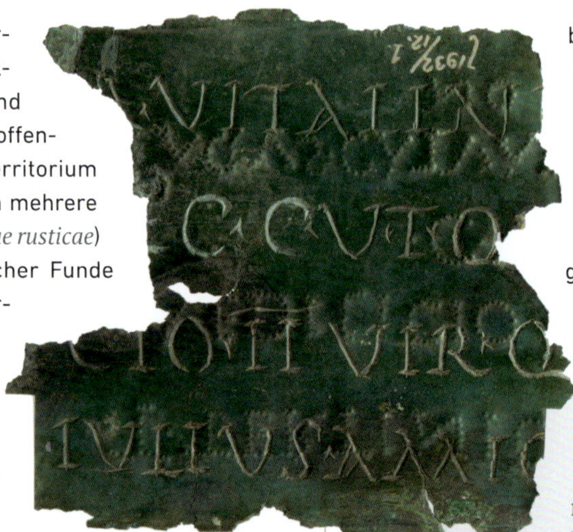

100

Neben dieser Inschrift gibt es noch zwei weitere inschriftlich belegte Amtsträger aus der CUT. Das Bronzetäfelchen, auf dem sie erwähnt werden, wurde ebenfalls nicht weit entfernt von Heerlen in Valkenburg gefunden. Es stammt vom Gelände eines Landsitzes und war ursprünglich wohl nacheinander an Geschenken für die genannten Männer befestigt. Es wurde auf beiden Seiten beschrieben, demnach also zweimal verwendet. Bei den genannten Amtsträgern handelt es sich um Marcus Vitalinius Abb. 100 und Titus Tertinius Abb. 101. Auf der einen Seite sind die Schriftzeichen eingeritzt. Die andere Seite ist mit gestanzten Buchstaben beschrieben.

M(arco) VITALINI[O ...] / [...] [D]EC(urioni) C(oloniae) V(lpiae) T(raianae) QṾ[AESTORI]/CIO IIVIR(o) Q[uinq(uennali)] / IVLIVS AMIC[o optimo]

Für Marcus Vitalinius, [...] den Stadtrat der CUT, ehemaligen Quästor, Bürgermeister. Von Iulius für den besten (?) Freund.

(Abb. 99) Die Badeanlage in Coriovallum (heute Heerlen) wurde von einem Stadtrat der CUT, Marcus Sattonius Iucundus, renoviert.

T(ito) TERTINIO [...] / AEDILICIO [...] / C(oloniae) V(lpiae) [T(raianae)] / PAGVS CATVAL[---PATRO]/NO

Für Titus Tertinius [...], den ehemaligen Ädilen [...] der CUT. Vom catualinischen (?) Gau für den (besten?) Patron.

Marcus Vitalinius war laut Inschrift Stadtrat (*decurio*), ehemaliger Quästor (*quaestoricius*) und Bürgermeister (*duumvir quinquennalis*). Als solcher war er für den Gemeindezensus zuständig, der alle fünf Jahre abgehalten wurde – daher auch *quinquennalis* (= „fünfjährig"). Dieser Zensus war eine Volkszählung, um die Wählerlisten und die Besitz- und Vermögensverhältnisse der Bürger zu prüfen. Die Ehrung erfolgt von Iulius, einem Freund (*amicus*).
Der zweite Amtsträger ist Titus Tertinius, ein ehemaliger Ädil (*aedilicius*), also ein Polizeimagistrat. Er wird als Patron (*patronus*) eines Gaus oder Bezirks (*pagus*) bezeichnet. Ein Patron vertrat die Interessen seiner Klienten (*clientes*) z. B. vor Gericht oder gegenüber der Verwaltung. Im Gegenzug unterstützten diese ihn bei Wahlen oder bei öffentlichen Auftritten und bedankten sich – wie hier – mit Geschenken für seinen Einsatz. Der Name des Gaus ist nicht vollständig erhalten, er könnte *Catualinus, Catualium* oder *Catualensis* gelautet haben. Auf der Tabula Peutingeriana ist ein Ort namens Catualium verzeichnet, der mit diesem Gau identifiziert wird. Aufgrund der Inschrift geht man davon aus, dass der *pagus*, der in Südlimburg lag, verwaltungstechnisch zur CUT gehörte.

Beide Männer lebten wohl außerhalb der Stadt auf ihren Landgütern, wo auch das Täfelchen ans Licht kam.

(Abb. 100 u. 101) **Täfelchen.** Bronze, 2.–3. Jh. n. Chr. LVR-RömerMuseum, Xanten.

101

Der Name Ammausius lässt vermutlich auf germanische Abstammung schließen. Milaunis ist möglicherweise ein keltischer Name. Candidus (*candidus* = „der Strahlende, Weiße") ist ein Name, der häufig in den gallisch-germanischen Provinzen anzutreffen ist. Iulianus ist ein häufiger lateinischer Beiname (*cognomen*), der auch in den Provinzen verbreitet ist. Namen, die auf Iul- beginnen, sind sehr verbreitet. Iulius tritt als Familienname sowie als Beiname auf. Tertius (*tertius* = „der Dritte") ist ebenfalls ein häufig anzutreffender Familien- und Beiname. Lucia („die Leuchtende") ist als Gentilname sowie als Beiname gebräuchlich. Wie Lucius, die männliche Form, ist der Name sehr weit verbreitet. Auch Quinta (*quinta* = „die Fünfte") ist ein bekannter Frauenbeiname. Victor („der Sieger") ist einer der häufigsten Beinamen, gerade für Soldaten.

AUF DIE FINGER GESCHAUT

DIE SCHRIFTZEUGNISSE DER EINFACHEN LEUTE

VIELE DER BISHER BESPROCHENEN Schriftzeugnisse sind aufgrund besonderer Anlässe, wie bei einer Weihung, einem Sieg oder einem Todesfall entstanden. Sie wurden in Auftrag gegeben von Menschen, die sich ein solches Denkmal – gemeinschaftlich oder sogar als Einzelperson – leisten konnten. Aber auch von den einfachen Leuten haben sich Schriftzeugnisse erhalten, die sie im Alltag begleiteten.

MEINS! – BESITZERINSCHRIFTEN

Am häufigsten begegnen uns ähnlich wie auch in den Kreisen der Soldaten Besitzerinschriften auf Dingen, die nicht gestohlen werden oder verloren gehen sollten. Da Keramik ein sehr haltbares Material ist, das anders als Gegenstände aus Glas oder Metall nicht wieder eingeschmolzen und weiterverwendet werden konnte, sind viele der Inschriften auf Gefäßscherben erhalten. Teller und Schüsseln aus Terra Sigillata waren importierte Gefäße, die zunächst nicht in Germanien hergestellt wurden, sondern aus Südgallien oder Italien an den Niederrhein kamen.
Aus den Inschriften können wir wie auch im Falle der Soldaten manchmal ablesen, woher der jeweilige Besitzer stammt. So sind auch diese zunächst unscheinbar erscheinenden „Kritzeleien" wichtige Dokumente für die Wissenschaft Abb. 102.

DIE WIRTSCHAFTSMACHT VON NEBENAN – DAS HANDWERK

Viele Inschriften aus anderen Bereichen des täglichen Lebens fallen dem heutigen Betrachter zwar häufig nicht sofort ins Auge, ein genauer Blick auf die Objekte lohnt sich aber meist. So haben römische Handwerker die von ihnen hergestellten Produkte häufig mit ihrem Namen versehen. Denn der Herstellername konnte schon damals – ähnlich wie heutige Markennamen – ein Qualitätsmerkmal darstellen. Leider erfahren wir dadurch nichts über die Arbeitsbedingungen, die Lebensumstände, die Details der Materialverarbeitung, die Materialvielfalt, die Preise und die Wertschätzung sowie die spezielle Nutzung der Gegenstände. Gepaart mit literarischen Texten ergibt sich aber dennoch ein reiches Bild verschiedener antiker Gewerke und Betriebe.
Das römische Militär hatte seine eigenen Handwerker, die mit dem Heer mitzogen, sie stellten Waffen und Ausrüstungsgegenständen her – etwa Fahr-

zeuge, Zelte, Lederwaren und Pferdegeschirr. Aber auch in zivilen Siedlungen wie der CUT ließen sich verschiedene Handwerker nieder, um den immensen Bedarf der Legionäre und der Bewohner in Stadt und Umland zu befriedigen. Häufig befanden sich Schmieden, Töpfereien und Glasbläsereien wegen der Feuergefahr am Stadtrand oder sogar außerhalb der Stadt. Aber auch innerstädtisch sind etwa metallverarbeitende Betriebe belegt.
Während die Germanen vor allem Landwirtschaft und Viehzucht betrieben, kannten die Römer zahlreiche spezialisierte Berufsfelder. Es sind 525 Bezeichnungen für unterschiedliche Handwerksberufe überliefert! In der Antike galten allerdings auch Ärzte oder Künstler als Handwerker, die man heute eher nicht mehr darunter zählt. Einige dieser Berufe kamen sicherlich mit den Römern auch nach Germanien.

Handwerker (*fabri*, Sg. *faber*, oder *opifices*, Sg. *opifex*) besaßen in der Antike keinen hohen sozialen Rang, meist waren es Freigelassene (*liberti*), die selbständig oder im Auftrag ihres Patrons (*patronus*) arbeiteten. Zwar erlangten einige finanziellen Wohlstand, sie durften aber keine Verwaltungsämter ausüben. Die verschiedenen Handwerker organisierten sich in Innungen oder Zünften (*collegia*). Die Zugehörigkeit war allerdings freiwillig und diente der Interessenwahrnehmung ihrer Mitglieder. Nicht unerheblich war sicherlich die soziale Komponente, die in regelmäßigen geselligen Treffen im Vereinslokal (*schola*) bestand.

In der neugegründeten *colonia* wurden viele Handwerker benötigt. Sie halfen beim Ausbau der Stadt und gewährleisteten die Versorgung der Bevölkerung und der Soldaten.
Im Handwerkerviertel des LVR-APX sind einige Häuser von verschiedenen Handwerksbetrieben beispielhaft rekonstruiert worden. Das gesamte Viertel umfasste ca. 20 Parzellen. Die Grundstücke waren ca. 14 x 54 m, also ungefähr 750 m^2, groß. Die Schmalseiten der Häuser zeigten zur Straße, die von einem überdachten Gehweg (*porticus*) gesäumt wurde Abb. 103. So waren Käufer und Verkäufer vor Witterungseinflüssen geschützt. Im vorderen Hausbereich lagen die Arbeits- und Verkaufsräume (*taberna*) mit Theke zur Straßenseite hin. Die Wohn- und Schlafräume befanden sich dahinter oder im ersten Stock. Meist schloss sich im hinteren Bereich ein Hof an, der mit Anbauten, Brunnen, Wasserbecken, Toiletten und Gärten ausgestattet sein konnte. Im Handwerkerviertel der CUT sind anhand von Funden Bronzeschmiede, Metzger, Bäcker und Bierbrauer nachgewiesen.

103

Die drei rekonstruierten Handwerkerhäuser im LVR-Archäologischen Park Xanten. Man nennt solche Häuser auch Streifenhäuser, weil sie wie Streifen an der Straße entlanggereiht stehen.

105

Ferrum accensum igni, nisi duretur ictibus, corrumpitur. Rubens non est habile tundendo neque antequam albescere incipiat.

„Das im Feuer glühend gemachte Eisen verdirbt, wenn es nicht durch Schläge gehärtet wird. In rotglühendem Zustand eignet es sich nicht zum Schmieden, sondern erst dann, wenn es weiß zu glühen beginnt."

Plin. nat. 33,4

104

Metall – Gegossen und geschmiedet

Der Beruf des Schmiedes (*faber* oder *opifex ferrarius*) war in der Antike sehr weit verbreitet. Wir wissen von einer sehr kleinteiligen Spezialisierung innerhalb des Metiers. Die Römer kannten Grob-, Stahl-, Werkzeug-, Messer-, Sichel-, Nagel- Schwert-, Helm-, Pfeil- und Lanzenschmiede. Zu den metallverarbeitenden Betrieben gehörten aber nicht nur die Schmiede, hierzu zählten auch Bronzegießereien, Bleigießerwerkstätten, Zinngießereien sowie Betriebe zur Rückgewinnung von Silber aus Altmetall und zur Verarbeitung von Altmetall Abb. 104.

Zu den wichtigsten Werkzeugen des Schmiedes gehörten die Esse (*caminus*), die mit Holzkohle befeuert wurde, der Amboss (*incus*), auf dem das Eisen verarbeitet wurde, verschiedene Hämmer (*mallei*, Sg. *malleus*) zum Bearbeiten des Materials sowie Zangen (*forcepipes*, Sg. *forceps*) in verschiedenen Größen, um das glühend heiße Eisen anfassen und halten zu können.

... mirumque, cum ad infinitum operum pretia creverint, auctoritas artis exstincta est. Quaestus enim causa, ut omnia, exerceri coepta est, quae gloria solebat.

„...und merkwürdigerweise ist, während die Preise für die Werke ins Unendliche angewachsen sind, das Ansehen der Kunstfertigkeit verschwunden. Denn man hat wie überall begonnen, des Gewinnes wegen (die Kunst) auszuüben, was man (einst) um des Ruhmes willen zu tun pflegte."

.... et aurum argentumque caelando carius fecimus.

„... und Gold und Silber haben wir durch getriebene Arbeit wertvoller gemacht."

106

Plin. nat. 34, 149

107

Plin. nat. 34,5

Neben Eisen (*ferrum*) wurden Gold (*aurum*), Silber (*argentum*), Kupfer / Bronze (*aes*), Zinn (*plumbum album*), Blei (*plumbum*) und Quecksilber (*argentum vivum*) verarbeitet. Zu den einzelnen Metallen gehörten ebenfalls spezialisierte Schmiede. Der Goldschmied (*aurifex, aurifaber*) und der Silberschmied (*faber argentarius, argentifaber*) stellten Schmuck oder Gegenstände aus Gold und Silber her wie Geschirr, Schmuckkästchen etc.

Ein Ring aus Gold und Silber Abb. 106 trägt die Aufschrift MERC(urio) („Dem Mercur geweiht"). Er zeigt die Könnerschaft der Feinschmiede. Sein Träger brachte damit seine Verbundenheit zu Mercur zum Ausdruck. Vermutlich ist es kein Zufall, dass der Ring aus wertvollem Material gerade dem Gott des Handels und des Geldes gewidmet war.

Antike Gegenstände aus Metall sind im Vergleich zu Keramik weitaus seltener erhalten. Das Material war wertvoll und Münzen, Schmuck, Geschirr, Statuetten und Statuen wurden in späterer Zeit häufig eingeschmolzen und neu verarbeitet. Und wenn ein metallener Gegenstand aus der Antike in der Erde verblieben ist, so greift auch ein saurer Boden das Metall sehr an. Es wird brüchig.

Verschiedene Dinge wurden aus Bronze gegossen. Einige Kasserollen tragen Herstellerstempel, wie z. B. [H]ANNO[N(is)] – „Produkt des Hanno". Auch Trebellius hat seine Produkte gestempelt Abb. 105: CN(aei) TREBE(lli) R(omani) – „Produkt des Cnaius Trebellius Romanus". Von Trebellius sind insgesamt mindestens elf gestempelte Gefäße aus der 1. Hälfte des 1. Jahrhunderts n. Chr. bekannt. Von Rufinus sind bisher fünf gestempelte Gefäße bekannt, die in flavischer Zeit entstanden: RVFINVS (fecit) – „Rufinus machte (dies)".

Leider sind nicht alle Inschriften lesbar für uns. Auf der Fibel aus Bronze und Emaille, einer antiken Spange, um Kleidung zu befestigen Abb. 107 stehen einige Buchstaben-Verbindungen, auf die wir uns keinen rechten Reim mehr machen können. Was sie wohl für den ehemaligen Besitzer bedeutet haben mögen?

(Abb. 104) **Ein Akteur zeigt das Schmiedehandwerk im LVR-Archäologischen Park Xanten.**

(Abb. 105) **Kasserolle des Trebellius.** Bronze, 2./3. Jahrzehnt des 1. Jhs. n. Chr., LVR-RömerMuseum, Xanten.

(Abb. 106) **Fingerring.** Gold, Silber, 2. Jh. n. Chr., LVR-RömerMuseum, Xanten.

(Abb. 107) **Gewandspange (Fibel).** Bronze, 1. Jh. n. Chr., LVR-RömerMuseum, Xanten.

108

109

Haud mora, constituunt diversis partibus ambae
et gracili geminas intendunt stamine telas.

„Unverzüglich stellen beide auf verschiedenen
Seiten zwei Webstühle auf und bespannen sie
mit den feinen Kettfäden."

Ovid, met. 6, 53f.

Wolle und Leinen – Am liebsten regional

In der Antike galt Weben (*texere*; *textor* = „Weber") als eine typisch weibliche Tätigkeit, denn die Frauen des Haushalts waren für die Herstellung von Kleidungsstücken, Decken, Tüchern etc. zuständig. Zugleich assoziierte man mit Weben Tugendhaftigkeit. Augustus, der für die Erneuerung der Vätersitten (*mores maiorum*) eintrat, hielt deshalb die Frauen seiner Familie dazu an, die Kleidung selbst herzustellen und so ein Vorbild für die römischen Frauen abzugeben. Männer trugen eine kurzärmelige oder ärmellose Tunika (*tunica*), die bis zu den Knien reichte. Bei besonderen Anlässen wurde eine Wolltoga darüber getragen. Die Toga (von *tegere* = „bedecken") war ein langes, halbkreisförmiges Stück Stoff, das kunstvoll um den Körper gelegt wurde. Die Tunika der Frauen reichte bis zu den Knöcheln. Bei festlichen Anlässen trugen die verheirateten Frauen ein langes Kleid (*stola*) über der Tunika, oft in Kombination mit einem über die Schultern gelegten Mantel (*palla*). In Germanien bestand die Kleidung der Menschen aus Wolle und Leinen. Baumwolle, die heute für die meisten Kleidungsstücke verwendet wird, kam aus Ägypten und musste als Luxusstoff importiert werden.

(Abb. 108) **Webgewichte wurden beim Bespannen des Gewichtswebstuhls benötigt.**

(Abb. 109) **Webgewicht des Petronius.** Ton, 1.–3. Jh. n. Chr., LVR-RömerMuseum, Xanten.

Für die Bespannung des Gewichtswebstuhls wurden Webgewichte benötigt, die häufig aus Ton hergestellt wurden Abb. 108. Ein solches wurde auch in der CUT gefunden Abb. 109. Es trägt eine Besitzerinschrift: L(uci) PETRONI – „Eigentum des Lucius Petronius".

Der römische Dichter Ovid beschreibt einen Wettstreit zwischen Minerva (griech. Athene), der Göttin der Webkunst, und der jungen Arachne. Diese zeichnete sich durch ihre hohe Kunstfertigkeit beim Weben aus und glaubte daher, die Göttin herausfordern zu können. Wie zu erwarten, ging der Wettstreit für Arachne allerdings nicht gut aus. Die Göttin zerstörte den Teppich der Arachne und verwandelte sie in eine Spinne. Als Spinne übt sie noch heute die Tätigkeit aus, die sie am besten beherrscht.

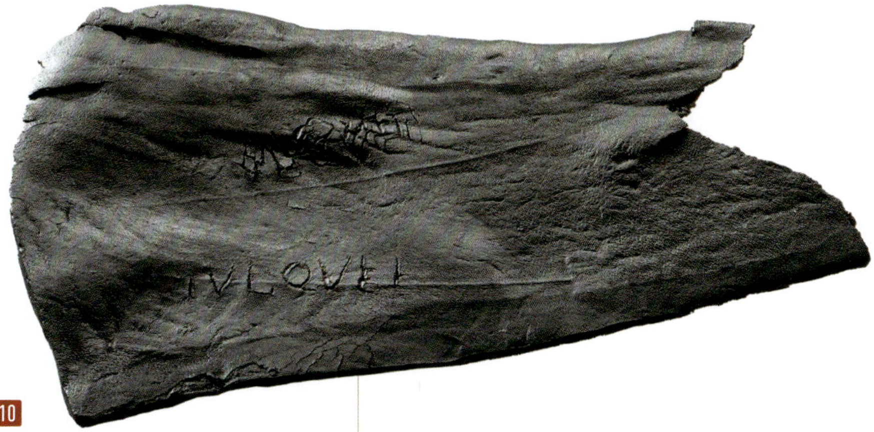
110

Ingrediare viam caelo licet usque sereno ad subitas nusquam scortea desit aquas.

„Magst du auch bei heiterem Himmel deine Reise beginnen: Der Ledermantel fehle dir bei keiner Gelegenheit, falls es plötzlich zu regnen beginnt."

Martial, epigr. 14, 130

Leder – Für den Friesennerz der Antike

In der römischen Antike wurde zwischen dem Sandalenmacher (*sandaliarius*) und dem Hersteller von Soldatenschuhen (*caligarius*) unterschieden. Auch andere Dinge wie Kleidungsstücke oder Zelte wurden aus Tierhäuten hergestellt. Lederverarbeitende Betriebe sind in der CUT bisher anhand archäologischer Funde nicht sicher nachgewiesen. Aber da die Viehzucht prägend für die Gegend war, ist anzunehmen, dass es hier entsprechende Handwerker wie Schuster (*sutor*), Sattler (*sellarum artifex*) und Gerber (*coriarius*) gegeben hat.

Am Stadtrand wurden Lederreste in Gruben entdeckt, die vielleicht bei der Lederverarbeitung angefallen sein könnten. Die geruchsintensiven Gerbereien waren meist am Rande der Stadt angesiedelt, da man für das Gerben Urin verwendete.

In Zwammerdam hat man eine Lederschuhsohle mit der Inschrift P S CUT gefunden; bei P S handelt es sich wohl um die Initialen des Schusters, der die Ledersohle hergestellt hat und der aus der CUT stammte.

Ein einziger lederverarbeitender Handwerker aus der CUT ist namentlich bekannt, da sein Name auf einem Lederrest steht: IVL(i) QV(i)ET(i) – „Produkt des Iulius Quietus" Abb. 110.

Martial berichtet von der Nützlichkeit der ledernen Kleidung.

Lederrest des Iulius Quietus. 1.–3. Jh. n. Chr., LVR-RömerMuseum, Xanten.

Sum figuli lusus russi persona Batavi.
Quae tu derides, haec timet ora puer.

„Die Spielerei eines Töpfers bin ich, die Maske eines rothaarigen Batavers. Das Gesicht, über das du lachst, macht einem Kind Angst."

Mart. 14,176

111

112

Ton – Täglich im Gebrauch

Der römische Töpfer wurde als *figulus* bezeichnet. Die Produkte aus Töpfereien stellen bei archäologischen Ausgrabungen die häufigste Fundgattung dar. Oft bieten sie einen Hinweis auf die Datierung von Fundstellen.

Die Werkstätten der CUT befanden sich inner- und außerhalb der Stadt. Sie stellten Dinge des täglichen Gebrauchs her: Töpfe, Schüsseln, Teller, Becher, Krüge, Reibschalen und Tonlampen. aber auch Gegenstände zur Belustigung wie Theatermasken Abb. 111. Aus der CUT ist bisher nur ein Töpfer namentlich bekannt. Aus seiner Werkstatt, die im Südosten vor der Stadt lag, haben sich signierte Tonmodelle von figürlichen Terrakotten erhalten. Die Form einer Taube hat er mit seinem Namen Victor signiert Abb. 112.

Der Dichter Martial lässt in einem seiner Epigramme die Maske (*persona*) eines Batavers sprechen und gibt uns so einen Einblick in die Gefühlswelt der antiken Betrachter.

Sehr verbreitet und beliebt war in römischer Zeit die sogenannte Terra Sigillata, eine rötlich-braune Glanztonware. Terra Sigillata war ein hochwertiges Massenprodukt, das bei der Herstellung Spezialwissen voraussetzte und deshalb nicht überall hergestellt wurde. Die hier gefundenen Schüsseln, Töpfe, Krüge und Teller aus Terra Sigillata stammen aus Italien, Gallien und dem Rheinland. Die Gegenstände wurden vor dem Brand von ihren Produzenten, d.h. vom Töpfer oder vom Besitzer der Töpferwerkstatt, mit einem Namensstempel versehen. Anhand dieser Töpferstempel können wir heute nachvollziehen, von wem und damit auch wo die Gefäße produziert wurden. Die Abkürzung OF(ficina) steht für „Werkstatt". Erhalten haben sich zudem sogenannte Töpferrechnungen. Hierbei handelt es sich um Tonscherben, die im Ofen mitgebrannt wurden, und Informationen über die Zusammensetzung der Ofenladung geben. Dies war notwendig, da häufig die Produkte mehrerer Töpfer gemeinsam gebrannt wurden.

(Abb. 111) **Terrakottamaske.** Ton, 2.–3. Jh. n. Chr., LVR-RömerMuseum, Xanten.

(Abb. 112) **Model des Victor.** Ton, 2.–3. Jh. n. Chr., LVR-RömerMuseum, Xanten.

Omnino caveto ni quam materiem doles neve caedas neve tangas nisi siccam, neve gelidam neve rorulentam.

„Jedenfalls hüte dich, Holz zu bearbeiten, zu fällen oder anzurühren, wenn es nicht trocken oder wenn es gefroren oder voll Tau ist."

113

Plin. nat. 16, 194

114

Adeo nulla uncia nobis est eboris, nec tessellae, nec calculus ex hac materia, quin ipsa manubria cultellorum ossea.

„Vielmehr besitze ich nicht eine Unze Elfenbein, weder die Würfelchen noch ein Spielstein sind aus diesem Material, ja sogar die Messergriffe bestehen aus Knochen."

115

Iuv. 11,131–134

Holz – Im Großen wie im Kleinen

Holz war in der Antike ein sehr weit verbreiteter Werkstoff. Er wurde nicht nur zum Hausbau (*faber lignarius* oder *lignorum* = „Zimmermann") und zur Möbelherstellung („Schreiner" = *faber tignarius*) genutzt, sondern auch für viele alltägliche Gebrauchsgegenstände wie Geschirr oder Schreibtäfelchen. Holz ist ein sehr vergängliches Material, daher sind nur wenige Holzfunde aus den Nordwestprovinzen erhalten. Die Römer besaßen für heutige Verhältnisse spärlich mit Holzmöbeln ausgestattete Zimmer: Liege (*lectus*), Truhe (*arca, cista*), Schrank (*armaria*), Tisch (*mensa*), (Klapp-)Stuhl und Schemel (*sellae*) gehörten zu den Ausstattungsgegenständen. Kleiderschränke kannten die Römer nicht, sie verstauten ihre Kleidung in hölzernen Truhen.

Auch viele große und kleine Aufbewahrungsgefäße waren aus Holz. In der CUT sind z.B. mehrere Fassdauben gefunden worden, auf denen der Name des Böttchers (*cuporius*) erhalten ist. Ein Fass war aus der Werkstatt eines Sulpicius Abb. 113: „Sulp(ici) S(---) – „Produkt des Sulpicius S(?)".

Bein – Für dies und das

In der Antike wurden nicht nur Fleisch und Fell der Tiere verwertet, sondern auch ihre Knochen. Verschiedenste Dinge, die heute meist aus Plastik sind, wurden daraus hergestellt: Haarnadeln, Würfel, Möbelaufsätze, kleine Döschen, Messergriffe und Etiketten Abb. 114.

Sextus Iulius, ein Bewohner der CUT, hat ein kleines Beintäfelchen an den Gott Merkur geweiht Abb. 115. Es trägt daher die Inschrift: SEX(tus) IVL(ius) MERC(urio). „Sextus Iulius, für Merkur".

Dass dieser Werkstoff in der Antike als bescheiden angesehen wurde, lässt sich aus der 11. Satire des Dichters Iuvenal schließen. Er beklagt sich über die Verschwendungs- und Prunksucht (*luxuria*) seiner Zeit. Er selbst habe in seinem Besitz nichts aus wertvollem Elfenbein, sogar die kleinsten Dinge seien nur aus Knochen.

(Abb. 113) **Fassdaube des Sulpicius.** Holz, 1. Hälfte 1. Jh. n. Chr., LVR-Römer-Museum, Xanten.

(Abb. 114) **Unbeschriftetes Warenetikett.** Bein, 1. Jh. n. Chr., LVR-RömerMuseum, Xanten.

(Abb. 115) **Täfelchen (Weihung an Mercur).** Bein, 3. Jh. n. Chr., LVR-RömerMuseum, Xanten.

116

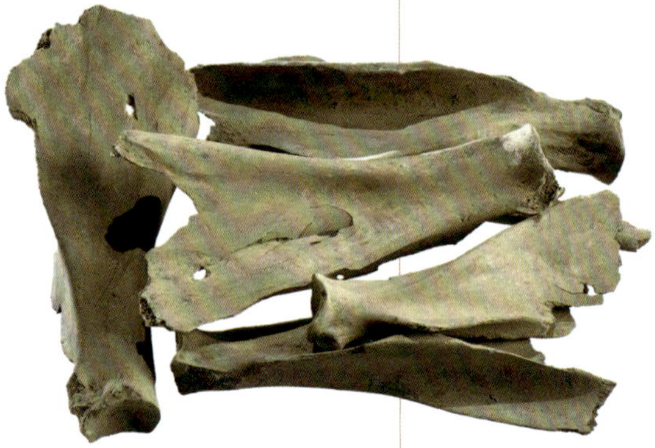

Cerretana (sc. perna) mihi fiat vel missa licebit de Menapis: lauti de petasone vorent.

„Cerretaner Schinken möchte ich haben oder solchen, der von den Menapiern geliefert wurde. Die feinen Leute mögen an der Vorderkeule schlingen!"

Mart. 13,54

Piscium species sunt LXXIIII, praeter crustis intecta, quae sunt XXX.

„Es gibt 74 Fischarten, mit Ausnahme der mit Krusten bedeckten Seetiere, von denen man 30 zählt."

117

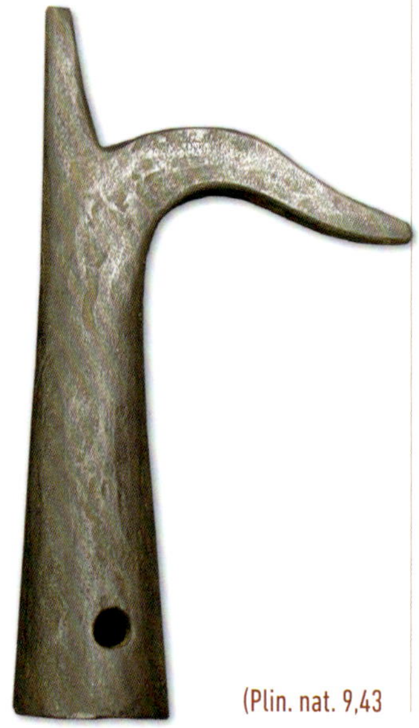

(Plin. nat. 9,43

Fleisch und Fisch – Für hungrige Mäuler in Stadt und Lager

Ein wichtiger Bereich in der antiken Stadt war die Versorgung der Bevölkerung mit Nahrungsmitteln. In einer landwirtschaftlich geprägten Gegend wie dem Niederrhein gehörten dazu mit Sicherheit Fleischer und Metzger (*lanius*). Die Betriebe waren bisweilen spezialisiert, z. B. auf die Herstellung von Kalbsmark oder die Konservierung in Räucheröfen.

Die Funde geben allerdings keine Auskunft über die Qualität der hergestellten Lebensmittel Abb. 116. Dazu müssen wieder die Schriftquellen herangezogen werden. In einem seiner Epigramme erwähnt der Dichter Martial einen besonders schmackhaften Schinken.

Die Cerretaner, die den besonderen Schinken liefern, waren ein iberisches Volk, das in den Pyrenäen lebte. Die Menapier, ein keltisch-germanischer Stamm, siedelten bis zur Mitte des 1. Jahrhunderts v. Chr. hier am Niederrhein. Das zeigt, dass man sich auch in der Antike durchaus regionaler Spezialitäten bewusst war.

(Abb. 116) **Knochen aus dem Räucherofen.** 1.–3. Jh. n. Chr., LVR-RömerMuseum, Xanten.

(Abb. 117) **Der Bootshaken wurde in Wardt bei Xanten gefunden.** Eisen, 2.–3. Jh. n. Chr., LVR-RömerMuseum, Xanten.

Auch die Fischer (*piscatores*, Sg. *piscator*) trugen sicherlich zur Versorgung der antiken Stadtbewohner bei. Schließlich hatte man den Rhein direkt vor der Haustür. Die erhaltenen Gerätschaften wie Nadeln zur Herstellung der Netze, Angel- und Bootshaken Abb. 117 geben allerdings nur wenig Auskunft über den Berufsstand. Fischer gehörten offenbar zu den ärmeren Bevölkerungsschichten, die sich teure Weihungen oder Grabsteine nicht leisten konnten. Daher kann diese Quellengattung über die Berufsgruppe keine Auskunft geben.

Die gefundenen Gräten bezeugen eine große Vielfalt an Fischen, 15 einheimische Arten sind belegt, darunter Aal, Barbe, Brasse, Flussbarsch, Hecht, Lachs, Wels und Stör sowie Flussmuscheln. Plinius der Ältere kennt sogar 74 Fischarten.

Pistores Romae non fuere ad Persicum usque bellum annis ab urbe condita super DLXXX.

„Bäcker gab es in Rom nicht bis zum Krieg mit Perseus, also mehr als 580 Jahre seit Gründung der Stadt."

118

(Plin. nat. 18, 107)

Brot – Klappert die Mühle?

Ein wichtiges Grundnahrungsmittel der Römer war Brot Abb. 118. Plinius berichtet, dass es erst ab dem 2. Jahrhundert v. Chr. professionelle Bäcker gab. Zuvor wurde das Brot von Frauen oder Sklaven im Haushalt gebacken. Der Begriff *pistor* (von *pinsere* = „stampfen, zerstoßen") bezeichnet eigentlich denjenigen, der das Getreide im Mörser (*mortarium*) stampfte oder in der Mühle (*pistrinum*) mahlte. Die meisten Bäcker waren auch Müller und mahlten ihr Getreide selber.

Das Brot war in der Regel Sauerteigbrot. Die Römer kannten viele verschiedene Brotsorten, die sich in drei Qualitätsstufen unterteilen ließen: Das Weißbrot aus feingemahlenem Mehl (*panis siligineus*, von *siligo* = „weißer Weizen", oder *panis candidus* = „weiß"), Brot aus grobem Mehl (*panis secundarius*, „von zweiter Qualität") und „Schwarzbrot" (*panis sordidus* = „schmutzig"), das auch *panis plebeius*, „Volksbrot", oder *panis rusticus*, „Bauernbrot", genannt wurde.

Der Satiriker Iuvenal (1./2. Jh. n. Chr.) prägte den Ausdruck *panem et circenses* (= „Brot und Spiele"). In seiner 10. Satire (Iuv. 10,81) kritisierte er die Römer dafür, sich nur noch für Brot und Spiele, nicht aber für die Politik zu interessieren. Mit vergünstigten oder kostenlosen Getreidespenden sowie freiem Eintritt ins Amphitheater versuchten bereits Politiker der römischen Republik die unteren Schichten ruhig zu halten oder ihre Stimmen zu kaufen. Von den Kaisern wurde diese Tradition forgesetzt.

Römische Brote sind z. B. auf antiken Reliefs zu sehen. Auch aus Pompeji haben sich Brot-Formen erhalten. Daher wissen wir, wie sie ausgesehen haben.

Nuper erat medicus, nunc est vispillo Diaulus
Quod vispillo facit, fecerat et medicus.

„Vor kurzem war Diaulus noch Arzt, jetzt ist er Leichenträger. Was er als Leichenträger tut, hat er auch als Arzt schon getan.“

Mart. 1,47

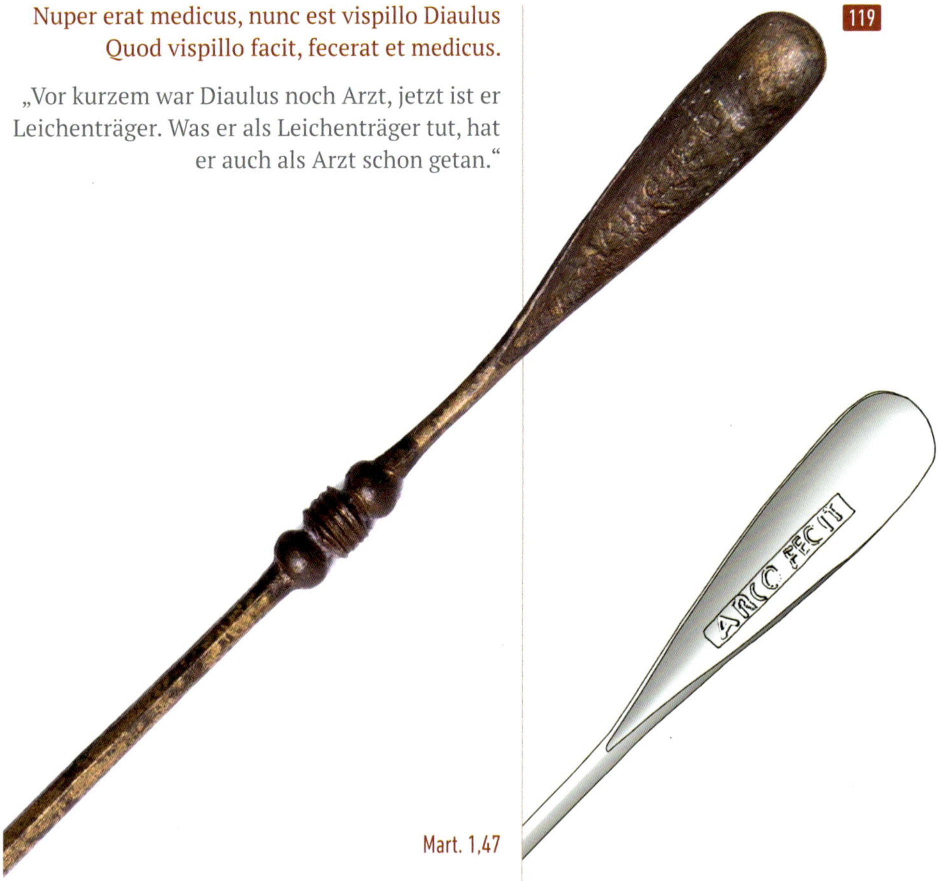

119

120

Gesundheit – Arzt oder Quacksalber?

Während bei uns Ärzte (*medici*) ein Studium absolvieren müssen, zählte die Heilkunst in der Antike zu den Handwerksberufen. Sie waren demnach Lohnarbeiter (Plin. nat. 29,16f.; Cic. off. 1,150f.).

Die meisten Römer kurierten sich aus ihrer Hausapotheke (*medicina domestica*), wo neben Naturheilmitteln auch Zaubersprüche Verwendung fanden. Die ersten Ärzte kamen Ende des 3. Jahrhunderts v. Chr. aus Griechenland nach Rom. Auch in den nächsten Jahrhunderten waren vor allem Griechen oder andere Ausländer als Ärzte tätig. Die deutsche Bezeichnung Arzt stammt aus dem Griechischen: Mit *archiatros* (lat. *archiater*) wurde der „erste, oberste Arzt“ bezeichnet, der Leibarzt an griechischen Fürstenhöfen. Das Wort setzt sich zusammen aus altgriechisch arché (= „Oberbefehl“) und iatrós (= „Arzt“).

Eine vorgeschriebene medizinische Ausbildung gab es nicht, jeder konnte sich Arzt nennen. Die meisten gingen bei einem anderen Arzt in die Lehre. Da verwundert es nicht, dass es unter den Ärzten auch viele Quacksalber gab. Einen solchen Quacksalber beschreibt Martial in einem seiner Gedichte.

Die meisten Ärzte waren Freigelassene. Reiche Römer hatten einen Sklaven als eigenen Hausarzt oder einen festangestellten Arzt, der bei Krankheit zu ihnen nach Hause kam. Bei erfolgreicher Behandlung erhielten die Ärzte von ihren Patienten ein freiwilliges Ehrengeschenk (*honorarium*), wovon sich unser Begriff „Honorar“ ableitet. Die einfachen Bürger gingen – wie heute – in die Praxis (*taberna medica*) des Arztes oder ließen sich von ihm in den Thermen behandeln. Abb. 119 und 120.

Der einzige von einer Weihinschrift bekannte Arzt aus der CUT ist seinem Namen Divos nach keltischer Abstammung Abb. 87 (s. S. 117). Andere Inschriften auf medizinschen Geräten, die in der CUT gefunden wurden, verraten uns zwar, wer die Bronzeobjekte gegossen hat, jedoch nicht, wer mit ihnen Kranke behandelte.

Auf der medizinischen Sonde steht geschrieben: ARCO FECIT – „Arco stellte dies her“. Solche Instrumente wurden häufig in den Thermenanlagen gefunden, so auch in der CUT. Sonde, Bronze, 2.–3. Jh. n. Chr., LVR-RömerMuseum, Xanten.

VERSCHRIFTLICHTER GLAUBE

GÖTTER, TEMPEL, KULTE

NOCH HEUTE DANKEN Menschen Gott dafür, wenn sie eine Notsituation oder eine Krankheit überstanden haben. Sie bitten Gott oder die Heiligen um Beistand für ihre Gesundheit, für ihre Angehörigen oder auch um ganz alltägliche, vermeintliche Kleinigkeiten, wie wenn sie etwas verloren haben. Alles, was Menschen bewegt, kann sich in einem Gebet, einer Gabe oder einer angezündeten Kerze manifestieren. Das war schon in der Antike so. Auch die Römer richteten sich an einen Gott mit der Bitte um Beistand oder sie dankten nachträglich für einen erfolgreichen Geschäftsabschluss, eine glückliche Heimkehr oder nach einer überstandenen Krankheit. Dafür errichteten sie Weihaltäre, auf denen den Göttern Opfergaben dargebracht wurden.

Römische Weihesteine haben meist eine hochrechteckige Form (z.B. Abb. 124-126, s. S. 150 f.). Das Wort *ara* bezeichnet ursprünglich die Feuerstätte. Unser Begriff Altar stammt vom lateinischen *altaria*, das den oberen Bestandteil, also die Opferstätte, einer *ara* meint. Der Grundaufbau ist immer gleich. Die Altäre bestehen aus einer Basis, einem Altarkörper und einer Bekrönung. Auf dem Altarkörper ist die Weihinschrift angebracht, er kann darüber hinaus mit plastischem Schmuck verziert sein. Über dem Altarkörper befindet sich die Bekrönung, auf der geopfert oder die Votivgaben abgelegt wurden. Zwei runde Polster (*pulvini*) in Volutenform begrenzen die Fläche. Als Gaben brachte man Blumen, Früchte, Getreide, Getränke, manchmal auch Tiere dar, aber auch Statuetten oder Geldspenden.

Oft haben Weihaltäre die Form einer Ädikula. Ädikula (von *aedes* = „Haus, Tempel") bezeichnet die kleine Nachbildung eines Tempels mit einer Nische, in der eine Götterstatue aufgestellt wurde. Seitlich gerahmt wurde die Nische von Säulen, Pfeilern oder Pilastern, die eine Tempelfront trugen.
Die Inschriften auf Weihe- und Grabsteinen machen den größten Teil der epigraphischen Überlieferung aus. Sie sind für uns trotz ihrer normierten Sprache wichtige Informationsquellen.

In der Antike gab es eine große religiöse Vielfalt. Die Römer reagierten darauf, indem sie nicht nur die einheimischen Götter der eroberten Völker duldeten, sondern sie auch in ihren Götterkosmos aufnahmen und sich von ihnen Segen für den römischen Staat erbaten. Ein Beispiel hierfür ist der Kult der Magna Mater (Kybele), der aus Phrygien stammte und dann über Griechenland nach Rom gelangte. Die Götterwelt der Römer und einheimische Glaubensvorstellungen konnten somit problemlos nebeneinander bestehen oder verschmolzen sogar miteinander. Diese Form der Aneignung und Übernahme fremder Götter wird als *interpretatio romana* (*interpretatio* = „Deutung, Übersetzung") bezeichnet.
Dafür gibt es zwei Gründe. Zum einen gab es in der römischen Religion keine festen Lehren (Dogmen) und kein Glaubensbekenntnis. Zum anderen kannte die römische Religion nicht nur einen, sondern mehrere Götter (Polytheismus, von griech. *polys* = „viel" und *theos* = „Gott", d.h. viele Götter). Diese hatten unterschiedliche Wirkungsbereiche: Neptun

121

war als Meeresgott für die Seefahrt zuständig, Iuno, die Schützerin der Ehe, wurde von den Frauen als Beistand bei der Geburt angerufen. Diana war die Schutzherrin der Jagd und des Waldes. Merkur war der Gott der Händler und Diebe, Aeskulap der Schutzgott der Mediziner und Vulkan, der Gott des Feuers, war der Patron der Schmiede. Persönliche Vorlieben, der Beruf oder auch bestimmte Umstände entschieden also, an welche Götter man sich wandte.

Manche Götter wurden bevorzugt in bestimmten Gegenden verehrt, wie z. B. die Matres Treverae in Trier und die Matres Brittae in Britannien. Mars Cicollus war der Hauptgott der Lingonen und Mars Camulus der Hauptgott der Remer. Wenn nun eine Weihung an diese Gottheiten an einem anderen Ort auftaucht, können wir häufig davon ausgehen, dass der Stifter seine Götter mit in die Fremde genommen hat.

Auch Ringsteine drückten die Verehrung von Gottheiten, hier Mars und Bacchus, aus. Der Träger erbat gleichzeitig den Schutz der Gottheit.
Mars (links): Nicht römische Ringfassung mit römischer Gemme, Jaspis, 2. Jh. n. Chr. Bacchus (rechts): Ring (2. Jh. n. Chr.) mit Gemme, Carneol, Mitte 1. Jh. v. Chr., beide LVR-RömerMuseum, Xanten.

Im Bereich der antiken Stadt sind verschiedene Heiligtümer wissenschaftlich untersucht und teilweise ausgegraben worden. In den meisten Fällen wissen wir, welche Göttinnen und Götter dort verehrt wurden. Anhand einiger Fundstücke wird allerdings vermutet, dass es auch noch andere heilige Stätten gegeben hat, deren genauen Ort wir heute nicht mehr kennen. Religion und Kult wurden aber nicht nur in den Tempeln gepflegt. Auch in den Privathäusern gab es oft kleine Nischen, sog. Lararien, in denen sowohl den Hausgöttern als auch anderen Göttern, die den Hausbewohnern wichtig waren, gehuldigt wurde Abb. 122. Auch der Ring, den der Träger

122

Solche Lararien sind Zeugnisse privater Frömmigkeit.
Rekonstruktion mit Originalen, LVR-RömerMuseum, Xanten.

als Zeichen seiner Verbundenheit und Dankbarkeit Mercur gegenüber trug, ist Zeugnis privater Frömmigkeit Abb. 106 (s. S. 137). Solche Ringe oder auch Amulette wurden nicht immer mit dem Namen des Geehrten beschriftet. Eine große Rolle spielten dabei auch Schmucksteine, die mit allseits bekannten Bildern der Gottheiten geschmückt waren Abb. 121.

RÖMISCHE GOTTHEITEN

Vom Thron ins Pantheon – Kaiserkult

Die Vergöttlichung eines verstorbenen Kaisers (Apotheose) war kein ungewöhnlicher Vorgang. So wurden z. B. Augustus, Traian und Hadrian von ihren Nachfolgern vergöttlicht. Zuständig für den Kaiserkult waren die Sevirn oder Augustales (*se[x]viri augustales* = „ein Kollegium von sechs Männern zu Ehren des Kaisers"). Zu den Aufgaben dieser hoch angesehenen Männer gehörte die tägliche Durchführung der kultischen Handlungen, die Ausrichtung von Festbanketten, Spielen (*ludi et circenses*) und Opfern. Die römischen Priester waren normale Bürger, keine Berufsgruppe. Um Priester zu werden, musste man das römische Bürgerrecht besitzen und durfte keine Vorstrafen und körperlichen Behinderungen haben. Da sie die Festlichkeiten aus ihrem eigenen Vermögen bezahlen mussten, konnten nur Wohlhabende Augustales werden. Oft übten Freigelassene (*liberti*) dieses Amt aus, die nach ihrer Freilassung (*manumissio*) das römische Bürgerrecht erhalten hatten. Da sie als ehemalige Sklaven jedoch keine politischen Ämter übernehmen durften, blieben ihnen nur religiöse Ämter, um öffentliches Ansehen zu erlangen. Die Sevirn waren Jahresbeamte, d. h. sie führten das Amt für ein Jahr aus, und waren in einer Vereinigung organisiert (*sodales augustales*).

Auch am Niederrhein ist der Kaiserkult belegt. Mit Sextus Secundius Felix kennen wir einen Priester dieses Kollegiums namentlich Abb. 123.

SEX(to) SECVNDIO / PAPIRIA FELICI / [I]IIIII (seviro) AVGVSTALI / C(oloniae) V(lpiae) T(raianae) T(estamento) P(oni) IVSSIT H(eres) F(ecit)

123

Grabstein des Secundius Felix. Kalkstein, 2. Jh. n. Chr., Het Valkhof, Nimwegen.

Für Sextus Secundius Felix, aus dem Stimmbezirk Papiria, Sevir (Kaiserkultpriester) der Colonia Ulpia Traiana. Er befahl testamentarisch, diesen Grabstein aufzustellen. Der Erbe hat (dies) ausgeführt.

Sextus Secundius Felix war römischer Bürger, wie die Nennung seines Stimmbezirkes Papiria zeigt. Sein Grabstein wurde in Nijmegen gefunden – vielleicht hatte er hier geschäftlich zu tun? Sein Amt übte er laut Inschrift jedoch in der CUT aus. Dass einzig dieses Priesteramt vermerkt wurde, zeigt, welch große Bedeutung die Aufgabe für ihn gehabt haben muss.

An welcher Stelle aber war in der CUT Platz für den Kaiserkult? Der Hafentempel hat eine exponierte Lage, reich verzierten und kostbaren Baudekor sowie eine weithin sichtbare Silhouette. Dies alles spricht dafür, dass hier der vergöttlichte Kaiser verehrt wurde, auch wenn das bisher weder durch Inschriften noch durch Funde gesichert werden kann. Die moderne Bezeichnung „Hafentempel" wählten die Archäologen aufgrund der Nähe zum römischen Hafen.

Vorbild Rom – Die Kapitolinische Trias aus Iuppiter, Iuno und Minerva

Der Kapitolstempel lag in der Mitte der Stadt, an der Kreuzung der beiden Haupstraßen, direkt neben dem Forum. Sein Name ist eine Erinnerung an den Tempel auf dem Kapitol, einem der sieben Hügel Roms. Die Unversehrtheit des Kapitoltempels (*capitolium*) war für die Römer mit dem Wohl des römischen Staates verbunden, die Verehrung der Kapitolinischen Trias (griech. *trias* = „Dreizahl, Dreiheit") daher Pflicht. In den Städten mit dem Status der *colonia* gab es meist einen Tempel, der dieser göttlichen Dreiheit geweiht war.

Die drei Götter sind alte latinische Götter, die den griechischen Göttern Zeus, Hera und Athene entsprechen. Als Schutzgötter Roms besaßen Iuppiter, seine Gattin und Schwester Iuno sowie seine Tochter Minerva eine besondere Bedeutung.

Auf dem Weihestein des Titus Quartinius Saturnalis an die Kapitolinische Trias sind die drei Götter dargestellt Abb. 124.

I(ovi) O(ptimo) M(aximo) IVNONI REGIN(a)E / MINERVAE T(itus) QVARTINI / VS SATVRNALIS SIGNI / FER LEG(ionis) XXX V(lpiae) V(ictricis) PRO SE / ET SVIS V(otum) S(olvit) L(ibens) M(erito) / [I]MP(eratore) D(omino) N(ostro) GORDIANO ET AVIOLA CO(n)S(ulibus) KAL(endis) I[VL(iis)]

Iupiter Optimus Maximus, Iuno Regina und Minerva (geweiht). Titus Quartinius Saturnalis, Feldzeichenträger der 30. Legion Ulpia Victrix hat für sich und die Seinigen sein Gelübde gerne und gebührend eingelöst. An den Kalenden des Juli, im Konsulatsjahr unseres Herrn (Kaiser) Gordian und des Aviola.

In der Mitte steht der nackte, bärtige Iuppiter, über seiner Schulter liegt ein Mantel. Mit seiner linken erhobenen Hand umfasst er ein Zepter, während er in seiner rechten Hand ein Blitzbündel hält. Zu seinen Füßen sitzt der Adler, der Herrscher der Lüfte. Zu seiner Linken steht Iuno, die mit einem gegürteten Gewand bekleidet ist. Mit ihrer linken Hand stützt sie sich ebenfalls auf ein Zepter, das ihre Rolle als Himmelskönigin (*regina*) und Schutzherrin der Stadt symbolisiert. Ihr zu Füßen sitzt ihr Begleitvogel, der Pfau. Zur Rechten Iuppiters steht Minerva, die an ihrem Helm erkennbar ist. In ihrer rechten Hand hält sie einen Speer, die Linke liegt auf dem Schild. Auf ihrer Brust ist das übelabwehrende Gorgonenhaupt zu erkennen.

Unter den Weihinschriften aus der CUT gibt es besonders viele, die an Iuppiter gerichtet sind. Häufig wird er, wie auch auf der Weihung für die Kapitolinische Trias, als Iuppiter Optimus Maximus (= „Bester und Größter") bezeichnet. Abgekürzt entsteht so die Buchstabenfolge IOM. Iuppiter war ein Himmelsgott, der Gott des Donners und des Blitzes. Als Weltenherrscher verkörperte er Roms Machtanspruch. Durch eine Altarweihe an Iuppiter drückte man seine Treue gegenüber Rom aus. Ein Opfer an Iuppiter darzubringen war wie die Opfergabe an den Kaiser Pflicht für alle Einwohner des Reiches. Der Feldzeichenträger der 30. Legion, Martius Victor, hat diese Pflicht erfüllt Abb. 125.

124 **Der Anlass der Weihung an diesem speziellen Datum ist unbekannt.** Weihestein an die Kapitolinische Trias, Kalkstein, 1. Juli 239 n. Chr., LVR-RömerMuseum, Xanten.

125

(Abb. 125) **Weihestein an Iuppiter.** Kalkstein, 230 n. Chr., LVR-RömerMuseum, Xanten.

I(ovi) O(ptimo) M(aximo) / MARTIVS / VICTOR / SIG(nifer) LEG(ionis) XXX V(lpiae) V(ictricis) / SEVERIANA(e) / ALEXANDRI(anae) / P(iae) F(idelis) V(otum) S(olvit) L(ibens) M(erito) / AGRICOLA ET CLE / MENTIANO CO(n) S(ulibus)

Iuppiter Optimus Maximus (geweiht). Martius Victor, Feldzeichenträger der 30. Legion Ulpia Victrix Severiana Alexandriana Pia Fidelis, hat sein Gelübde gern und gebührend erfüllt. Im Konsulatsjahr des Agricola und des Clementianus [= Clementius].

Der Auftraggeber war Angehöriger der 30. Legion, die hier den Beinamen Pia Fidelis („die Fromme, die Treue") trägt. Diesen erhielt sie 193 n. Chr. unter Septimius Severus, den Ehrennamen Severiana Alexandriana („die Severianisch Alexandrinische") bekam sie von Severus Alexander (222–235 n. Chr.). Nach dessen Damnatio memoriae wurde der Beiname jedoch wieder gelöscht. Der Weihestein lässt sich anhand der Konsuln, Lucius Virius Agricola und Sextus Catius Clementius Priscillianus, auf das Jahr 230 n. Chr. datieren.

Iuppiter konnte verschiedene Funktionen einnehmen, die durch unterschiedliche Beinamen verdeutlicht werden. Als Iuppiter Conservator (*convervare* = „bewahren, beschützen") trat er in seiner Funktion als Beschützer von Personen und ihrem Besitz auf. An Iuppiter in dieser speziellen Funktion wandte sich Tertinius Vitalis Abb. 126.

I(ovi) O(ptimo) M(aximo) CONSER / VATORI TERTI / NIVS VITALIS / MIL(es) LEG(ionis) XXX V(lpiae) V(ictricis) S(everianae) A(lexandrianae) / LIB(rarius) PRAEF(ecti) PRO SE / ET SỤIS V(otum) S(olvit) L(ibens) M(erito) / VI KAL(endas) MAIAS / LUPO ET M[A]X̣IMO CO(n)S(ulibus)

Iuppiter Optimus Maximus Conservator (geweiht). Tertinius Vitalis, Soldat der 30. Legion Ulpia Victrix Severiana Alexandriana (und) Sekretär des Lagerkommandanten hat für sich und die Seinen das Gelübde gern und gebührend erfüllt. Am 6. Tag vor den Kalenden des Mai im Konsulatsjahr des Lupus und des Maximus.

Iuppiter ist hier auf die Weise dargestellt, wie es in der römischen Kaiserzeit üblich war. Der bärtige, nackte Mann hat einen Mantel auf der linken Schulter liegen. Er stützt sich auf sein Zepter, in der rechten gesenkten Hand hält er ein Blitzbündel. Neben ihm sitzt sein Adler.

Minerva war eine italisch-römische Göttin, die als Beschützerin des Handwerks verehrt wurde. Außerdem war sie – wie die

(Abb. 126) **Weihestein an Iuppiter Conservator.** Kalkstein, 26. April 232 n. Chr., LVR-RömerMuseum, Xanten.

126

griechische Göttin Athene – Göttin der Kriegsführung, der Kunst, des Schiffbaus sowie der Weisheit, weshalb sie auch zur Patronin der Dichter und Lehrer wurde. In der Kapitolinischen Trias hatte sie die Funktion als schützende Stadtgöttin Roms. Ihre Ikonographie zeigt sie als eine wehrhafte Göttin in einem langen Gewand und bewaffnet mit Helm, Schild, Lanze und Ägis, einer Art Ziegenfell-Umhang oder Brustpanzer, auf dem das alles versteinernde Gorgonenhaupt abgebildet ist. Durch ihren kriegerischen Charakter war sie auch bei den Soldaten der 30. Legion beliebt. Besonders viele Weihungen an Minerva hat man in Iversheim gefunden, wo Soldaten in den Kalkbrennereien arbeiteten. So auch die Inschrift eines Sekretärs der 30. Legion, der im persönlichen Dienst des Statthalters stand. Die Inschrift kann auf das Jahr 240 n. Chr. datiert werden.

> [---ET] MINER[VAE / ---]ỊṆ[IV]Ṣ / [S]Ỵ PE[R]STIS M[IL(es) / L]EG(ionis) [X]X̣X V(lpiae) V(ictricis) GO[R]DIAN[A]E IM(munis) CO(n)[S(ularis)] / V(otum) S(olvit) L(ibens) M(erito) [S]ABINO [II] / ET V[EN]VSTO / CO(n)S(ulibus)

> IOM (?) und der Minerva (geweiht). ...inius Superstis, Soldat der 30. Legion Ulpia Victrix Gordiana und konsularischer Sekretär, hat sein Gelübde gern und nach Gebühr erfüllt. Im Konsulatsjahr des Sabinus [zum zweiten Male Konsul] und des Venustus.

Geflügeltes Schlitzohr – Mercur

Es gibt viele Funde wie Statuetten und an Merkur (*Mercurius*) gerichtete Inschriften aus der CUT. Merkur war ein italisch-römischer Gott und Beschützer des Handels, des Verkehrs und der Diebe. Er wird als nackter, bartloser junger Mann dargestellt, zu dessen Attributen ein Helm oder Hut mit Flügeln gehören. Manchmal sitzen die Flügel auch direkt an seinem Kopf. Geflügelte Schuhe und ein Heroldsstab (*caduceus*) symbolisieren seine Funktion als Götterbote. Außerdem hält er häufig einen Geldbeutel als Symbol für den Handel in der Hand. Abb. 128.

Hier in der CUT, wo ein wichtiger Handels- und Warenumschlagplatz war, an dem viele Händler lebten, verwundert es nicht, dass dieser Gott mit zahlreichen Weihungen bedacht wurde. Daher liegt die Vermutung nahe, dass er auch einen eigenen Tempel besaß. Wo dieser sich befunden haben könnte, wissen wir allerdings nicht. In den keltischen und germanischen Provinzen muss der Gott Merkur sehr populär gewesen sein. Die vielen Funde belegen das.

In der CUT wurde z. B. die Weihung eines Marcus gefunden, deren Inschrift mit der üblichen Formel abschließt Abb. 127.

> MERCVRI / O M(arcus) C P / V(otum) S(olvit) L(ibens) M(erito)

> Merkur (geweiht). Marcus C. P. hat sein Gelübde gerne und gebührend eingelöst.

Und viele mehr - Fortuna, Silvanus, Schutzgötter

Auch von anderen römischen Gottheiten sind Weihinschriften erhalten. Sie sind sicherlich auch in der CUT verehrt worden. Wo genau, ist allerdings noch ungewiss.

Fortuna (*Fortuna*) war eine italisch-latinische Göttin, die Personifikation des Glücks (*fortuna* = „Glück, Schicksal"). Je nach Anlass hatte sie verschiedene Beinamen wie z. B. in der Weihinschrift des Stadtrats Marcus Sattonius Iucundus, der sich vielleicht bei Fortuna Redux bedankt, der Göttin der glücklichen Heimkehr Abb. 98 (s. S. 129). Darstellungen von Fortuna zeigen sie in einem langen Gewand und in ihrer Funktion als Stadtgöttin mit einer Krone. Ihre Attribute waren das Füllhorn und das Steuerruder, die ihr Wirken zu Lande und zu Wasser symbolisierten. Auf dem Weihestein des Gaius Sextilius Lepidus Abb. 129 ist solch ein Füllhorn mit Früchten, das für Reichtum und Segen steht, auf der rech-

127

Weihestein mit der üblichen Schlussformel römischer Weihinschriften in der untersten Zeile: V S L M.
Kalkstein, 2.–3. Jh. n. Chr, LVR-RömerMuseum, Xanten.

128 **Statuette des Mercur.** Bronze, 1.–3. Jh. n. Chr., LVR-Römer-Museum, Xanten.

Auf der Schmalseite des Steins sieht man die Attribute der Fortuna: Füllhorn und Früchte. Weihaltar an Fortuna. Kalkstein, 2.–3. Jh. n. Chr., LVR-RömerMuseum, Xanten.

ten Schmalseite zu sehen. Die übliche Formel wird hier noch mit *laetus* (= „freudig") erweitert.

FORTVNAE / SACRVM / [C](aius) SEXTILIVS / [L]EPIDVS VET(eranus) / ḶEG(ionis) XXX V(lpiae) V(ictricis) / PRO SE ET SVIS / V(otum) S(olvit) L(aetus) L(ibens) M(erito)

Fortuna geweiht. Gaius Sextilius Lepidus, Veteran der 30. Legion Ulpia Victrix, hat für sich und die Seinen sein Gelübde freudig, gern und gebührend eingelöst.

Silvanus (*Silvanus*) war eine italische Gottheit und Beschützer des Waldes und der Waldtiere. Weil Wälder oft auch die Funktion von Grenzen hatten, war er zugleich Gott der Grenzen. Bildliche Darstellungen zeigen ihn als einen bärtigen Mann, der ein kurzes Gewand, Stiefel und manchmal einen kurzen Umhang trägt. Oft hält er einen Speer oder ein Haumesser sowie Früchte und Zweige in der Hand.

129

Manchmal trägt er einen Kranz aus Pinienzweigen auf dem Kopf. Ein Hund oder seltener ein Bär begleiten ihn Abb. 130.

IN H(onorem) D(omus) D(ivinae) / SILVANO / DECMINIVS / SATVRNINVS / V(otum) S(olvit) L(ibens) M(erito)

Zu Ehren des göttlichen Kaiserhauses. Silvanus (geweiht). Decminius Saturninus hat sein Gelübde gerne und gebührend eingelöst.

Warum sich Saturninus an Silvanus gewandt hat, ist nicht ersichtlich. Der Stifter dieser Weihung war Zivilist, sein eher seltener Gentilname Decminius könnte auf eine gallische Herkunft hinweisen. Die Namensbildung auf -inius ist auf jeden Fall typisch für den Niederrhein. Da der Weihestein in der Nähe des Amphitheaters der CUT gefunden wurde, könnte es sein, dass der Stifter in irgendeiner Weise mit der Veranstaltung von Tierjagden (*venationes*) im Amphitheater zu tun hatte – vielleicht war er wie der Soldat Ammausius Abb. 66 (s. S. 92) für die Beschaffung oder die Betreuung der wilden Tiere zuständig. Mit der Formel *In honorem domus divinae*, „Zu Ehren des göttlichen Kaiserhauses", die in den germanischen Provinzen vor allem unter den Antoninen (138–192 n. Chr.) und den Severern (193–235 n. Chr.) verwendet wurde, bekundet der Stifter seine Loyalität gegenüber dem Kaiserhaus.

Die Römer kannten neben den Göttern auch sogenannte Schutzgötter oder Genien (*genii*). Ein *genius* bezeichnet die Eigenschaften und die Kraft eines Mannes. Dargestellt werden die Genien entweder als bärtige Männer oder bartlose Jünglinge, die oft einen Hüftmantel tragen. Ihre Attribute sind Füllhörner, manchmal Kronen. Wenn der Genius einer bestimmten Person gemeint ist, kann die Statuette das Aussehen dieser Person haben, für deren Schutz sie sorgen sollte. Genien sind keine Götter im eigentlichen Sinne, sondern vielmehr göttliche Kräfte. Daher gab es auch Genien für Gruppen oder Örtlichkeiten (*genius loci*).

Oft finden sich gemeinsame Weihungen an Diana, die Göttin der Jagd und Silvanus, den Gott des Waldes. Weihestein an Silvanus, Kalkstein, 1. Hälfte 3. Jh. n. Chr., LVR-RömerMuseum, Xanten.

130

Bei den Soldaten spielten sie eine wichtige Rolle. Jeder Abteilung und allen Dienstgraden standen Genien zur Seite. Sie stärkten das Gemeinschaftsgefühl und das Selbstvertrauen. Ein Beispiel hierfür ist der Statuettensockel für den Genius der Feldzeichenträger Abb. 131.

GENIO SIGNIF(erorum) / LEG(ionis) XXX V(lpiae) V(ictricis) / P(ublius) AELIVS SEVE / RINVS T(estamento) P(oni) I(ussit)

Dem Schutzgeist der Feldzeichenträger der 30. Legion Ulpia Victrix hat Publius Aelius Severinus (diese Statuette) testamentarisch aufstellen lassen.

131

Sockel eines (verlorenen) Weihgeschenks für den Schutzgeist der Feldzeichenträger. Bronze, Ende 2. bis 1. Hälfte 3. Jh. n. Chr., LVR-RömerMuseum, Xanten.

Der Feldzeichenträger Publius Aelius Severinus hatte in seinem Testament verfügt, eine Weihegabe für den Genius der Feldzeichenträger aufstellen zu lassen. Allerdings ist nur die Inschriftenplatte erhalten, wie das eigentliche Geschenk aussah, ist nicht bekannt. Der Geniuskult war besonders zu Beginn des 3. Jahrhunderts bei den Soldaten verbreitet. Aufstellungsort für dieses Weihgeschenk war wohl die *schola* der Feldzeichenträger. Ob der Stifter sich noch im aktiven Dienst befand oder Veteran war, geht nicht aus der Inschrift hervor.

GERMANISCHE UND GALLO-RÖMISCHE GOTTHEITEN

Germanen und Gallier haben keine schriftlichen Zeugnisse über ihre Religion und ihre kultischen Gebräuche hinterlassen. Daher wissen wir nur aus Erwähnungen bei einzelnen römischen Autoren von ihren religiösen Vorstellungen. So haben sie laut Caesar Sol, Vulkan und Luna verehrt; Tacitus nennt Merkur, Hercules und Mars als ihre Götter. Uns bleiben somit vor allem archäologische und inschriftliche Zeugnisse als Hinweise auf einheimische Götter und Kulte. Die Germanen verehrten einen Himmels- und Wettergott, außerdem waren männliche Götter mit kriegerischem Charakter beliebt, die bei den Römern Hercules und Mars entsprachen. Auch Fruchtbarkeitsgöttinnen wurden häufig angesprochen, da Ackerbau und Viehzucht eine wichtige Rolle spielten. Von den Göttern der Gallier ist ebenfalls nicht viel bekannt. Wir kennen Teutates, Esus und den Donnergott Taranis. Auch hier können nur anhand der Verschmelzung römischer mit gallischen Göttern Rückschlüsse gezogen werden. Ein Merkmal der gallischen Religion war das Druidentum. Der berühmteste ist sicherlich Miraculix, der Druide im Dorf von Asterix und Obelix. Die Druiden waren Priester und allein für die Religionsausübung zuständig. Dadurch nahmen sie eine führende Stellung in der Gesellschaft ein. Caesar ließ sie verbieten, um ihren Einfluss zu beschränken.

Die einheimische Bevölkerung verband häufig diejenigen Götter mit den römischen, die sich in ihrem Wesen entsprachen. Diese tragen daher oft Doppelnamen wie z.B. Mars Camulus, Mars Cicollus oder Hercules Magusanus. Aus diesem Grund vermutet man, dass Camulus und Cicollus wohl Kriegsgötter waren. Magusanus hat sich sehr wahrscheinlich – wie Hercules – durch seine Kraft ausgezeichnet. Im Gegensatz zu den männlichen Gottheiten wurden die Göttinnen nur unter ihren germanischen Namen angesprochen, weshalb sich ihre Deutung schwieriger gestaltet.

Die Übernahme von fremden Göttern beschränkte sich jedoch nicht auf die einheimische Bevölkerung. Die zugezogenen Römer weihten ihrerseits den einheimischen Göttern, da sie sich von ihnen Hilfe erhofften. Am häufigsten sind Inschriften an unterschiedliche Muttergöttinnen (*matrones* und *matres*) erhalten. Durch die Soldaten, Händler und Zugezogenen gelangten zudem Götter aus weit entfernt gelegenen Gebieten des römischen Reiches an den Niederrhein wie Apollo Dysprus und Iuppiter Dolichenus.

Bei allen beliebt – Muttergottheiten

In der CUT wurde etwas abseits von der Hauptstraße ein Heiligtum gefunden, das sich von den anderen beiden ergrabenen Tempeln, dem Kapitolstempel und dem Hafentempel, in der Bauform unterscheidet. Es handelt sich um einen gallo-römischen Umgangstempel, bei dem ein überdachter Umgang das Allerheiligste umschließt. Diese Form wurde bevorzugt für gallisch-germanische Gottheiten gebaut Abb. 132. Im Tempelbezirk wurden Fragmente von zwei Inschriften gefunden, die belegen, wem der Tempel geweiht war, den Matronen.

132

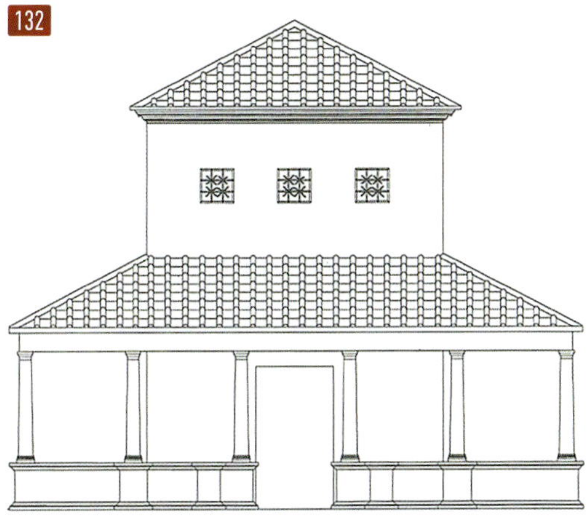

Zeichnerische Rekonstruktion des Matronentempels in der CUT nach A. Opitz.

Eines der Fragmente nennt die Aufanischen Matronen Abb. 133.

[MAT]RONIS / [AVFA]NIABV[S / ---]

Den Aufanischen Matronen (geweiht).

133

Fragment eines Weihaltars.
Kalkstein, 2. Jh. n. Chr., LVR-RömerMuseum, Xanten.

Sowohl die Matronen (*matrona* = „verheiratete Frau") als auch die *matres* (*mater* = „Mutter") waren gallisch-germanische Muttergottheiten, die als Fruchtbarkeitsgöttinnen für den Schutz der Familie, des Hauses und des Viehs zuständig waren. Verschiedene Muttergottheiten wie die Matres Treverae (= „aus Trier") gehörten zu einzelnen Stämmen oder hatten einen bestimmten Wirkungsbereich.

Darstellungen von Matronen zeigen drei sitzende Frauen, die mit langen Gewändern sowie einem Übergewand bekleidet sind, das von einer Brosche auf der Brust geschlossen wird Abb. 134 (s. S. 156). Zwei von ihnen tragen eine große gewölbte Kopfhaube, die dritte erscheint als junges Mädchen mit unbedecktem Haar und Scheitelzopf. Meist halten sie Körbe mit Früchten auf ihrem Schoß.

In den Inschriften werden *matres* immer im Plural angesprochen, es gab aber wohl keine feste Anzahl. Ihre Darstellung ähnelt der Ikonographie der Matro-

134

MATRONIS
AVFANIABVS
Q·VETTIVS·SEVERVS
QVAESTOR·C·C·A·A
VOTVM·SOLVIT·L·M
MACRINO·ET·CELSO·COS

nen: Meist sieht man drei, manchmal auch mehrere sitzende Frauen in römischer oder einheimischer Kleidung mit Füllhörnern, Fruchtkörben oder Kästchen mit Früchten. Bisweilen halten sie auch kleine Kinder oder Tiere auf dem Schoß.
Die Aufanischen Matronen, denen die Inschrift aus der CUT geweiht war, wurden vor allem im Gebiet der Ubier verehrt, die die südlichen Nachbarn der Cugerner waren. In Bonn gab es vielleicht ein Kultzentrum. Inschriften an die Aufanischen Matronen finden sich aber in der gesamten Provinz Niedergermanien. Die Bedeutung ihres Beinamens *Aufaniae* ist nicht eindeutig geklärt: Er könnte entweder „abgelegenes Venn, Moor" bedeuten und so auf ihre Herkunft hinweisen oder „die Gebenden" heißen und damit eine Eigenschaft bezeichnen.

Im Gebiet der keltischen Treverer war die Verehrung der Matres Treverae verbreitet. Hiervon zeugt ein Weihestein, der bei Birten gefunden wurde Abb. 135.

MATRIBVS / TREVERIS / T(itus) PATERNIVS / PERPETVVS / CORNICVLAR(ius) / LEG(ati) LEG(ionis) / XXX V(lpiae) V(ictricis) L(ibens) M(erito)

Den treverischen Müttern (geweiht). Titus Paternius Perpetuus, Cornicular (Sekretär) des Legionskommandeurs der 30. Legion Ulpia Victrix, (hat sein Gelübde) gern und gebührend (ausgeführt).

Wahrscheinlich war der Stifter Titus Paternius Perpetuus ein Treverer, weshalb er sich an seine heimischen Gottheiten wandte.

Während die Aufanischen Matronen und die Matres Treverae lokale germanisch-keltische Gottheiten sind, ist die Weihung an die Matres Brittae, die britannischen Muttergottheiten, etwas ungewöhnlicher.

M(atribus) BRITTIS MA[...] / ACIS ḶANDA [...] / M(iles) L(egionis) XXX V(lpiae) V(ictricis) [...]

Den britannischen Muttergottheiten (geweiht). Ma(...)acis Landa(...), Soldat der 30. Legion Ulpia Victrix, (...).

Weihestein an die Aufanischen Matronen. Kalkstein, 164 n. Chr, LVR-Landes-Museum Bonn.

Durch Beschädigungen und Verwitterung ist die Inschrift lückenhaft und kann daher nicht sicher rekonstruiert werden. Über die Deutung der erhaltenen Teile herrscht deshalb Uneinigkeit in der Forschung. Dies betrifft nicht nur den Namen des Stifters, sondern auch die Frage, ob vielleicht noch eine zweite Gruppe von Muttergottheiten angesprochen worden sein könnte.
Warum den Matres Brittae geweiht wurde, kann nur vermutet werden. In Xanten hat man neben dieser Inschrift eine weitere Weihung an die Matres Brittae gefunden, die heute allerdings verschollen und nur durch eine Abschrift bekannt ist. Eine Überlegung ist, dass die Weihungen vielleicht von britannischen Legionären stammten, die in andere Einheiten strafversetzt wurden.

Am Niederrhein daheim – Vagdavercustis

Für die germanische Göttin Vagdavercustis gab es ein Heiligtum in Burginatium (Kalkar), ca. 15 km nördlich der CUT. Es ist das einzige bisher ergrabene Heiligtum für diese Göttin, die auch von den Cugernern verehrt wurde. Ihr Wesen wird wohl ein kriegerisches gewesen sein. Das kann man aus den vielen Weihungen von Soldaten – darunter auch viele der in Vetera stationierten 30. Legion – schließen. Zahlreiche militärische Ausrüstungsgegenstände, Militaria, die auf die Haltung von Pferden hinweisen, kamen dort ebenfalls ans Licht. Dies verwundert nicht, denn in Burginatium waren Reitereinheiten stationiert. Vagdavercustis wurde offensichtlich auch von den berittenen Soldaten verehrt.

135

Weihestein an die Matres Treverae. Trachyt, Wende 2./3. Jh. n. Chr., LVR-Römer-Museum, Xanten.

In ihrem Heiligtum standen zum Teil vergoldete und überlebensgroße Statuen. Erhalten haben sich allerdings nur kleine Reste der Opfergaben. Zu den Funden gehört ein bruchstückhaft erhaltener Weihestein Abb. 136.

[--- VA]GDA/[VER]CVST[I] / [CA?]ṆDIDIV[S] / [---]

[---] der (Göttin) Vagdavercustis hat Candidius (geweiht).

136

Weihestein an Vagdavercustis. Kalkstein, 2.–3. Jh. n. Chr., LVR-RömerMuseum, Xanten.

Der Name der Göttin kann anhand der vorhandenen Buchstaben rekonstruiert werden. Von dem Namen des Stifters fehlt der Anfang. Es gibt allerdings nicht viele römische Namen, die auf -ndidius enden. Er könnte daher vielleicht Candidius geheißen haben.

Hludana, Seneucaega, Hercules Magusanus

Hludana war wohl eine einheimisch-germanische Erd- und Fruchtbarkeitsgöttin. Von ihr gibt es nur eine einzige bruchstückhafte Darstellung, die sie auf einem Thron sitzend zeigt. Eine Inschrift für diese Göttin wurde in Xanten-Birten gefunden Abb. 137.

DEAE / HLVDANAE / SACRVM / C(aius) TIBERIVS / VERVS

Der Göttin Hludana geweiht. Gaius Tiberius Verus (weihte diesen Altar).

Ob der Stifter der Weihung an die germanische Göttin ein Römer war oder ein Germane, der einen römischen Namen trug, lässt sich aus dem Namen nicht erschließen.

In der Weihinschrift, die im niederländischen Zennewijnen gefunden wurde, ist eine andere germanische Göttin zu fassen Abb. 29 (s. S. 57). Allerdings herrscht bezüglich des Namens Unsicherheit, da die Inschrift nur noch schlecht zu lesen ist. Der Name in der ersten Zeile kann als Iseneuacaega oder Seneucaega gelesen werden. Für den Namen gibt es bisher keine weiteren Belege, sodass die Frage ungeklärt bleiben muss.

Die weibliche Figur ist mit einer gegürteten Tunika bekleidet, die ihr bis zu den Knien reicht. Mit ihrer rechten Hand holt sie einen Pfeil aus dem Köcher, den sie auf ihrem Rücken trägt. Die Haltung ihres linken Arms lässt vermuten, dass sie in ihrer Linken einen Bogen hielt. Auf ihrer rechten Seite steht ein Jagdhund, der zu ihr aufblickt. Aufgrund der Ähnlichkeiten mit der römischen Göttin Diana wird es sich wohl um ein germanisches Äquivalent zur Göttin der Jagd und des Waldes handeln.

[D]EAE / SENEVCAEG(a)E / VLFENVS P(ublii) F(ilius) TRIBVN(us) [L]ẸG̣(ionis) XXX V(lpiae) V(ictricis) SEVERIAN(a)E / [[ALEXANDRIAN(a)E]] / [AR]AM CVM (a)EDE SVA A SO / [LO] FECIT V(otum) S(olvit) L(ibens) M(erito) IMP(eratore) / [D(omino) N(ostro)] SEVERO [[ALEXANDRO CO(n)S(ule)]]

Der Göttin Iseneucaega (oder Seneucaega) errichtete Ulfenus, Sohn des Publius, Tribun der 30. Legion Ulpia Victrix Severiana Alexandriana einen Altar mit Tempel von Grund auf. Er hat sein Gelübde gern und gebührend erfüllt. Im Konsulatsjahr unseres Herrn Kaiser Alexander Severus.

137

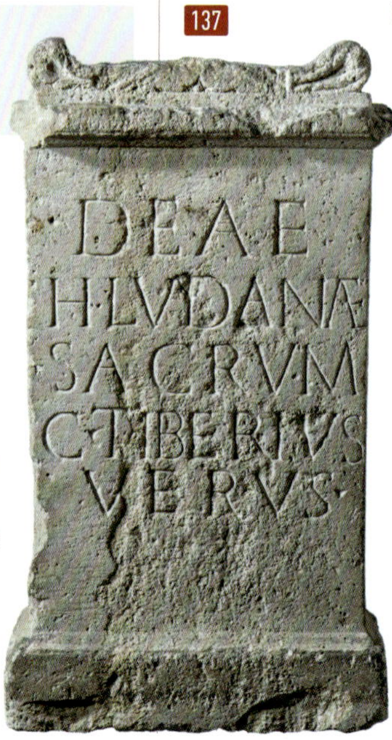

Weihaltar für Hludana. Kalkstein, 2. Hälfte 2. Jh. n. Chr., LVR-RömerMuseum, Xanten.

Der Stifter ist ein Tribun der 30. Legion. Da die Inschrift sehr stark verwittert ist, kann sein Name nicht mit letzter Sicherheit gelesen werden. Möglicherweise lautet er Ulfenus Publii Filius, also Ulfenus, Sohn des Publius. Als Tribun stammte er aus der Oberschicht. Außerdem muss er ein gewisses Vermögen besessen haben, da er nicht nur einen Altar (*ara*), sondern auch den dazugehörigen Tempel (*aedes sua*) stiftete. Allerdings gab es am Fundort des Weihesteins keinerlei Hinweise auf einen Tempel. Man vermutet deshalb, dass die CUT der ursprüngliche Aufstellungsort gewesen sein könnte.

Der Weihestein wurde im Konsulatsjahr des Kaisers Severus Alexander, also im Jahr 222 n. Chr., aufgestellt, allerdings muss der Stein nach 235 n. Chr. noch einmal überarbeitet worden sein, da der Name *Alexandriane* entfernt wurde.

In Hercules Magusanus begegnet uns der germanische Gott Magusanus, der dem römischen Halbgott Hercules ähnlich gewesen sein muss Abb. 138. Hercules war ein Halbgott, da seine Mutter sterblich, sein Vater aber der Göttervater Iuppiter war. Hercules zeichnet sich vor allem durch besondere Kraft aus. Berühmt sind seine zwölf Heldentaten, die schon in der griechischen Sage überliefert sind. Er galt in römischer Zeit als Beschützer des Handels und der Viehzucht. Er wird als muskulöser, bärtiger Mann mit Keule und Löwenfell dargestellt. Magusanus war der Hauptgott der Bataver, der aber vermutlich auch von anderen niedergermanischen Stämmen wie den Cugernern verehrt wurde. Reste eines Heiligtums wurden im Stammesgebiet der Bataver, in Empel in den Niederlanden gefunden. Wie sein römisches Pendant Hercules war Magusanus wahrscheinlich Schutzherr der Viehzucht und wie dieser zeichnete er sich durch besondere Stärke aus (german. *magusn*), weshalb er bei den Soldaten beliebt war. Die Hercules-Statue mit Inschrift, die in der Nähe der römischen Legionsziegelei bei der CUT gefunden wurde, stammt auf jeden Fall von einem Soldaten der 30. Legion:

> ḤẸṚC̣ṾLI MAG(usano) / L(ucius) VIB(ius) CASTVS / I[m]MVN(is) LE(gionis) XXX

> Hercules Magusanus (geweiht). Lucius Vibius Castus, *immunis* der 30. Legion.

Der Figur fehlen Teile der Beine und der rechte Arm. Hercules ist als nackter, bärtiger Mann mit Mantel über dem linken Unterarm dargestellt. Der Stifter Lucius Vibius Castus hatte als *immunis* wohl eine Aufsichtsfunktion in der Legionsziegelei. Sein Familienname Vibius weist auf eine italische Herkunft hin und ist häufig bei Militärangehörigen zu finden.

138

Hercules-Statuette mit zugehöriger Weihinschrift.
Kalkstein, 2.–3. Jh. n. Chr., LVR-RömerMuseum, Xanten.

139

ORIENTALISCHE GOTTHEITEN

Ab dem 2. Jahrhundert n.Chr. verbreiteten sich im ganzen römischen Reich aus dem Osten stammende Kulte und Erlösungsreligionen wie das Christentum oder der Mithraskult. Charakteristisch dafür war die starke persönliche Bindung des Gläubigen an die Gottheit. Die Vorstellung von der Wiederauferstehung der Gottheit versprach auch den Menschen ein glückliches Leben nach dem Tod. Das machte diese Religionen in einer Zeit, in der politische Unruhen und wirtschaftliche Probleme allmählich zunahmen, sehr attraktiv. Für weite Bevölkerungsschichten waren sie zudem interessant, weil die gesellschaftliche Stellung oder die Herkunft des Gläubigen keine Rolle spielte. Diese Religionen waren besonders in Städten und auch unter Soldaten weit verbreitet.
Die Geheimnisse der Mysterienkulte (*mysteria* = „Geheimnisse", von griech. *myein* = „Augen schließen") waren nur Eingeweihten bekannt. Da es keine schriftlichen Aufzeichnungen gibt, weiß man auch heute nur sehr wenig über sie.

Mithras

Mithras, dessen Name im Altpersischen und Altindischen „Vertrag" bedeutet, war ursprünglich ein Schwurgott, ein Gott des Rechts und der Bündnisse, aber auch ein Sonnengott. Außerdem wurde er als Schöpfer der Welt verehrt.
Im gesamten römischen Reich sind sehr viele Mithräen ausgegraben worden. Da es selbst in kleineren Städten häufig mehrere solcher heiligen Stätten gab, ist auch für die CUT mindestens eine anzunehmen. Der Mithraskult war Männern vorbehalten und erfreute sich besonders bei den Soldaten großer Beliebtheit. Die kleinen, zum Teil unterirdischen Räume waren mit Reliefs geschmückt und hatten erhöhte Sitzbänke für die Gläubigen Abb. 139. In Xanten konnte bisher noch kein Mithräum archäologisch nachgewiesen werden. Da aber einige Weihungen und Altäre südlich des mittelalterlichen Xantens im Bereich der römischen Legionsziegeleien gefunden wurden, kann man davon ausgehen, dass dort ein Mithräum lag. Einer der hier gefundenen Weihesteine ist der des Zenturio Marcus Iulius Martius Abb. 140.

(Abb. 139) **Reste eines Mithrasheiligtums unter St. Clemente in Rom.**

> D(eo) I(nvicto) M(ithrae) M(arcus) IVL(ius) / MARTIVS / > (= centurio) LEG(ionis) XXX V(lpiae) V(ictricis) / LEG(ionis) XXII PR(imigeniae) P(iae) F(idelis) / SILANIS / DVOBUS / CO(n)S(ulibus)

> Dem unbesiegten Gott Mithras (geweiht). Marcus Iulius Martius, Zenturio der 30. Legion Ulpia Victrix und der 22. Legion Primigenia Pia Fidelis. Im Konsulatsjahr der beiden Silani.

Die 22. Legion (legio XXII Primigenia Pia Fidelis = „die der Fortuna Primigenia geweihte, die Fromme, die Treue") war in Mainz stationiert.

Mithras wird als *deus invictus*, als „unbesiegter Gott" bezeichnet, in anderen Inschriften findet man auch den Beinamen *Sol invictus* („unbesiegter Sonnengott"), der ab dem 2. Jahrhundert verwendet wurde. Der Stifter, Marcus Iulius Martius, war Zenturio in der 30. und in der **22. Legion**. Der Stein kann auf das Jahr 189 n.Chr. datiert werden.

140

Weihaltar für Mithras. Kalkstein, 2. Hälfte 2. Jh. n.Chr., LVR-RömerMuseum, Xanten.

Nicht nur in der CUT, sondern auch in Burginatium (Kalkar) gab es eine Mithrasgemeinde und wohl auch ein Mithräum, zumindest deutet der Fund eines Weihesteins darauf hin Abb. 141 (s. S.162).

> D(eo) I(nvicto) I(mperatori) / VLP(ius) AM(andus?) P(ater) / S(acrorum?) AES EX IVS / SV IPSIVS

> Dem unbesiegten Gott und Imperator (hat) Ulpius Amandus, das Gemeindeoberhaupt, die Bronze(statue?) auf seinen Befehl hin (aufstellen lassen).

Mit dem unbesiegten Gott und Imperator ist Mithras gemeint. Danach folgt der Name des Stifters. Die Abkürzung ULP steht für „Ulpius", den Vornamen. „AM" könnte die Abkürzung des Nachnamens sein. Da es nicht viele Namen gibt, die mit „AM" beginnen, und der Name Amandus für die Gegend auf anderen Inschriften belegt ist, wäre es durchaus denkbar, dass dies auch der Nachname des Stifters dieses Steins war. Die Lesung der nachfolgenden Buchstabenkombination ist unsicherer. P S könnte in diesem Kontext für *pater sacrorum* stehen, denn *pater* ist der höchste

Weihegrad im Mithraskult. Als solcher könnte Amandus eine führende Position innerhalb der Mithrasgemeinde bekleidet haben.

Aufgrund der fehlenden Schriftquellen sind die Darstellungen der Mithrasreliefs besonders wichtig für unser Verständnis. Sie zeigen Mithras als einen jungen Mann, der mit einem orientalischen Mantel bekleidet ist, dessen Innenseite ein Sternenhimmel schmückt. Er trägt Hose, Stiefel und eine phrygische Mütze, was auf seine Herkunft aus dem Osten verweist. Er kniet auf dem Rücken eines Stieres und tötet diesen Abb. 139 (s. S. 160).
Die Darstellungen auf den Nebenseiten des Altars aus Burginatium verweisen auf einige der sieben Weihegrade des Mithraskultes. Die Öllampe ist ein Symbol für den Nymphus („Bräutigam"), den zweiten Weihegrad, der Venus zugewiesen wurde. Der Kranz mit den Sonnenstrahlen und der Globus stehen für Heliodromus, den Sonnenläufer (griech. *helios* = „Sonne", *dromos* = „der Lauf"), der den sechsten Grad bildet und Sol, der Sonne, zugeordnet ist. Der Magierstab steht für den Pater („Vater"), den 7. Grad, zu dem Saturn gehört. Ein Krater, ein Gefäß zum Mischen von Wein und Wasser, mit Schlange ist auf vielen Mithrasreliefs abgebildet; es steht für das Sternbild Wassermann bzw. für die Elemente Wasser und Erde. Der Bogen verweist auf die Mithraslegende, laut der Mithras durch einen Pfeilschuss Wasser aus einem Felsen hervorquellen ließ.

Iuppiter Dolichenus, Apollo Dysprus

Zwei interessante Fundstücke aus der CUT weisen darauf hin, dass es vermutlich einen Tempel für Iuppiter Dolichenus hier gegeben hat Abb. 142. Iuppiter Dolichenus entwickelte sich aus Hadad, dem Sturm- und Wettergott der syrischen Stadt Doliche. Hadad und Iuppiter waren Himmelsgötter und jeweils oberster Stadtgott. Beide zeichneten sich durch ihren kriegerischen Charakter aus. Deshalb gehörten vor allem Soldaten zu den Verehrern. Einige davon waren am Bau des Heiligtums in Köln beteiligt Abb. 67 (s. S. 93). Besonders die Truppen an den

141

Weihestein an Mithras. Rötlicher Buntsandstein, 1. Hälfte 3. Jh. n. Chr., LVR-Römer-Museum, Xanten.

142

Andere Exemplare solcher Votivhände sind mit Inschriften für Iuppiter Dolichenus versehen, daher war ihm wohl auch das Stück aus Xanten geweiht. Es stellt die helfende und schützende Hand des Gottes dar. Manchmal erkennt man den Geehrten aber auch ohne Inschrift. Die Doppelaxt auf dem Löffel ist ein bekanntes Attribut des Gottes. Löffel, Silber und Votivhand, Bronze, 2. Jh. n. Chr., LVR-RömerMuseum, Xanten.

Nordgrenzen des Imperiums pflegten den Kult des Dolichenus, bis sein Heiligtum in Doliche in der Mitte des 3. Jahrhunderts n. Chr. zerstört wurde. Darstellungen zeigen den Gott als bärtigen Mann, der auf einem Stier steht. Er trägt eine römische Offiziersrüstung, die auf seine Funktion als Schützer des römischen Staates verweist. Die phrygische Mütze belegt seine Herkunft aus dem Osten. In den Händen hält er Doppelaxt und Blitzbündel.

Der Silberlöffel, der in der Nähe des Matronentempels gefunden wurde, zeigt eine Doppelaxt und damit ein Attribut des Iuppiter Dolichenus. Bei der Votivhand, die in der Umgebung der CUT gefunden wurde, handelt es sich vermutlich um die schützende Hand des Iuppiter Dolichenus. Sie wurde auf einem Holzstab befestigt.
Eine heute verschollene Inschrift bestärkt die These, dass hier ein Dolichenus-Heiligtum existierte. Denn laut dieser Inschrift ließ ein Zenturio der 30. Legion zusammen mit seiner Frau das Heiligtum in der Mitte des 3. Jahrhunderts wiederherstellen.

Der Gott Apollo Dysprus taucht nur in einer einzigen Inschrift aus Xanten-Birten auf. Er wird zusammen mit Luna (Mond) und Sol (Sonne) genannt Abb. 143.

[IN H(onorem) D(omus)] D(ivinae) PRO / [SALVTE I]MP(eratoris) SEVERI / [ALEX] AND{I}RI AVG(usti) DEO / [APO]LLINI DYSPRO LV(nae) S/[OL]IQ(ue) DE(is) MILITES LEG(ionis) / XXX V(lpiae) V(ictricis) P(iae) F(idelis) SVB CVRA / AGENT(ium) T(iti) F(lavi) APRI COM / MODIANI LEG(ati) AVG(usti) P(ro) P(raetore) ET / CANNVTI MODESTI LEG(ati) / LEG(ionis) SEPT(imius) MVCATRA / IMAG(inifer) ET SEPT(imius) GALLVS / ET SEPT(imius) MVCATRA ET / SEPT(imius) DEOSPOR ET SEPT(imius) / SAMMVS ET SEPT(imius) MVCATRA / CANDIDATI V(otum) S(olverunt) L(ibentes) M(erito) / MAXIMO IT(erum) ET AELIANO / [CO(n)S(ulibus)]

Zu Ehren des göttlichen Kaiserhauses und zum Wohle des Kaisers Severus Alexander Augustus. Dem Gott Apollo Dysprus und den Göttern Luna und Sol haben die (nachfolgend aufgeführten) Soldaten der 30. Legion Ulpia Victrix Pia Fidelis unter der Aufsicht des Statthalters Titus Flavius Aper Commodianus und des Legionskommandeurs Cannutius Modestus (diesen Altar geweiht und damit) ihr Gelübde gerne und gebührend eingelöst, weil sie zur Beförderung vorgesehen wurden: Septimius Mucatra, Träger des Kaiserbildnisses, und Septimius Gallus und Septimius Mucatra und Septimius Deospor und Septimius Sammus und Septimius Mucatra. Im Jahr, als Maximus zum zweiten und Aelianus zum ersten Mal Konsul war.

Die Namen der Stifter sind in Thrakien zu verorten. Daher wird vermutet, dass auch der Gott in der Gegend beheimatet war. Weil er mit dem römischen Gott Apollo verbunden wurde, geht man davon aus, dass Apollo Dysprus ähnliche Wirkungsbereiche hatte. Der römische Apollo war der Gott der Wahrsagekunst, der Musik und als Vater des Asklepios ein Heilgott; zudem wurde er mit dem Sonnengott Sol gleichgesetzt. Er erscheint als jugendlicher, meist nackter Gott mit langen Haaren. Seine Attribute sind die Kithara, ein antikes Saiteninstrument, Pfeil und Bogen und der Lorbeer.
Die Kombination mit Luna (Mond) und Sol (Sonne) legt nahe, dass er vor allem in seiner Funktion als Sonnengott verehrt wurde. Die Mondgöttin Luna war eine italische Gottheit, die mit einer Mondsichel auf dem Kopf dargestellt wurde. Sol war ebenfalls eine sabinisch-italische Gottheit. Er trägt eine Strahlenkrone und fährt in einem Wagen, der von vier Pferden gezogen wird. Da sich keine bildlichen Darstellungen von Apollo Dysprus erhalten haben, sind sein Aussehen und seine Attribute unbekannt.
Lucius Marius Maximus Perpetuus Aurelianus und Lucius Roscius Aelianus Paculus Salvius Iulianus waren die Konsuln des Jahres 223 n. Chr. Maximus war 198/199 n. Chr. Suffektkonsul und danach konsularischer Legat in der Provinz Germania inferior, 223 folgte sein zweiter Konsulat (*consul iterum*). In dieses Jahr kann demnach auch die Inschrift datiert werden.

163

143

Weihaltar für Apollo Dysprus.
Kalkstein, 223 n. Chr.,
LVR-RömerMuseum, Xanten.

DIE SPÄTANTIKE

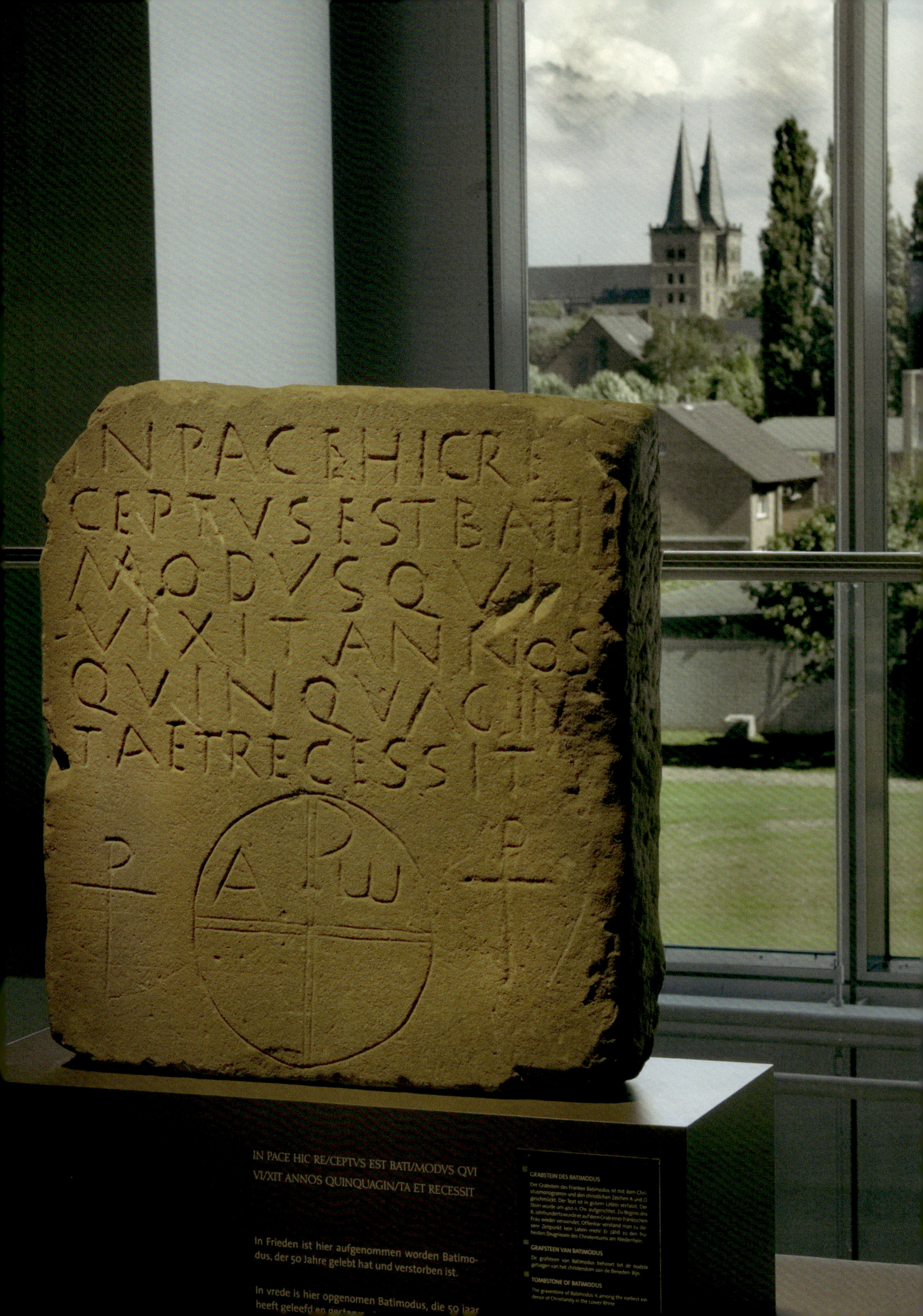
IN PACE HIC RE/CEPTVS EST BATI/MODVS QVI
VI/XIT ANNOS QUINQUAGIN/TA ET RECESSIT
In Frieden ist hier aufgenommen worden Batimodus, der 50 Jahre gelebt hat und verstorben ist.
In vrede is hier opgenomen Batimodus, die 50 jaar heeft geleefd
GRABSTEIN DES BATIMODUS
GRAFSTEEN VAN BATIMODUS
TOMBSTONE OF BATIMODUS
The gravestone of Batimodus is among the earliest evidence of Christianity in the Lower Rhine

144 **Diokletian.** Münzbildnis, Gold, 293/294 n. Chr., Münzkabinett, Staatliche Museen zu Berlin.

ALTE BUCHSTABEN IN NEUER VERWENDUNG

MIT DEM 3. JAHRHUNDERT N. CHR. ging für das Römische Reich eine Zeit des Friedens zu Ende. Es folgte eine Phase politischer, wirtschaftlicher und militärischer Instabilität, die auch die Bewohner am Niederrhein deutlich zu spüren bekamen. Unter den Soldatenkaisern (235–284 n. Chr.) kam es zu innenpolitischen Spannungen und Konflikten, während derer sich konkurrierende Herrscher häufig in nur wenigen Wochen oder Monaten abwechselten. Sie alle verdankten ihre Macht dem Militär, daher auch die Bezeichnung Soldatenkaiser. Viele von ihnen hatten eine Militärlaufbahn hinter sich und wurden von ihren Truppen zum Kaiser ausgerufen.

Weil Rom in den Provinzen immer mehr Einfluss verlor, kam es zu politischen Konstrukten wie dem Gallischen Sonderreich (Imperium Galliarum), das von 260 bis 274 n. Chr. auf dem Gebiet Nieder- und Obergermaniens, Rätiens, Galliens, Britanniens und Hispaniens existierte. Zudem brach die Wirtschaft ein, durch die Inflation und die erhöhte Steuerlast verarmten weite Teile der Bevölkerung. Die Gründe für die wirtschaftliche Krise waren vielfältig: Kriege, Umweltkatastrophen, Nahrungsmangel und zunehmende Armut hinterließen ihre Spuren und führten zu einem deutlichen Rückgang der hier lebenden Menschen. Auch von außen wuchs der Druck auf die Grenzen des Reiches stetig. Die erstarkten Nachbarn nutzten die Schwäche der Römer und fielen vermehrt in das Reich ein.
Auch der Niederrhein wurde seit der zweiten Hälfte des 3. Jahrhunderts immer wieder von Franken heimgesucht. Besonders bei den Frankeneinfällen im Jahr 275 / 276 n. Chr. kam es zu schweren Verwüstungen. Inwieweit das Militärlager und die CUT betroffen waren, ist allerdings nicht bekannt. Es kam zu einem schleichenden Niedergang der CUT.
Darüber hinaus verlor der Niederrhein auch als militärischer Stützpunkt an Bedeutung. Kaiser Diokletian Abb. 144 reduzierte anlässlich einer Heeresreform die Zahl der Soldaten deutlich. Das bedeutete für die ganze Region einen enormen Verlust an Kaufkraft. Im Zuge dieser Reform wurde Germania inferior umbenannt in Germania secunda, das Provinzgebiet wurde im Nordwesten bis zur Schelde vergrößert.

Das Lager Vetera II wurde wohl in den 270er Jahren aufgegeben. Auch in der zivilen Siedlung fanden

Beim Blick aus dem Fenster fällt hinter dem Batimodus-Stein der Dom von Xanten ins Auge. Er ist das mittelalterliche Zeugnis christlicher Frömmigkeit am Niederrhein, die in der Spätantike ihren Anfang nahm.

145

Die Rekonstruktion zeigt die seit dem Ende des 3. Jhs. n. Chr. deutlich verkleinerte Siedlung auf dem Areal der ehemaligen CUT.

bedeutende Umstrukturierungen statt. Man verkleinerte das Stadtgebiet auf 20 ha und verstärkte die Befestigungsanlagen. Die Siedlung konzentrierte sich nun auf die neun zentralen *insulae*. Die ältere Bebauung auf den umgebenden *insulae* wurde niedergelegt. Mit der Stadtverkleinerung ging wahrscheinlich auch eine Namensänderung einher. Man vermutet, dass die Siedlung auf dem reduzierten Stadtgebiet mit dem bei Ammianus Marcellinus erwähnten Tricensimae (*tricesimus/tricensimus* = „der Dreißigste") zu identifizieren ist. Wahrscheinlich wurde sie nach der hier stationierten 30. Legion benannt Abb. 145.
Wie lange römische Truppen am Niederrhein präsent waren, lässt sich nicht genau feststellen. Bis in die erste Hälfte des 4. Jahrhunderts lässt sich ihre Anwesenheit anhand von Funden belegen. Seit dem Ende des 4. Jahrhunderts war der Niederrhein für Rom militärisch bedeutungslos. Größere Truppeneinheiten waren wohl nicht mehr vor Ort. Durch die Verlandung des Rheinarmes bestand keine direkte Anbindung mehr an den Rhein, der weiterhin eine wichtige Handels- und Transportroute war. Die zivile Besiedlung der römischen Tricensimae lässt sich archäologisch bis in die zweite Hälfte des 4. Jahrhunderts belegen. Ob die Römer bis zum Beginn des 5. Jahrhunderts auch militärisch präsent waren, lässt sich derzeit nur vermuten.
Im 5. Jahrhundert mehren sich Siedlungsreste auf dem Gebiet der heutigen Domimmunität, also in direkter Umgebung des Domes mit den ehemaligen Wohnhäusern der Kanoniker. Spätestens in der Mitte des 5. Jahrhunderts wurde die Tricensimae auf dem Gebiet der ehemaligen CUT ganz aufgegeben Abb. 82 (s. S. 107). Viele antike Steine wurden als Baumaterial der neuen Siedlung verwendet und in der frühen Neuzeit auch verkauft.

DIE FRANKEN ALS NEUE HERRSCHER

Bei den Franken handelt es sich um einen Germanenstamm, der sich aus mehreren kleineren Stämmen zusammensetzte. Im 3. Jahrhundert breitete der Stamm sich in Gallien und der Provinz Gallia Belgica aus. Im 4. und 5. Jahrhundert waren die Franken noch Verbündete (*foederati*) der Römer. Später lösten sie diese aber mit der Gründung eines germanisch-romanischen Nachfolgereiches im Westen als Herrscher ab.

Auf dem Gebiet der ehemaligen civitas Traianensis, von den Grenzen der Ubier im Süden bis nach Nijme-

AMMIANUS MARCELLINUS

A

Der aus Antiochia in Syrien stammende Ammianus (um 330 bis um 395 n. Chr.) ist Autor des Werkes, in dem die einzige Erwähnung der Tricensimae überliefert ist. Seine *Res gestae* stellen eine Mischung aus Geschichtswerk, Biographie, Memoiren und Enzyklopädie dar. Sie sind in den Achziger- oder Neunzigerjahren des 4. Jahrhunderts entstanden. Die ersten dreizehn Bücher sind verloren, die erhaltenen Bücher 14 bis 31 behandeln die Jahre 353 bis 378.

Ammianus begleitete 355 n. Chr. seinen Vorgesetzten Ursicinus nach Köln, um im Auftrag von Kaiser Constantius II. (Flavius Iulius Constantius, 317–361, reg. ab 337 n. Chr.) den Ursurpator Silvanus zu bekämpfen. Im 18. Buch beschreibt der Autor, wie Iulian (Flavius Claudius Iulianus, genannt Iulian Apostata, 331/332–363, reg. ab 360 n. Chr.) im Zuge der Wiederherstellung und Sicherung der Reichsgrenzen im Jahr 359 u. a. Tricensimae zurückerobert.

Das von Ammian genannte Tricensimae wird in keiner anderen Quelle genannt. Aus der Aufzählung der Orte geht hervor, dass es zwischen Qualburg (Quadriburgium) und Neuss (Novaesium) lag. Es liegt also nahe, darin die ehemalige Colonia Ulpia Traiana zu sehen. Das zweite Mal findet Tricensimae im 20. Buch Erwähnung: Der Ort diente Iulian im Jahr 360 als Aufmarschbasis für einen Feldzug gegen die rechtsrheinischen Hattuarier. Tricensimae wird von Ammian als *oppidum* und *civitas* bezeichnet, nicht als Feldlager, dies spricht für eine zivile Nutzung.

146

gen im Norden, siedelten sich die Hattuarier (Chattuarier) an.

Für den Niederrhein sind die Franken ab der Mitte des 5. Jahrhunderts bezeugt, sicher datierbare fränkische Gräber stammen aus der Zeit um 460 bis 480 n. Chr. Die Ankunft der Franken bedeutete das Ende des städtischen Lebens in Xanten, denn die Franken siedelten wieder in einzelnen Gehöften und kleinen Dörfern. Die Siedlung verlagerte sich auf das Gebiet zwischen den Ruinen der römischen Stadt und dem Fürstenberg, d.h. in den Bereich der mittelalterlichen Stiftsimmunität. Der Untergang von Tricensimae bedeutete jedoch nicht das Ende jeglicher römischer Kultur, denn die Franken übernahmen z.B. bestimmte Handwerkstechniken der Römer ebenso wie die lateinischen Buchstaben. Sie führten so das römische Erbe weiter.

Ein Beleg dafür ist ein silberner Anhänger Abb. 146. Die Umrandung des Mittelfeldes ahmt römische Buchstaben nach. Da der Münzmeister aber offensichtlich kein Latein konnte, entstand keine entzifferbare Umschrift.

VOM UNTERGRUND ZUR WELTMACHT – DAS CHRISTENTUM

Die Römer tolerierten einheimische Götter und auch andere Religionen wie den Mithraskult, das Judentum und das Christentum, und nahmen auch fremde Götter unter ihren eigenen auf. Die Christen dagegen lehnten den römischen Staatskult ab und weigerten sich, dem Kaiser und Iuppiter Optimus Maximus zu opfern. Dies widersprach ihrem Glauben an den einen Gott. Dadurch gerieten sie jedoch mit dem Kaiser in Konflikt. Ihre Verweigerung des Opfers wurde als Ablehnung des Kaisers ausgelegt, damit wurden die Christen zu Staatsfeinden, die den Frieden und das öffentliche Wohl gefährdeten. Daraufhin fanden wiederholt große Christenverfolgungen im gesamten römischen Reich statt, die vom Kaiser angeordnet wurden. Daneben gab es auch spontane und lokal begrenzte Christenverfolgungen.

(Abb. 146) **Münzanhänger.** Silber, 5.–6. Jh. n. Chr., LVR-RömerMuseum, Xanten

147

(Abb. 147) **Flavius Valerius Constantinus.** Münzbildnis, Gold, 323/324 n. Chr., Münzkabinett, Staatliche Museen

Erst nachdem Konstantin 312 n. Chr. an der Milvischen Brücke bei Rom unter dem Kreuzeszeichen seinen Gegner Maxentius besiegt hatte, förderte er das Christentum Abb. 147. Er selbst ließ sich auf dem Sterbebett taufen. Mit dem Toleranzedikt von Mailand 313 n. Chr. wurde jedem römischen Bürger die freie Wahl seiner Religion zugestanden. Unter Theodosius I. (379–395 n. Chr., Abb. 148) wurde das Christentum schließlich als Staatsreligion anerkannt.

Die Anfänge des Christentums in Xanten liegen noch im Dunkeln. Vielleicht gab es bereits in spätrömischer Zeit eine kleine christliche Gemeinde, die ihr Gräberfeld außerhalb der Stadtbefestigung der Tricensimae hatte. Nachweisbar ist sie allerdings nicht. Die Verehrung von Märtyrern ist erst für das 6. Jahrhundert fassbar. So berichtet Gregor von Tours (538–594 n. Chr.) von der Heiligenverehrung zweier Mätryrer *apud bertunensim oppidum*, womit wohl Birten bei Xanten gemeint ist. Laut der später damit verbundenen Legende sollen der Heilige Viktor und seine Gefährten dort, im Amphitheater von Vetera castra, den Märtyrertod erlitten haben.

Das früheste Zeugnis für die Anwesenheit von Christen in Xanten ist der Grabstein des Batimodus Abb. 149. Folgende Inschrift ist dort zu lesen:

IN PACE HIC RE / CEPTVS EST BATI / MODVS QVI / VIXIT ANNOS / QVINQVAGIN / TA ET RECESSIT

In Frieden ist hier aufgenommen Batimodus, der 50 Jahre lebte und (dann) starb.

Die Eingangsformel *In pace hic receptus est* ist eher ungewöhnlich, normalerweise findet man *hic quiescit* oder *hic pausat* = „hier ruht" sowie *hic iacet* = „hier liegt". Bei *recessit*, wörtlich „er ging zurück" im Sinne von „er starb", klingt vielleicht die Vorstellung von der Heimkehr des Verstorbenen zu Gott an.

Unter dem Text befinden sich drei nebeneinander angeordnete Christusmonogramme in lateinischer Kreuzform. Das mittlere Christusmonogramm wird von einem Kreis umschlossen, der in vier Segmente unterteilt ist. In den beiden oberen Segmenten stehen Alpha (A) und Omega (W). Alpha und Omega sind der erste und der letzte Buchstabe des griechischen Alphabets und stehen für Anfang und Ende, für Gott und Christus als den Ersten und Letzten.

Der Grabstein wurde im 5. Jahrhundert n. Chr. von römisch geprägten Personen in Auftrag gegeben und aufgestellt. Zunächst wurde er für einen Mann namens Batimodus benutzt. Batimodus ist ein germanischer Name, der vielleicht „jemand, der das Herz / den Mut eines Batavers hat" bedeutet. Die Nähe zum Gebiet der Bataver lässt dies nicht unwahrscheinlich erscheinen. Eine andere Deutung schlägt „Gutmut" als Bedeutung von Batimodus vor. Die Namensform „Batemodus" ist in Aquileia für das Ende des 4. und den Anfang des 5. Jahrhunderts belegt. Die Inschrift ist damit ein früher Beleg für einen germanischen Namen auf einem christlichen Grabstein am Niederrhein. 171
In der 1. Hälfte des 6. Jahrhunderts wurde die Grabplatte wiederverwendet, allerdings verstand man zu dieser Zeit kein Latein mehr, denn der Stein wurde – ohne Rücksicht auf den Text – für ein merowingisches Frauengrab benutzt. Vermutlich hatte man anhand des Christogramms erkannt, dass es sich um einen christlichen Grabstein handelte. Eine solche Wiederverwendung älterer Inschriften ist nicht unüblich gewesen, auch die Wiederverwendung von älteren Denkmälern und Kunstwerken für neue, sogenannte Spolien (*spoliare* = „rauben"), findet man gerade in der Spätphase des römischen Reiches häufig.

148

Theodosius I. Medaillon, Gold, 379–395 n. Chr., Münzkabinett, Staatliche Museen zu Berlin.

149

Grabstein des Batimodus. Sandstein, 5. Jahrhundert n. Chr., ca. 485–555 n. Chr. (fränkische Zweitverwendung), LVR-RömerMuseum, Xanten.

AUSBLICK

DER LANGE WEG LATEINISCHER SCHRIFTZEUGNISSE

Der Begriff **Renaissance** bezeichnet Phasen, in denen das Interesse an der Antike erblühte. Neben der Renaissance des 15. und 16 Jhs., die den Übergang vom Mittelalter zur Neuzeit markiert, gab es z. B. die Karolingische Renaissance unter Kaiser Karl dem Großen (8. / 9. Jh.). Die Gelehrten am Kaiserhof in Aachen sammelten antike Texte und sorgten durch Abschriften für ihre Erhaltung und Verbreitung. In den Skriptorien, den mittelalterlichen Schreibstuben (von *scribere* = „schreiben"), wurde dafür eigens eine sehr gut leserliche Buchschrift erfunden, die sogenannte karolingische Minuskel, die für unsere heutige Schrift stilbildend war.

WIE ÜBERDAUERN LITERARISCHE QUELLEN DIE ZEITEN?

ANHAND LITERARISCHER TEXTE erhalten wir eine vielfältige Anschauung vom Leben und der Gedankenwelt der früheren Menschen. Doch wie sind diese schriftlichen Quellen auf uns gekommen?

In der Antike waren professionelle Schreiber oder Privatsekretäre für die Abschrift von Texten zuständig. Mit dem Untergang des römischen Reiches und dem Aufblühen des Christentums verlagerte sich diese Tätigkeit in die Schreibstuben der Klöster. Diese waren das gesamte Mittelalter hindurch Horte der Gelehrsamkeit, ihnen ist es zu verdanken, dass wir noch heute die Texte Ciceros, Ovids und Vergils und vieler anderer antiker Autoren lesen können. Eine wichtige Zäsur in der Überlieferungsgeschichte antiker Texte war der Übergang von der Rolle aus Papyrus zum Buch aus Pergament. In der Spätantike löste das beständigere Pergament den Papyrus als Beschreibstoff ab. Nicht alle Autoren und nicht alle Werke wurden nun aber auf das neue Medium übertragen. Je nach Interesse späterer Generationen an bestimmten Inhalten, Themen und Stoffen wurden Werke auch in nachfolgender Zeit abgeschrieben und aufbewahrt. Viele Texte gingen beim Übergang von Papyrus zu Pergament verloren. Im Laufe der Zeit kam es zu weiteren Verlusten, z. B. bei Bibliotheksbränden, durch falsche Aufbewahrung (Feuchtigkeit) oder mutwillige Zerstörung.

Da Bücher in der Herstellung sehr teuer waren, konnten sie sich nur reiche Leute leisten. Größere Bibliotheken gab es im Mittelalter deshalb nur in Klöstern, die diese Bücher herstellten, sowie an Adelshöfen. In Xanten war das Kanonikerstift, das im 8. Jahrhundert errichtet wurde und bis 1802 existierte, der Ort, wo Bücher aufbewahrt wurden. Im Laufe der Zeit entstand dank der Kanoniker eine umfangreiche Sammlung. Ein fragmentarisch erhaltener Bibliothekskatalog aus dem späten 15. Jahrhundert führt ungefähr 250 Bücher auf, darunter theologische, philologische und medizinische Werke. Als während der Säkularisation die umliegenden Klöster aufgelöst wurden, erweiterte man diese Sammlung durch deren Buchbestände. Allerdings wurden zu dieser Zeit auch viele Bücher an andere Orte wie Paris, Berlin, Köln, Bonn und Münster gebracht. Die heutige Stiftsbibliothek, die sich noch immer in den um 1547 / 48 errichteten Räumlichkeiten befindet, zeugt mit ca. 20.000 Bänden dennoch vom eindrucksvollen Bücherbestand der Xantener Kanoniker.

Durch die beschränkte Zugänglichkeit von Büchern waren sie lange Zeit nur einem relativ kleinen Personenkreis greifbar. Dies änderte sich jedoch mit Beginn der **Renaissance** (wörtlich „Wiedergeburt"), als das Interesse an der Antike auflebte.

Blick in die Stiftsbibliothek Xanten

Die Renaissance, die ab dem 14. Jahrhundert in Italien ihren Ursprung nahm, verbreitete sich in ganz Europa mit ungeheurer Wirkkraft. Besonders (Alt-) Philologen (wörtlich „Liebhaber der Sprache") wie Erasmus von Rotterdam begannen nun die Klosterbibliotheken systematisch nach bis dahin unentdeckten antiken Schätzen zu durchforschen. Die antiken Autoren und vor allem Cicero wurden Stilvorbilder, ihre Texte fanden dank der Erfindung des Buchdrucks weite Verbreitung. Nun konnte sich auch ein größerer Personenkreis Bücher leisten und sich direkt mit der antiken Lebens- und Gedankenwelt befassen.

Doch nicht nur antike Texte dienen heutigen Forschern als Quellen. Die Renaissance führte zu einer verstärkten Auseinandersetzung mit der antiken Vergangenheit: Sprache, Kultur und Lebensweise der Römer wurden intensiv untersucht. Diese Antiken-Studien frühneuzeitlicher Gelehrter und Forscher liefern uns heute wichtige Informationen, wenn sie z.B. römische Kunstwerke abbilden und Inschriften zitieren, die im Laufe der Zeit verloren gegangen sind oder zerstört wurden. Für den Xantener Raum ist der Gelehrte und Kanoniker Stephanus Winandus Pighius (1526–1604) von großer Bedeutung, der als erster die hier erhaltenen römischen Überreste erfasste und auflistete. In seinem *Hercules Prodicius* aus dem Jahr 1587 beschreibt er nicht nur die Sehenswürdigkeiten Italiens, sondern geht auch auf die römische Vergangenheit Xantens ein. Weitere wichtige Quellen sind die Inventare der fürstlichen Sammlungen in Kleve und auf Schloß Wissen. Ein solches Inventar ist der sogenannte Turck-Codex, der nach dem Gelehrten Johannes Turck benannt ist (Turckscher Codex, Stadtarchiv Kleve, HS A 15). Dabei handelt es sich um eine Chronik des klevischen Herrscherhauses, die von Gert van der Schuiren verfasst und von Johannes Turck ergänzt und erweitert wurde (1623–1633). Der Autor hat u.a. den Grabstein des Calventius abgezeichnet und abgeschrieben (fol. 6b), wodurch uns der Text und das Aussehen des heute verschollenen Gedenksteins bekannt ist.

Von großer Bedeutung ist außerdem das Wirken von Pfarrer Hermann Ewich (1601–1673), der nicht nur die Xantener Antikenfunde beschrieb, sondern auch die Klever und Wissener Sammlung inventarisierte (1649 und 1672). Ewich verdanken wir zahlreiche detaillierte und zum Teil kommentierte Zeichnungen von römischen Steindenkmälern und Kleinkunstwerken wie Lampen, Keramikgefäßen und Kleinbronzen aus dem Xantener Raum (Codex Berolinensis, Berlin, Staatsbibliothek Preussischer Kulturbesitz, Ms. Lat 4° 36). Dank dieser Zeichnungen ist es z.B. auch möglich, den Zustand erhaltener Denkmäler damals und heute zu vergleichen. So findet man in den Aufzeichnungen von Ewich die Abbildung des Weihestein des Titus Quartinius Saturnalis für die Kapitolinische Trias (Codex Berolinensis fol. 76; Abb. 150, vgl. auch Abb. 124, s. S. 150). Der Vergleich zeigt, dass zu Hermann Ewichs Zeit die Gesichter der Göttinnen Minerva und Iuno noch erkennbar waren und auch der Rahmen der Ädikula noch unbeschädigt war. Hermann Ewich ist außerdem zu verdanken, dass sich die Aufzeichnungen des Pighius erhalten haben. Er übernahm diese und ergänzte sie mit Zeichnungen und Randnotizen (Codex Pighianus, Berlin, Staatsbibliothek Preussischer Kulturbesitz). Der Codex Pighianus enthält z.B. seine Zeichnung des berühmten Caeliussteines, der damals noch einen unteren Sockel besessen hatte (fol. 130v).

In der Zusammenschau zahlreicher unterschiedlicher Quellen – Baudenkmäler, Kleinkunstwerke, bildliche Darstellungen sowie literarische und wissenschaftliche Texte – gelingt es heutigen Forschern häufig ein vielfältiges und buntes Bild der Antike zu erstellen. Zwar gibt es noch viele Bereiche und Details, die im Dunkeln liegen, aber durch neue Funde und weitere Forschungen gewinnen wir immer neue, spannende Erkenntnisse über das Leben der Römer.

Aufzeichnungen des Pfarrers Hermann Ewich, Codex Berolinensis fol. 76., 17. Jh., Staatsbibliothek, Berlin.

...ae colligitur, quando sic habent: (D.) Item in lapideo monumento, sub ... Junonis imaginibus: (E.) Legionibus autem Romanis (scribit ...m duas adiecisse, apud Dionem libro historiarum LV. legimus, unam ...m secundam Trajanam fortem appellavit: alteram in Germania in... videlicet collocatam quae trigesima Ulpia victrix dicta est. Si igitur ... Coloniae Trajanae coniuncta fuere, iterum Coloniam hanc loco antea ...e manifestum est. Nummorum denique hic inventorum quos ...vetustissimi inter argenteos sunt, Cn. Camilli Trib. pleb. L. Plautij. L. Roscij. C. Pisonis. L. F. M. Catonis. Pansae. P. Lepidi. C. Cas... M. Antonij: inter aereos vero Triumviros monetalium nummi ...signiti: (F.) Et novissimi sunt Valentiniani et Valentis Impp. ...: Atque hic nummismatum antiquiorum, quae ex huius loci ruinis ...ius deficit assiduitas. Caeterum quid de Antiquitatibus desfluxit fiat aut futurum sit plane ignoro, nec an illarum index sit ...tendus hactenus percepi. Habes ergo vir Reverende quae ad quaestiones tuas judicium et responsum, quod ut boni consulas etiam rogo, et si quid habes quod ulterius tradere me ac certiorem studij genere potest, id mecum communices, maximopere opto. ...ssimum gratam ac jucundam praestabis. Bene vale. Datum San...

Ao. 1629.

Rtae Tuae Clarissimi Observantiss.

150

Hermannus Ewichius Vesaliensis.

Reverendo et clarissimo viro, Dno. Joanni Smetio, Ecclae Reformatae apud Neomagenses pastori vigilantissimo.

Nijmagen

(E.)

inventus hic lapis in ruderib. Veterum. Ao. 1617.

(D)

S. Pl. Reverende et ...

Litteras tuas elegantissimas, cu...

...ij, cuiu... ...ceciđis... ...jam mi... ...insignitos ...tamen, ...r tot vet... sunt, nulli usquam comparent q... Celticos quos Cambdenus Britann... censent, qui rari et ferè ... summam istam antiquitatem ... nummis antiquissimis incisas (ut a... in aereis, typo impressos charactera... observavi, ... servas. Cu... dentes. Expectabam si forte ... Nunc opinionem meam sententia... de cuius veritate amplius non du... in mentem venisse. De den... forte serratorum coenas dixere ... ferundo reliquisse videtur. In f... marge diversi loci dilatatione ... neque tam bonum, qui Colonarum ... nummis familiarum Rom: apud ... bratus est. cuius hic typum ... addidi. De Col. Trajana lectiones ut dicita in Emendationi... loco posuisse constat. Liter... est later qui hanc inscriptionem hab... terminorum usum agris probar... divisum fuisse, vel stationem suam ... fuisse, credibile est. Observam... quod M.P. VI. infra Vetera et Hare... totidem M.P. supra Harenacium) lo... in ea quidem milliaris supra Ne... milliarium numeri ... idem videtur Romanorum utrique loc... cuius geminum exemplar habes clar... ad Marsicam gentem refert. ... tecum agam, ut cum amico Vetere... Si quid habes de nummis veteribus de Burginatio, Harenatio, Leg... ...is valeo pingendi perita ... sed quaeso apud alios isto ... an Indicem, per otium referas: ... suscepisti. Vale optime. S...

Titus Claudius, Titi filius, Appii Nepos

Reveren[do] D: Her... Ecclesiae Sanct...

ANHÄNGE

AUTORENPORTRÄTS

Gaius Iulius Caesar (13.07.100 bis 15.03.44 v. Chr.)

Der Politiker, Militär und Schriftsteller Caesar ist einer der berühmtesten Römer Abb. 151. Dank populärer Filme und Comics ist er auch vielen Menschen ohne Latein-Kenntnisse ein Begriff. Neben *alea iacta est* kennen die meisten seinen Ausspruch bei seinem Sieg über Pharnakes II. (47 v. Chr.): *veni, vidi, vici* – „ich kam, sah und siegte". Interessant ist hier, dass das deutsche Erzähltempus (Imperfekt) nicht dem lateinischen Erzähltempus (Perfekt) entspricht. Das Perfekt drückt im Lateinischen die abgeschlossene Handlung aus. Die deutsche Übersetzung versucht dagegen die Kürze des Ausspruchs nachzuahmen.

Sein Hauptwerk sind die *Commentarii de bello Gallico* – besser bekannt als *Bellum Gallicum* –, das wohl Generationen von Lateinschülern geprägt hat. In diesem Rechenschaftsbericht, verfasst 52 / 51 v. Chr., wird der Zeitraum von 58 bis 52 v. Chr. behandelt. Jedes Buch entspricht dabei einem Jahr. Das achte Buch stammt von Caesars Offizier Aulus Hirtius. Der Sieg über den Erzfeind Vercingetorix bildet den Abschluss des 7. Buches. In verschiedenen Exkursen geht Caesar auf einzelne Themen genauer ein, z. B. auf den Bau der Rheinbrücke (4,17) oder die Unterschiede zwischen Galliern und Germanen (6,11–28). Das Werk diente der Rechtfertigung seiner Taten sowie der Propaganda. So zeichnet Caesar von sich das Bild eines idealen Aristokraten, der die römischen Tugenden *dignitas* („Würde"), *honor* („Ehrenhaftigkeit / Ehre"), *humanitas* („Menschlichkeit") und *clementia* („Milde") besitzt. Allerdings ließ er diese *clementia* nur dann walten, wenn er sich einen Propaganda-Vorteil versprach, so z. B. gegenüber Cicero. Während er den belgischen Stamm der Nervier schonte (Gall. 2,28), zeigte er sich gegenüber den Bürgern von Marseille (Uxellodunum) sehr grausam, indem er allen, die Waffen getragen hatten, die Hände abschlagen ließ (Gall. 8,44).

In seinem zweiten größeren Werk *De bello civili* (*Bellum civile*) beschreibt Caesar in drei Büchern die Ereignisse der Jahre 49–48 v. Chr. Weitere Werke sind verloren gegangen und nur als Titel bekannt: eine Grammatik (*De analogia*), ein Reisegedicht über den Spanienfeldzug 46 v. Chr. (*Iter*) sowie zwei Bücher gegen seinen Intimfeind Cato den Jüngeren (*Anticato / Anticatones*).

151

Caesar. Büste, Marmor, nach 44 v. Chr., Vatikanische Museen, Museo Pio Clementino, Rom.

Augustus (23.09.63 v. Chr. bis 19.08.14 n. Chr.)

Augustus wurde als Gaius Octavius in Rom geboren Abb. 42 (s. S. 76). Er war der Großneffe Caesars, weshalb er nach der testamentarischen Adoption den Namen Gaius Iulius Caesar annahm. 27 v. Chr. wurde ihm vom Senat der Titel Augustus („der Erhabene") verliehen.

Sein Sieg in der Schlacht von Actium (31 v. Chr.) über Marcus Antonius markiert den Beginn der Kaiserzeit. Zwar legte Augustus 27 v. Chr. offiziell alle außerordentlichen Gewalten nieder, erhielt dafür aber ein zunächst befristetes *imperium proconsulare* („Amtsgewalt eines Statthalters") für die Provinzen Spanien, Gallien und Syrien. Dieses wurde immer wieder verlängert. Damit hatte er die Kontrolle über den größten Teil des Heeres und de facto weiterhin die Macht in Händen. 23 v. Chr. verzichtete er auf den Konsulat, den er bis dahin kontinuierlich bekleidet hatte. Er erhielt dafür jedoch die *tribunicia potestas*, die Amtsgewalt eines Volkstribuns, auf Lebenszeit. Zudem wurde sein *imperium proconsulare* auf alle Provinzen ausgeweitet. Die beiden Amtsgewalten waren die wichtigsten Herrschaftsinstrumente des Kaisers.

Einen zu offensichtlichen Kaiserkult lehnte Augustus ab. Er nannte sich lediglich Sohn des vergöttlichten Caesar (*divi filius*) und gestattete die Verehrung des *Genius Augusti*. Einen reichsweiten Kaiserkult gab es erst unter den Nachfolgern des Augustus. So gelang es Augustus, einen bescheidenen Eindruck zu erwecken, ohne auf weitgehende Machtbefugnisse zu verzichten.

In seinem 76. Lebensjahr verfasste Augustus einen Rechenschaftsbericht, den *Index Rerum Gestarum* („Verzeichnis seiner Taten") oder kurz *Res gestae* Abb. 152 (s. S. 182). Er gibt einen nüchternen Bericht über seine militärischen und politischen Taten und eine Auflistung der ausgeübten Ämter sowie der zahlreichen Ehrungen (*honores*) durch Volk und Senat. Breiten Raum nehmen seine außenpolitisch-militärischen Erfolge ein. Sie übermitteln das Bild des erfolgreichen Landesvaters, der Frieden und Sicherheit bringt (*Res gestae* 25–33). Unter den befriedeten Provinzen zählt Augustus auch Germanien auf, obwohl die Römer nach der Niederlage 9 n. Chr. die Kontrolle über die rechtsrheinischen Gebiete verloren hatten.

Augustus wusste geschickt den Anschein der Alleinherrschaft zu vermeiden. Er betonte mehrfach, dass

152

ihm verschiedene Ämter wie die Diktatur und auch der dauerhafte Konsulat angeboten wurden, er dies aber stets abgelehnt habe (*Res gestae* 5). Augustus bezeichnete sich als *princeps*, als erster Mann im Staat, dessen Machtstellung allein auf seiner *auctoritas* (Autorität) beruhe. Grundlage dessen seien seine Fähigkeiten und Verdienste. Damit erhielt er den Anschein einer republikanischen Staatsform (*res publica*) aufrecht, in welcher der Senat, die Magistraturen und die Volksversammlung weiter bestehen und die Entscheidungen treffen.

Das augusteische Zeitalter wird auch als ein „Goldenes Zeitalter" (*aurea ... saecula*, Verg. Aen. 6,791f.) bezeichnet. Es war eine Blütezeit der Literatur und der Kunst. Mit Vergil, Ovid, Horaz, Tibull und Properz erreichte die römische Dichtung einen Höhepunkt.

Gaius Plinius Secundus Maior (Plinius der Ältere, 23 / 24 bis 79 n. Chr.)

Plinius der Ältere stammte aus Oberitalien, kam aber schon früh nach Rom. Sein Militärdienst brachte ihn um 50 n. Chr. nach Niedergermanien. Während der Herrschaft Neros zog er sich von öffentlichen Tätigkeiten zurück. Zu den nachfolgenden Flaviern hatte er allerdings enge Beziehungen und übte daher ab 69 n. Chr. wieder politische und militärische Ämter aus. So war er kaiserlicher Prokurator in Spanien und zuletzt Befehlshaber (Präfekt) der kaiserlichen Flotte im westlichen Mittelmeer. Er war Zeuge des Vesuvausbruchs 79 n. Chr. und kam bei dem Versuch ums Leben, Hilfe zu leisten. Sein Neffe Plinius der Jüngere, der ebenfalls Augenzeuge der Naturkatastrophe war, berichtet hiervon in einem Brief (Plin. epist. 6,16).
Bekannt ist Plinius der Ältere vor allem durch seine enzyklopädische Naturgeschichte (*Naturalis Historia*, Abb. 153). Sie behandelt in 37 Büchern naturwissenschaftliche, kulturgeschichtliche und anthropo-

Am Eingang zum Mausoleum des Augustus in Rom waren ursprünglich zwei Tafeln angebracht, auf denen seine Taten aufgelistet wurden. Diese Texte kennen wir heute als die *Res gestae*.

153

Die Abbildung zeigt den kunstvoll ausgefertigten Anfangsbuchstaben O (Initiale) einer Abschrift der Naturalis historia des Plinius des Älteren. Mitte 15. Jh. n. Chr., Victoria and Albert Museum, London.

logische Inhalte. In Buch 16 geht Plinius auch auf die Landschaft Germaniens ein (Plin. nat. 16,2f.), nachdem er in Buch 4 bereits die hier am Niederrhein lebende Bevölkerung beschrieben hatte (nat. hist. 4,101 und 106).

Publius Cornelius Tacitus (ca. 55 bis ca. 120 n. Chr.)

Tacitus war der bedeutendste Historiker des 1. Jahrhunderts, er begann erst unter Nerva (96–98 n. Chr.) zu schreiben. Über ihn gibt es nur wenige biographische Informationen. Bekannt ist, dass er 88 n. Chr. Praetor und 97 n. Chr. Suffektkonsul (*consul suffectus*) war. Vielleicht hatte er 112 / 113 n. Chr. das Amt des Statthalters der Provinz Asia inne. Seine Werke stellen neben den Werken Caesars die wichtigsten Quellen über Germanien und seine Bewohner dar.
Bei der *Germania* oder auch *De origine et situ Germanorum*, die nach 98 verfasst wurden, handelt es sich um eine ethnographische Schrift.
Die Historien (*Historiae*) des Tacitus sind eine wichtige Quelle für die Ereignisse in Germanien zur Zeit des Vier-Kaiser-Jahres und des Bataveraufstandes Abb. 154. Besonders für Xanten ist Tacitus von großer Bedeutung. Schließlich ist dies die einzige literarische Quelle, in der Vetera überhaupt Erwähnung findet. Von den beiden Legionslagern Vetera I und II und auch von der Colonia Ulpia Traiana finden sich ansonsten keinerlei Spuren in der römischen Literatur. Allein in Inschriften wird die CUT erwähnt, allerdings auch nur verhältnismäßig selten. In den Historien wird über die Zeit der flavischen Kaiser berichtet (69 bis 96 n. Chr.). Allerdings ist nur die Beschreibung der Ereignisse bis zum jüdischen Aufstand von 70 n. Chr. erhalten. Denn von den ursprünglich 12, vielleicht auch 14 Büchern sind nur die Bücher 1 bis 4 und der Anfang von Buch 5 überliefert.
Auch das zweite Geschichtswerk des Tacitus, *Ab excessu divi Augusti*, besser bekannt unter dem Titel *Annales*, ist nicht vollständig überliefert. Erhalten sind die Bücher 1 bis 4, Fragmente von Buch 5 und 6 sowie lückenhaft die Bücher 11 bis 16. Nachdem er in den Historien die jüngere Geschichte behandelt hat, geht Tacitus mit diesem Werk chronologisch weiter zurück in die Vergangenheit: Beginnend mit dem Tod des Augustus werden die nachfolgenden Kaiser bis zu Nero dargestellt. Tacitus, der als Jugendlicher und junger Mann die Schreckensherrschaft Neros und später die des Domitian erlebt hat, zeichnet hier ein düsteres Bild vom Prinzipat.
Zu den weiteren Werken des Tacitus gehört der *Agricola* (*De vita et moribus Agricolae*, 98 n. Chr.), in dem er die Taten seines Schwiegervaters Iulius Agricola schildert. Dieser war an der Eroberung Britanniens unter Domitian beteiligt. In dem fiktiven *Dialogus de oratoribus* (102 n. Chr. oder später entstanden) werden die Ursachen für den Verfall der Redekunst thematisiert.

Gaius Plinius Caecilius Secundus (Plinius der Jüngere, Plinius Minor, 61 / 62 bis ca. 114 n. Chr.)

Plinius der Jüngere stammte aus Comum in Oberitalien und wurde nach dem Tod seines Vaters durch seinen Onkel mütterlicherseits, Plinius den Älteren adoptiert. Neben seiner Tätigkeit als Anwalt und Schriftsteller übte Plinius auch verschiedene politische Ämter aus. 79 n. Chr. wurde er Augenzeuge des Vesuvausbruchs, bei dem sein Onkel zu Tode kam.
Bekannt geworden ist Plinius in erster Linie durch seine Briefe (*Epistulae*). Die *Epistulae* sind eine Sammlung von literarischen Briefen in zehn Büchern, die eine wichtige Quelle über das Alltagsleben der römischen Oberschicht darstellen. Die ersten neun Bücher sind an verschiedene Adressaten gerichtet und beinhalten ein breites Themenspektrum, z. B. den Tagesablauf, das Landleben, literarische Studien, das Rezitationswesen, Politik, Träume, Reisen und Naturereignisse wie den Vesuvausbruch.

154

Das Deckblatt dieser Tacitus-Ausgabe aus dem 17. Jh. zeigt, wie sehr die Vorstellungen von römischen Soldaten und Gottheiten sowie von antiken Autoren von ihrer Entstehungszeit geprägt waren – und auch noch heute sind. 1645, Liszt-Sammlung, Weimar.

Das posthum edierte 10. Buch enthält den Briefwechsel mit Kaiser Traian. Die 107 Briefe entstanden während der Statthalterschaft des Plinius in der Provinz Pontus et Bithynia (ab 111 n. Chr.), die im nordwestlichen Kleinasien am Schwarzmeer lag, auf dem Gebiet der heutigen Türkei. Plinius wendet sich mit Fragen zu verschiedenen Aspekten der Provinzverwaltung an den Kaiser.

Von seinen Reden haben sich nur Fragmente erhalten, vollständig überliefert ist allein sein Panegyrikus auf Kaiser Traian (*C. Plini Caecili Secundi Panegyricus Traiano Imperatori dictus*), den er bei seinem Antritt als Suffektkonsul am 1. September 100 vor dem Senat hielt. Die literarische Gattung der Lobrede diente in römischer Zeit dazu, das Ideal des Herrschers zu propagieren, der sowohl musisch gebildet als auch im Krieg erfolgreich sein sollte. Plinius preist Traian gar als göttergleich (Pan. 1,3).

Gaius Suetonius Tranquillus (geb. um 70 n. Chr., gest. nach 122)

Der wohl aus Nordafrika stammende Sueton gehörte dem Ritterstand an. Viel ist nicht über ihn bekannt, es gibt einige Hinweise in seinen eigenen Werken sowie in den Briefen seines Förderers Plinius des Jüngeren. Er war zunächst als Gerichtsredner tätig, bevor er unter Kaiser Traian verschiedene Ämter inne hatte, darunter die Leitung der kaiserlichen Kanzlei (*ab epistulis*). 122 n. Chr. scheint er durch eine Hofintrige seine Stellung verloren zu haben. Danach wandte er sich der gelehrten Schriftstellerei zu und war bis 130 n. Chr. literarisch aktiv.
Sein bekanntestes Werk sind die Kaiserviten (*De vita XII Caesarum libri VIII*, um 120 n. Chr. erschienen). Das acht Bücher umfassende Werk beginnt mit Gaius Iulius Caesar und behandelt die elf Kaiser bis Domitian.

Außerdem verfasste er kurze Lebensbeschreibungen von berühmten römischen Literaten (*De viris illustribus*). Erhalten sind nur einige Viten von Grammatikern und Rhetoren, die Biographien der Dichter, Redner, Geschichtsschreiber und Philosophen sind nicht überliefert. Zu seinen weiteren Werken gehörten historische, grammatische und naturwissenschaftliche Schriften, die ebenfalls nicht erhalten sind.

AUF INSCHRIFTEN HÄUFIG VERWENDETE ABKÜRZUNGEN

Weihe- und Grabinschriften waren bei den Römern stark standardisiert. Sie bestanden aus immer wiederkehrenden Formeln. In der nachfolgenden Liste sind die wichtigsten Abkürzungen aufgeführt. Die Alternativen / Varianten in der Schreibweise sind in Klammern angegeben.

Abkürzung	Bedeutung
>	centuria = Zenturie; centurio = Zenturio
AL	alae = Alen
AN(N)	annus / anni = Jahr(e)
AUG	Augustus
C	Caius = Gaius; Caesar; centuria = Zenturie
CENS	Censor = Zensor
CL(A) G(ERM)	classis (Augusta) Germanica = die Flotte von Germanien
COH	cohors = Kohorte
COS	consul = Konsul
C V T	Colonia Ulpia Traiana
D D	dono dedit / dederunt = er gab / sie gaben als (Weihe)geschenk
DEC	decurio = Ratsherr
DES	designatus = designiert
D I M	deus invictus Mithras = der unbesiegte (Gott) Mithras
D M	Dis Manibus = den Totengeistern
D N	dominus noster = unser Herr (= Kaiser)
F	filius = Sohn; fecit = er machte
FL	Flavius
H D D	(in) honorem domus divinae = zu Ehren des göttlichen (Kaiser)Hauses
H F / H (E T) F C	heres fecit / heres (ex testamento) faciendum curavit = der Erbe machte dies / der Erbe ließ (den Grabstein dem Testament entsprechend) aufstellen
H S E	hic situs (sita) est = er (sie) liegt hier (begraben)
IMP	imperator = Feldherr / Imperator
I O M	Iupiter Optimus Maximus = Iuppiter, der Beste und Größte
IVL	Iulius
KAL	kalendae = die Kalenden (Monatserster)
L	libertus = Freigelassener; libens = gern; legio = Legion; Lucius
LEG	legio = Legion; legatus = Legat
LEG XXX V V	legio XXX Ulpia Victrix = die 30. Legion, die Ulpische, die Siegreiche
LEG AVG PR PR	legatus Augusti pro praetore = kaiserlicher Legat mit proprätorischer Amtsvollmacht
M	Marcus
M(IL)	miles = Soldat
P	Publius
P(AT) P(AT)	pater patriae = Vater des Vaterlandes
P F	pia fidelis = fromm und treu
P(ONT) M(AX)	pontifex maximus = oberster Priester
Q	Quintus; qui / quae = der / die (Relativpronomen)
S A	Severiana Alexandriana = die Severianisch-Alexandrinische
SEPT	Septimius
SEX	Sextus
SIG	signifer = Feldzeichenträger
STIP	stipendia = (militärische) Dienstjahre
T	Titus
T P I	testamento poni iussit = er befahl testamentarisch, aufstellen zu lassen
TR(IB) P(OT)	tribunicia potestas = tribunizische Amtsvollmacht
VEX	vexillatio = Abteilung
VLP	Ulpius / Ulpia
V S L (L)M	votum solvit (solverunt) libens (libentes) (laetus / laeti) merito = er / sie löste (sie lösten) sein / ihr Gelübde gerne (freudig) und gebührend ein

STICHWORTVERZEICHNIS

Ädikula (*aedicula*)

Ädikula (von *aedes* = „Haus, Tempel") bezeichnet die kleine Nachbildung eines Tempels mit einer Nische, in der eine (Götter-) Statue, eine Urne oder ein Bild aufgestellt wurde. Häufig wurden darin z. B. die familiären Schutzgötter (*lares*) verehrt.

Alen (*alae*)

Die Reiterei deckte in der Schlacht oft die Flanken des Heeres ab. Daher wurden diese Einheiten *alae* (*ala* = „Flügel") genannt. Die Alen waren in 16 oder 24 Abteilungen, den Turmen (*turmae* = „Reiterabteilung") gegliedert.

Augustus

Wie Imperator und Caesar war auch Augustus ein Bestandteil der Kaisertitulatur. Die Kaiser nach Augustus, der im Jahr 27 v. Chr. den Ehrennamen Augustus („der Erhabene") erhielt, folgten ihm darin nach.

Auxiliartruppen

Zu einer Legion gehörten die Hilfs- oder Auxiliartruppen (*auxilium* = „Hilfe"). Sie bestanden aus Infanterie- und Kavallerieeinheiten. Die 500 bzw. 1.000 Mann setzten sich zusammen aus freiwilligen Berufssoldaten oder Soldaten aus den Provinzen, die von den unterworfenen Volksstämmen gestellt werden mussten. Für den Dienst in den Hilfstruppen musste man daher kein römischer Bürger sein. Der Dienst dauerte 25 Jahre. Danach winkte den *peregrini* (= „Nichtbürgern, Fremden") das römische Bürgerrecht als Belohnung.

Caesar

Ursprünglich war Caesar ein *cognomen* (Beiname) aus der Familie der Iulier. Der wichtigste Namensträger war Gaius Iulius Caesar, der Feldherr, der ganz Gallien eroberte („Nein, nicht ganz Gallien..."). In der Kaiserzeit gehörte Caesar zur Titulatur des Herrschers, konnte aber auch den designierten Nachfolger bezeichnen.

canabae (= „Krämerbezirk")

In direkter Nähe zu den römischen Legionslagern befanden sich zivile Lagerdörfer, die *canabae* (*legionis*). *Canaba* bezeichnet wörtlich einen Verkaufsstand oder eine Bude. In diesen Siedlungen lebten die Familien der Soldaten. Außerdem gab es hier Geschäfte, Wirtshäuser und Werkstätten.

Codex („Baumstamm")

Zunächst bezeichnete der Begriff einen Stapel zusammengebundener (Wachs-) Tafeln. Daraus entwickelte sich die heute bekannte Buchform, in der ursprünglich mehrere Lagen Pergament bzw. Papier zwischen zwei Holzdeckeln eingebunden wurden.

corona civica („Bürgerkrone")

Die Bürgerkrone war die höchste Auszeichnung, mit der ein römischer Bürger geehrt werden konnte. Man erhielt sie, wenn man im siegreichen Kampf einem Bürger oder Bundesgenossen das Leben gerettet hatte (*ob cives servatos*). Der Gerettete krönte zum Dank seinen Retter und verehrte ihn sein Leben lang wie einen Vater. Der Geehrte besaß einige Privilegien: Er durfte den Kranz bei feierlichen Anlässen tragen, beim Besuch des Theaters oder Zirkus mussten sich alle anderen erheben und er durfte in Nähe der Senatoren sitzen.

Damnatio memoriae

Unter der Damnatio memoriae versteht man die Auslöschung der (öffentlichen) Erinnerung. Die Damnatio memoriae wurde über einige römische Kaiser oder über andere hochgestellte Personen des öffentlichen Lebens verhängt. Dies bedeutete u. a., dass der Name der betroffenen Person aus allen offiziellen Inschriften entfernt wurde (*erasio nominis*) und Darstellungen auf Reliefs und Münzen sowie Porträtbüsten zerstört wurden.

Epigraphik (griech. *epi* = „auf", *graphein* = „schreiben")

Die Epigraphik bezeichnet die wissenschaftliche Disziplin zur Sammlung, Erforschung und Edition von Inschriften. Die Geschichte dieser Wissenschaft beginnt erst im 19. Jahrhundert. Seit 1863 werden die lateinischen Inschriften im Corpus Inscriptionum Latinarum (CIL) gesammelt.

Faksimile

Ein Faksimile von lat. *fac simile* (= „mache es ähnlich") ist eine in Größe und Ausführung mit einem Original übereinstimmende Nachbildung, häufig von historisch wertvollen gedruckten oder handschriftlichen Dokumenten.

foederati

Wenn Römer mit einem nichtrömischen Gemeinwesen oder Stammesverband ohne römisches oder latinisches Bürgerrecht einen Vertrag (*foedus*) schlossen, galten diese als *foederati*.

Graffito

Ein Graffito (von griech. *graphein* = „schreiben") bezeichnet eine in Stein, Putz oder Ton geritzte, meist flüchtige Inschrift oder Dekoration. Graffiti sind wichtige Quellen für das römische Alltagsleben. Wir erfahren zum Beispiel etwas über Wahlwerbung, Verwünschungen und gute Geschäfte.

Imperator („siegreicher Feldherr")

Der siegreiche Feldherr erhielt den Titel, indem das Heer ihn zum Imperator ausrief (Akklamation). Dies war Voraussetzung, um einen Triumph feiern zu dürfen. In der Kaiserzeit gehörte der Titel zum Namensbestandteil des Kaisers und zeigte an, dass der Kaiser Inhaber der höchsten militärischen Macht war (*imperium*, von *imperare* = „befehlen, herrschen").

imperium proconsulare („Amtsgewalt eines Statthalters")

Das *imperium proconsulare* meint die Befehlsgewalt über die in den Provinzen stationierten Legionen. Seit Augustus waren alle römischen Kaiser mit dem *imperium proconsulare* ausgestattet. Weil die Legionen häufig auch in der Politik eine wichtige Rolle spielten, etwa bei der Ausrufung eines neuen Kaisers, war diese Amtsgewalt ein entscheidender Machtfaktor.

Kohorte (*cohors*)

Eine Legion bestand im Kern aus zehn Kohorten (*cohors* = „Haufe, Schar") mit je ca. 480 Mann. Eine Kohorte wiederum war in drei Manipel (*manipulus* = „Handvoll", von *manus* = „Hand") unterteilt.

Konsul (*consul*)
In der Republik war der Konsulat (*consulatus*) das höchste Amt im Staat. Die beiden Konsuln, die jährlich von einer der Volksversammlungen gewählt wurden, leiteten die Staatsgeschäfte. Sie konnten den Senat und die Volksversammlungen einberufen und hatten den Oberbefehl über das Heer. Zwar verlor der Konsulat in der Kaiserzeit seine politische Bedeutung, war aber weiterhin sehr prestigeträchtig. Nur Konsulare, d. h. ehemalige Konsuln, konnten die begehrten und lukrativen Posten eines Statthalters in den kaiserlichen Provinzen oder des Stadtpräfekten einnehmen.

Majuskel (*maius* = „größer")
Großbuchstabe, auch Versalie. Majuskelschriften bestehen nur aus Großbuchstaben, die alle eine einheitliche Höhe haben.

Minuskel (*minus* = „kleiner")
Kleinbuchstabe. Minuskelschriften bestehen nur aus kleinen Buchstaben, die im Unterschied zu den Majuskeln Ober- und Unterlängen haben.

Pater Patriae („Vater des Vaterlandes")
Pater Patriae war ein Ehrentitel, der vom Senat verliehen wurde.

Pergament
Pergament ist ein Beschreibstoff aus Tierhaut, v.a. aus Rind, Ziege oder Schaf. Pergament löste wegen seiner Beständigkeit den Papyrus in der Spätantike ab. Da Pergament allerdings sehr teuer war, wurde es ab dem Spätmittelalter vom billigeren Papier verdrängt.

Pontifex maximus
Der Pontifex maximus war der oberste Priester, der den Vorsitz über die Priesterschaft ausübte. Er war u. a. für die Erstellung der Annalen zuständig. Im Christentum wurde der Titel *pontifex maximus* auf den Papst übertragen. Pontifex bedeutet eigentlich „Brückenbauer" von *pons* = „Brücke" und *facere* = „bauen".

Princeps
Princeps (= „der Erste, Führende") ist keine Amtsbezeichnung, sondern ein Titel. Er bezeichnete eine herausragende Persönlichkeit, die kraft ihrer Autorität (*auctoritas*) eine Ehrenstellung einnahm. Alle römischen Kaiser trugen diesen Titel.

Provinz (*provincia*)
Die Römer unterschieden zwischen kaiserlichen und senatorischen Provinzen. Bei den kaiserlichen Provinzen (*provinciae Caesaris*) handelt es sich in der Regel um die Grenzprovinzen, in denen ein oder zwei Legionen stationiert waren. Dadurch stellten sie ein wichtiges Machtinstrument der Kaiser dar. Die Statthalter (*proconsules*) der senatorischen Provinzen (*provinciae publicae*, wörtlich „öffentliche Provinzen") wurden vom Senat durch Los gewählt.

schola
Schola bezeichnet ein Gebäude, das als Versammlungsort oder Vereinshaus diente, z. B. für Zünfte oder Gruppen wie die Feldzeichenträger.

Statthalter (*legatus Augusti pro praetore* = „Beauftragter des Kaisers im Rang eines Praetors")
Der Statthalter war der Vertreter des Kaisers, der oberste Beamte in einer kaiserlichen Provinz. Das Amt wurde Senatoren übertragen, die ehemalige Prätoren oder – in Provinzen mit Legionen – ehemalige Konsuln waren. Die Amtsgewalt beinhaltete sowohl den militärischen Oberbefehl als auch die oberste Gerichtsbarkeit sowie die oberste Polizeiinstanz. Zu den Aufgaben gehörte unter anderem die Aufrechterhaltung der öffentlichen Ordnung, die Sicherheit auf den Fernstraßen, die Kontrolle der Verwaltung sowie die Überwachung von Bauvorhaben.

Suffektkonsul (*consul suffectus*)
Suffektkonsul bezeichnete einen Konsul, der nachgewählt wurde, wenn ein Magistrat seine Amtszeit nicht vollenden konnte. Er übte das Amt nur einige Monate und nicht die volle Amtszeit von einem Jahr aus. Sie konnten als Konsulare, d. h. ehemalige Konsuln, die gleichen prestigeträchtigen und lukrativen Posten wie die ordentlichen Konsulare bekleiden. In der Kaiserzeit gab es mehrere Suffektkonsuln, weil der Posten überaus begehrt war.

Titulatur
Aufzählung der Ämter, Ehrenämter und Auszeichnungen eines römischen Beamten bzw. der römischen Kaiser. Anhand dieser gelingt es häufig, römische Inschriften zu datieren.

tria nomina (*tres / tria* = „drei", *nomen* = „Name")
Römische Namen setzten sich aus drei Bestandteilen zusammen: dem Vornamen (*praenomen*), dem Familiennamen (*nomen gentile*) und dem Beinamen (*cognomen*), z. B. Gaius Iulius Caesar. Nur römische Bürger besaßen diese drei Namensbestandteile.

tribus
Rom war in vier Stimmbezirke (*tribus*) eingeteilt. Doch mit der Ausbreitung des römischen Herrschaftsgebiets wuchs auch die Zahl der *tribus* an. Die stadtrömischen Wahlbezirke (*tribus urbanae*) wurden um *tribus rusticae* (*rusticus* = „ländlich") erweitert. Neubürger wurden auf die 35 Bezirke verteilt und jeder Bezirk hatte bei Abstimmungen eine Stimme; es galt das Mehrheitsprinzip. Da nur in Rom gewählt werden konnte, haben sicher nicht alle Bürger immer ihr Wahlrecht ausgeübt. Die Wählerlisten wurden zudem der Rekrutierung von Soldaten und der Steuererhebung zugrunde gelegt.

Vexillation (*vexillatio*)
Eine Vexillation (von *vexillum* = „Fahne, Standarte") ist eine Abordnung von Soldaten einer oder mehrerer Legionen oder Hilfstruppeneinheiten. Sie umfasste 500 bis 1.000 Mann, also eine oder zwei Kohorten. Vexillationen wurden ad hoc aufgestellt und für spezielle Arbeitseinsätze oder Kriegszüge eingeteilt.

Volkstribun (*tribunus plebis*)
Die Volkstribune waren die Interessenvertreter der Bürger (Plebejer, von *plebs* = „Volk") gegenüber dem Adel (Patrizier, von *patres* = „Väter"). Sie standen unter dem Schutz der Götter und waren somit unverletzlich (*sacrosancti*) und unangreifbar.

Das Amt war mit großen Machtbefugnissen ausgestattet: Ein Volkstribun konnte gegen die Amtshandlungen aller Beamten, auch der Konsuln, Veto einlegen und einschreiten (*ius intercessionis*), er konnte die Entscheidungen seiner Amtskollegen aufheben und in bestimmten Fällen konnte er den Senat einberufen. Seit Augustus hatten auch die Kaiser diese wichtigen Machtbefugnisse, ohne das eigentliche Amt wahrzunehmen. Die *tribunicia potestas* („tribunizische Amtsgewalt") des Kaisers wurde jedes Jahr erneuert. Seit Traian geschah dies meist am 10. Dezember.

Zensor (*censor*)

In der Republik wurden die Zensoren alle fünf Jahre gewählt und übten ihr Amt 18 Monate aus; in der Regel konnten nur ehemalige Konsuln *censor* werden. Die Zensoren (*censere* = „schätzen, mustern") waren für die Volkszählung, die Einschätzung des Vermögens und die Festlegung der Steuern zuständig. In der Kaiserzeit übernahm der Kaiser diese Aufgaben.

Zenturie (*centuria*)

Die Zenturie (von *centum* = „hundert") war die kleinste taktische Einheit im Heer. Sie bestand ursprünglich aus 100, später aus 80 Mann und wurde von einem Zenturio angeführt.

VERWENDETE QUELLENEDITIONEN

AMMIANUS MARCELLINUS, Römische Geschichte, lateinisch / deutsch und mit einem Kommentar versehen, herausgegeben von Wolfgang Seyfarth, Teil 2, Buch 18-21 (Zürich 1975).

L'ANNÉE ÉPIGRAPHIQUE (AE), herausgegeben von Presses Universitaire de France, erweitert seit 1888 jährlich die Bände des CIL um die neu entdeckten und veröffentlichten Inschriften der römischen Antike, s. auch www.anneeepigraphique.msh-paris.fr [18.1.2023].

AUGUSTINUS, Bekenntnisse, lateinisch / deutsch, eingeleitet, übersetzt und erläutert von Joseph Bernhart. Mit einem Vorwort von Ernst Ludwig Grasmück (Frankfurt a. M. 1987).

AUGUSTUS, Res gestae / Tatenbericht (Monumentum Ancyranum), lateinisch / griechisch / deutsch, übersetzt, kommentiert und herausgegeben von Marion Giebel (Stuttgart 1999), unveränderter Nachdruck von 1975.

GAIUS IULIUS CAESAR, De bello Gallico / Der Gallische Krieg, lateinisch / deutsch, übersetzt und herausgegeben von Marieluise Deissmann (Stuttgart 1980), neuer ist die bibliographisch ergänzte Ausgabe 2004.

MARCUS TULLIUS CICERO, De officiis / Vom pflichtgemäßen Handeln, lateinisch / deutsch, übersetzt, kommentiert und herausgegeben von Heinz Gunermann (Stuttgart 1976).

MARCUS TULLIUS CICERO, Die politischen Reden, Bd. 1, lateinisch / deutsch, herausgegeben, übersetzt und erläutert von Manfred Fuhrmann (München 1993).

CORPUS INSCRIPTIONUM LATINARUM (CIL), herausgegeben von der Berlin-Brandenburgischen Akademie der Wissenschaften (BBAW), 17 Bände mit zahlreichen Teilbänden (Berlin 1863 ff.), s. auch: www.cil.bbaw.de [3.1.2023].

SEXTUS IULIUS FRONTINUS. Curator Aquarum, Wasserversorgung im antiken Rom, herausgegeben von der Frontinus-Gesellschaft e.V. (Wien ^{3}1986).

HORAZ, Sämtliche Werke, lateinisch / deutsch, nach Kayser, Nordenflycht und Burger, herausgegeben von Hans Färber (München 1967).

IUVENAL, Satiren, lateinisch / deutsch, herausgegeben, übersetzt und mit Anmerkungen versehen von Joachim Adamietz (München / Zürich 1993).

TITUS LIVIUS, Römische Geschichte / Ab urbe condita, Gesamtausgabe in 11 Bänden, Band 5: Buch 24-26, lateinisch / deutsch, herausgegeben von Josef Feix (Zürich 2011).

MARCUS VALERIUS MARTIALIS, Epigramme, lateinisch / deutsch, übersetzt von Paul Barié und Winfried Schindler (Berlin ^{3}2013).

C. SUETON TRANQUILLUS, Das Leben der römischen Kaiser, herausgegeben und übersetzt von Hans Martinet (Düsseldorf / Zürich 1997), neuer ist der Nachdruck 2001.

TACITUS, Annalen, Deutsch von August Horneffer, mit einer Einleitung von Joseph Vogt und Anmerkungen von Werner Schur (Stuttgart 1964).

TACITUS, Germania, lateinisch / deutsch, übersetzt, erläutert und mit einem Nachwort herausgegeben von Manfred Fuhrmann (Stuttgart 1975).

TACITUS, Historien, deutsche Gesamtausgabe übersetzt und mit Anmerkungen versehen von Walther Sontheimer. Einleitung von Viktor Pöschl (Stuttgart 1959).

P. OVIDIUS NASO, Metamorphosen, lateinisch / deutsch, übersetzt und herausgegeben von Michael von Albrecht (Stuttgart 1994).

PAUSANIAS, Reisen in Griechenland (= Die Bibliothek der Alten Welt. Griechische Reihe), 3 Bände, auf Grund der kommentierten Übersetzung von Ernst Meyer herausgegeben von Felix Eckstein, 3. nunmehr vollständige Ausgabe (Zürich / München 1986-1989).

PLINIUS, Naturkunde / Naturalis historia libri XXXVII, lateinisch / deutsch,

- Buch 3/4 (Geographie: Europa): herausgegeben und übersetzt von Gerhard Winkler in Zusammenarbeit mit Roderich König (Düsseldorf / Zürich ^{2}2002).
- Buch 9 (Zoologie: Wassertiere): herausgegeben und übersetzt von Roderich König in Zusammenarbeit mit Gerhard Winkler (München 1979).
- Buch 16 (Botanik: Waldbäume): herausgegeben und übersetzt von Roderich König in Zusammenarbeit mit Joachim Hopp (München / Zürich 1991).
- Buch 18 (Ackerbau): herausgegeben und übersetzt von Roderich König in Zusammenarbeit mit Joachim Hopp und Wolfgang Glöckner (Zürich 1995).
- Buch 33 (Metallurgie): herausgegeben und übersetzt von Roderich König in Zusammenarbeit mit Gerhard Winkler (München / Zürich ^{2}2007).
- Buch 34 (Metallurgie): herausgegeben und übersetzt von Roderich König in Zusammenarbeit mit Karl Bayer (München 1989).

GAIUS PLINIUS CAECILIUS SECUNDUS (Plinius der Jüngere), Briefe / Epistularum libri decem, lateinisch / deutsch, herausgegeben von Helmut Kasten (Zürich 2003).

C. PLINIUS CAECILIUS SECUNDUS, Sämtliche Briefe, lateinisch / deutsch, übersetzt und herausgegeben von Heribert Philips und Marion Giebel, Nachwort von Wilhelm Kierdorf (Stuttgart 1998).

PLINIUS DER JÜNGERE, Panegyrikus. Lobrede auf den Kaiser Trajan, herausgegeben, eingeleitet und übersetzt von Werner Kühn. Texte zur Forschung 51 (Darmstadt ^{2}2008).

MARCUS FABIUS QUINTILIANUS, Ausbildung des Redners. Zwölf Bücher, lateinisch / deutsch, herausgegeben und übersetzt von Helmuth Rahn (Darmstadt ^{6}2015), unveränderter Nachdruck der Ausgabe von 2011.

VARUS, VARUS! Antike Texte zur Schlacht im Teutoburger Wald, lateinisch / deutsch und griechisch / deutsch, herausgegeben von Lutz Walther (Stuttgart 2008), neuer ist die durchgesehene und erweiterte Ausgabe von 2019.

P. VERGILIUS MARO, Aeneis, 5. und 6. Buch, lateinisch / deutsch, übersetzt und herausgegeben von Edith und Gerhard Binder (Stuttgart 1998).

VITRUV, Zehn Bücher über Architektur, lateinisch / deutsch, mit Anmerkungen von Curt Fensterbusch (Darmstadt ^{7}2014).

ABKÜRZUNGEN ANTIKER AUTOREN UND IHRER WERKE

Aug. conf. = Augustinus, Confessiones
Cass. Dio = Cassius Dio, Historia Romana
Caes. Gall. = Caesar, De bello Gallico
Cic. leg. agr. = Cicero, de lege agraria
Cic. off. = Cicero, De officiis
Flor. epit. = Florus, Epitoma de Tito Livio
Hor. epist. = Horaz, Epistulae
Iuv. = Iuvenal, Saturae
Liv. = Livius, Ab urbe condita
Mart. = Martial, Epigrammaton libri XIV
Ov. met. = Ovid, Metamorphosen
Paus. = Pausanias, Graeciae descriptio (Periegesis tes Hellados)
Plin. nat. = Plinius (d. Ä.), Naturalis historia
Plin. epist. = Plinius (d. J.), Epistulae
Quint. inst. = Quintilian, Instituio oratoria
Sen. epist. = Seneca, Epistulae morales ad Lucilium
Strab. geogr. = Strabon, Geographica
Suet. Aug. = Sueton, Divus Augustus
Suet. Iul. = Sueton, Divus Iulius
Suet. Vesp. = Sueton, Divus Vespasianus
Tac. ann. = Tacitus, Annales
Tac. hist. = Tacitus, Historiae
Tac. Germ. = Tacitus, De origine et situ Germanorum
Vel. = Velleius Paterculus
Verg. Aen. = Vergil, Aeneis

LITERATUREMPFEHLUNGEN

MICHAEL VON ALBRECHT, Geschichte der römischen Literatur (München 1994).

MARCUS JUNKELMANN, Die Legionen des Augustus. Der römische Soldat im archäologischen Experiment. Kulturgeschichte der antiken Welt 33 (Mainz 1986).

MARTIN MÜLLER / HANS-JOACHIM SCHALLES / NORBERT ZIELING (HRSG.), Colonia Ulpia Traiana. Xanten und sein Umland in römischer Zeit. Xantener Berichte Sonderband (Mainz 2008).

MARCUS REUTER, Legio XXX Ulpia Victrix. Ihre Geschichte, ihre Soldaten, ihre Denkmäler. Xantener Berichte 23 (Darmstadt / Mainz 2012).

HANS-JOACHIM SCHALLES / SUSANNE WILLER (HRSG.), Marcus Caelius. Tod in der Varusschlacht. Kataloge des LVR-RömerMuseums im Archäologischen Park Xanten 3 = Kataloge des LVR-Landesmuseums Bonn 11 (Darmstadt 2009).

ANKE SEIFERT, Kaiser, Senat & Volk. Politik und Gesellschaft im Römischen Reich. Führer und Schriften des LVR-Archäologischen Parks Xanten 23 (Xanten 2011).

WILFRIED STROH, Latein ist tot, es lebe Latein! Kleine Geschichte einer großen Sprache (Berlin ^{6}2007).

KARL-WILHELM WEEBER, Latein – da geht noch was. Rückenwind für Caesar & Co (Darmstadt 2016).

KARL-WILHELM WEEBER, Alltag im Alten Rom. Ein Lexikon (Düsseldorf, Zürich ^{5}2000).

BILDNACHWEIS

Vor- und Nachsatz, S. 8, 13, 14, 15, Abb. 4, 6, 18, 20, 23, 24, 25, 28, 30, 33, S. 69, Abb. 42, 50, 56, 61, 66, S. 101, Abb. 80, S. 110, 112, Abb. 83, 85, 91, S. 121, Abb. 93, 103, 104, 106, 110, 116, 117, 118, S. 145, 146, Abb. 122, 126, 128, 131, 138, 140, S. 166, Abb. 149 A. Thünker DGPh für LVR-Archäologischer Park Xanten

1, 2 LVR-Archäologischer Park Xanten, bearbeitet von S. Zimmer

3 Landesamt für Denkmalpflege im Regierungspräsidium Stuttgart / LINK 3D Virtuelle Welten / M. Link

5, 27, 29, 34, 38, 43, 48, 49, 51, 52, 53, 54, 55, 58, 59, 60, 62, 65, 69, 71, 84, 86, 87, 88, 89, 94, 97, 100, 101, 102, 105, 107, 111, 114, 115, 119 (Foto), 121, 123, 124, 125, 127, 129, 130, 133, 135, 136, 137, 141, 142, 143, 146 O. Ostermann für LVR-Archäologischer Park Xanten

7 bpk / A. Dagli Orti

8, 9 bpk / Antikensammlung, SMB / J. Liepe

10, 11, 41, 112, 113 St. Arendt, LVR-ZMB für LVR-Archäologischer Park Xanten

12, 44 bpk / Münzkabinett, SMB

13 akg-images / Vatikanische Museen

14 akg-images / P. Connolly, bearbeitet von S. Zimmer

15, 16 www.legio8augusta.de / A. Zimmermann

17 The Trustees of the British Museum

19 akg-images / euroluftbild.de

21 akg-images / De Agostini Picture Lib. / A. Dagli Orti

22 V. Iserhardt, Römisch-Germanisches Zentralmuseum Mainz

26 akg-images / Interfoto / Hermann Historica

31, 67 Römisch-Germanisches Museum der Stadt Köln / Rheinisches Bildarchiv Köln / A. Wegner

32, 152 akg / Bildarchiv Steffens

35 nach A. R. Furger / M. Wartmann / E. Riha, Die römischen Siegelkapseln aus Augusta Raurica, Forschungen in Augst 44 (Augst 2009), 22 Abb. 9

36, 139 akg-images / E. Lessing

37, 82, 96 J. Hochbruck, LVR-Archäologischer Park

S. 67 J. Esters, LVR-ZMB für LVR-Archäologischer Park Xanten

S. 72 J. Vogel, LVR-LandesMuseum Bonn

39 B. Bonnefon / akg-images

40 https://arachne.dainst.org/entity/5567571; D-DAI-ROM-35.1194 (C. Faraglia)

45, 70 M. Kriek, BCL ArchaeologicalSupport, Amsterdam für LVR-Archäologischer Park Xanten

46 nach J. Berry / N. Pollard, Die Legionen Roms (Darmstadt [4]2021) S. 49, bearbeitet von S. Zimmer

47 Ch. Duntze für LVR-Archäologischer Park Xanten

57 H. Schaaf

63 F. Hartmann

64, 81 akg-images / Bildarchiv Steffens

68, 72, 73, 74 J.-M. Degueule / Chr. Thioc / Lugdunum

75 Ph. Maillard / akg-images

76 akg-images / Orsi Battaglini

77, 78 Heritage Images / Heritage Art / akg-images

79 akg-images / Bible Land Pictures / Z. Radovan / BibleLandPictures.com

95 bpk / Staatsbibliothek zu Berlin, bearbeitet von S. Zimmer

98 Thermenmuseum Heerlen

99 Submedia – Thermenmuseum Heerlen

108 G. Michel

109 K. Jansen, LVR-Archäologischer Park Xanten

119 (Zeichnung) H. Stelter, LVR- Archäologischer Park Xanten

132 A. Opitz

134 LVR-LandesMuseum Bonn

144, 147 bpk / Münzkabinett, SMB / D. Sonnewald

145 Diessenbacher Informationsmedien für LVR-Archäologischer Park Xanten

148 bpk / Münzkabinett, SMB / I. Geske

S. 174 A. Fischer / StiftsMuseum Xanten

150 https://de.wikipedia.org/wiki/Datei:Ewich_Codex_Berolinensis_fol_76. jpg#filelinks (16.6.23).

151 bpk / Scala

153 bpk / Victoria and Albert Museum, London

154 akg-images / Liszt Collection

KATALOG

Kapitel 2: Die Sprache der Sieger – Die Eroberung Germaniens

Zierscheibe eines Pferdegeschirrs. Bronze, versilbert, Mitte 1. Jh. n. Chr., Britisches Museum, London, Inv. 1868,0220.1, CIL 13,10026,22 in Xanten (nicht ausgestellt) Abb. 17 (s. S. 39).

Kapitel 3: Latein – Eine Sprache hält die Welt zusammen

Grabstein des Marcus Caelius. Kalkstein, 9 n. Chr. od. etwas später, LVR-LandesMuseum, Bonn, Inv. U 82, CIL XIII 08648 Abb. 24 (s. S. 53).

Weihestein des Ulfenus für Seneucaega. Kalkstein, 222 n. Chr., LVR-RömerMuseum, Xanten, AE 1981,0657 (Kopie) Abb. 29 (s. S. 57).

Bauinschrift der 15. Legion für ein unbekanntes Gebäude im römischen Köln. Kalkstein, 66 n. Chr., Römisch-Germanisches Museum, Köln, o. Inv., AE 1969/70,00443 (Kopie) Abb. 31 (s. S. 59).

Graffito. Auf Putz, 2.–3. Jh. n. Chr., LVR-RömerMuseum, Xanten, Inv. C 28524 Abb. 38 (s. S. 65).

Kapitel 4: Im Gefolge der Soldaten – Die Ausbreitung römischer Macht

Aureus des Augustus. Gold, ca. 15 v. Chr., LVR-RömerMuseum, Xanten, Inv. 98,01.069 Abb. 42 (s. S. 76).

	Dupondius. Messing, 1. Jh. n. Chr., LVR-RömerMuseum, Xanten, Inv. C 14239e2 Abb. 43 (s. S. 77).
	Sesterz. Bronze, 85 n. Chr., Münzkabinett, Staatliche Museen zu Berlin, Inv. 18205093 Abb. 44 (s. S. 77).
	Eimer des Maximus. Bronze, 1. Jh. n. Chr., LVR-RömerMuseum, Xanten, Inv. 97,24.003 Abb. 48 (s. S. 83).
	Pferdeschmuck des C. Visellius. Bronze, 1./2. Jh. n. Chr., LVR-RömerMuseum, Xanten, Inv. C 10396 Abb. 49 (s. S. 84).
	Terra Sigillata von C. Vibenius, M. Naevidius und C. Mettius. Ton, 1. Jh. n. Chr., LVR-RömerMuseum, Xanten, Inv. C 18484a2, C 35105ts8, C 187 Abb. 51 (s. S. 84).
	Dolchscheide des Ancilius mit erhaltener Klinge, Bronze, Silbereinlage, Eisen, Mitte 1. Jh. n. Chr., LVR-RömerMuseum, Xanten, Inv. C 2204 Abb. 52 (s. S. 84).
	Grabstein eines unbekannten Soldaten aus Lyon. Kalkstein, 1. Hälfte 1. Jh. n. Chr., LVR-RömerMuseum, Xanten, Inv. C 9318, AE 1981,00687 Abb. 53 (s. S. 85).
	Terra Sigillata von Acutius und Accius. Ton, 1. Hälfte 1. Jh. n. Chr., LVR-RömerMuseum, Xanten, Inv. C 42902ts3 sowie C 7557 Abb. 54 (s. S. 85).
	Ziegelfragment des Minicius. Ton, 1. Jh. n. Chr., LVR-RömerMuseum, Xanten, Inv. Vet 31638 Abb. 55 (s. S. 86).
	Rohrfragment mit Stempel der Rheinflotte. Ton, spätes 1.–3. Jh. n. Chr., LVR-RömerMuseum, Xanten, Inv. C 1215 [c], C 1215 [a], C 1215 [b] Abb. 58 (s. S. 87).

	Statuette der Vesta mit Basis. Kalkstein, Mitte 2.–3. Jh. n. Chr., LVR-RömerMuseum, Xanten, Inv. XAV 3136, CIL XIII 8642, Abb. 56 (s. S. 86).
	Weihestein des C. Mettius Seneca für Hercules Saxanus. Tuff, Mitte 1. Jh. n. Chr., LVR-RömerMuseum, Xanten, Inv. A.1405 CIL XIII 07700 Abb. 59 (s. S. 88).
	Weihestein verschiedener Einheiten an Hercules Saxanus und Iuppiter. Kalkstein, 101/102 n. Chr., LVR-RömerMuseum, Xanten, Inv. A 1408, CIL XIII 7697 Abb. 60 (s. S. 88).
	Weihaltar zum Wohl des Kaisers. Trachyt, 160 n. Chr., LVR-LandesMuseum, Bonn, Inv. 00.3657,0-1, CIL XIII 8036, (Kopie) Abb. 62 (s. S. 90).
	Weihestein des Massianius Secundus und des Aurelius Dosso für die Grenzgötter, den Schutzgeist des Ortes und Iuppiter. Tuff, um 200 n. Chr., LVR-RömerMuseum, Xanten, o. Inv., CIL XIII 7732, Abb. 65 (s. S. 91).
	Weihestein des Cessorinius Ammausius an Silvanus. Kalkstein, 222–235 n. Chr., LVR-RömerMuseum, Xanten, Inv. XAV 2550, CIL XIII 8639, Abb. 66 (s. S. 92).
	Bauinschrift des Lucius Lucceius Martinus. Kalkstein, 211 n. Chr., Römisch-Germanisches Museum, Köln, Inv. Stein 97 (L. Lucceius Martinus), CIL XIII 8201, (Kopie) Abb. 67 (s. S. 93).
	Weihestein des Titus Flavius Super Cepula für das göttliche Walten des Kaisers. Kalkstein, 5. November 207 n. Chr., Gallo-römisches Museum, Lyon, Inv. FRV 2008.0.618, AE 1913,00124 (Kopie) Abb. 68 (s. S. 94).
	Militärdiplom des Aiiucco. Bronze, 158 n. Chr., LVR-RömerMuseum, Xanten, Inv. C 5456, AE 1968,0400, Xanten, Abb. 69 (s. S. 96).
	Grabstein des Iulius Hilario. Kalkstein, 1. Hälfte 2. Jh. n. Chr., LVR-RömerMuseum, Xanten, Inv. U 95, CIL XIII 86666, Abb. 71 (s. S. 98).

	Grabstein des Quintinius Primanus. Kalkstein, 222–235 n. Chr., Gallo-römisches Museum, Lyon, Inv. AD 080, CIL XIII1883 (Kopie) Abb. 72 (s. S. 99).
	Grabstein des Valerius Honoratus. Kalkstein, 2.–3. Jh. n. Chr., Gallo-römisches Museum, Lyon, Inv. AD 234, CIL XIII 2034 (Kopie) Abb. 73 (s. S. 100).
	Grabstein der Avitia Restituta. Kalkstein, 222–235 n. Chr., Gallo-römisches Museum, Lyon, Inv. AD 070, CIL XIII 01839 (Kopie) Abb. 74 (s. S. 101).
	Siegesstein der 6. Legion. Kalkstein, 73 n. Chr., LVR-RömerMuseum, Xanten, Inv. 1978.3108,0-1, AE 1979,00413 Abb. 80 (s. S. 105).
Kapitel 5: Colonia Ulpia Traiana – Ein neues Zentrum am Niederrhein	
	Weihaltar der Lingonen für Mars Cicollus. Kalkstein, 55–68 n. Chr., LVR-RömerMuseum, Xanten, Inv. C 18775, AE 2016,00023 Abb. 83 (s. S. 114).
	Grabstein des Malers Tiberius Iulius Tertius. Kalkstein, Mitte 1. Jh. n. Chr., LVR-RömerMuseum, Xanten, Inv. C 8548, AE 1977,00569, Abb. 84 (s. S. 115).
	Altar des Gumansa für Iuppiter. Kalkstein, 1. Jh. n. Chr., LVR-RömerMuseum, Xanten, Inv. 99,05.001, AE 2006,00883, Abb. 85 (s. S. 116).
	Weihaltar der Remer an Mars Camulus. Kalkstein, Mitte 1. Jh. n. Chr., Kirche Rindern bei Kleve, AE 1980,00656 (Kopie) Abb. 86 (s. S. 116).
	Weihaltar des Divos für Alateivia. Kalkstein, 1. Jh. n. Chr., LVR-RömerMuseum, Xanten, Inv. U 0063, CIL XIII 08606, Abb. 87 (s. S. 117).

	Grabstein des Iulius Primus. Kalkstein, Ende 1. Jh. n. Chr., LVR-LandesMuseum, Bonn, Inv. 1938.436,0-1, CIL XIII,08670, Abb. 88 (s. S. 118).
	Weihestein der Mattiaker. Kalkstein, 2.–3. Jh. n. Chr., LVR-RömerMuseum, Xanten, Inv. 57.1801, AE 1977,00567, Abb. 89 (s. S. 119).
	Meilenstein. Kalkstein, vermutlich 98 n. Chr., LVR-RömerMuseum, Xanten, Inv. V 150, AE 1967,00345, Abb. 94 (s. S. 125).
	Weihestein des Iulius Sextus Frontinus für Iuppiter Optimus Maximus, Iuno und Minerva. Kalkstein, 83–85 n. Chr., LVR-RömerMuseum, Xanten, Inv. U 0009, AE 2003,01224 Abb. 97 (s. S. 128).
	Weihestein des Marcus Sattonius Iucundus für Fortuna. Stein, 2.–3. Jh. n. Chr., Thermenmuseum Heerlen, Inv. 3795, AE 1959,9, (Kopie) Abb. 98 (s. S. 129).
	Täfelchen für Marcus Vitalinus bzw. Titus Tertinius. Bronze, 2.–3. Jh. n. Chr., LVR-RömerMuseum, Xanten, o. Inv., AE 2011,00805, Abb. 100 (s. S. 130).
	Terra Sigillata mit Besitzerinschriften. Ton, 2. bzw. 2.–3. Jh. n. Chr., LVR-RömerMuseum Xanten, Inv. C 30408ts1, C 42902ts5, XAV 2799, C 8728, C 3045, C 15371a10, C 4177 u. 4139, C 8369 Abb. 102 (s. S. 132).
	Kasserolle des Trebellius. Bronze, 1. Jh. n. Chr., LVR-RömerMuseum, Xanten, Inv. 99,01.001 Abb. 105 (s. S. 136).
	Ring für Mercur. Gold, Silber, 1. Jh. n. Chr., LVR-RömerMuseum, Xanten, Inv. 28313d1 Abb. 106 (s. S. 137).
	Webgewicht. Ton, 1.–3. Jh. n. Chr., LVR-RömerMuseum, Xanten, Inv. C 26810m2 Abb. 109 (s. S. 138).

	Lederrest. 1.–3. Jh. n.Chr., LVR-RömerMuseum, Xanten, Inv. C9219 Abb. 110 (s. S. 139).
	Model des Victor. Ton, 2.–3. Jh. n.Chr., LVR-RömerMuseum, Xanten, Inv. C 1758 Abb. 112 (s. S. 140).
	Fassdaube des Sulpicius. Holz, 1. Hälfte 1. Jh. n.Chr., LVR-RömerMuseum, Xanten, Inv. C36039 Abb. 113 (s. S. 141).
	Weihung für Mercur. Bein, 1. Jh. n.Chr., LVR-RömerMuseum, Xanten, Inv. C 33302kg1 Abb. 115 (s. S. 141).
	Sonde des Arco. Bronze, 1.–3. Jh. n.Chr., LVR-RömerMuseum, Xanten, Inv. C 16654d1 Abb. 119 (s. S. 144).
	Grabstein des Sextus Secundius Felix. Kalkstein, 2. Jh. n.Chr., Museum Het Valkhoff, Nimwegen, Inv. BA.IV.3, CIL XIII 8742 Abb. 123 (s. S. 149).
	Weihestein des Titus Quartinius Saturnalis an die Kapitolinische Trias. Kalkstein, 1. Juli 239 n.Chr., LVR-RömerMuseum, Xanten, Inv. U 10, CIL XIII 8625 Abb. 124 (s. S. 150).
	Weihestein des Martius Victor an Iuppiter. Kalkstein, 230 n.Chr., LVR-RömerMuseum, Xanten, Inv. 0001, Lehner Nr. 58, CIL XIII 8616 Abb. 125 (s. S. 151).
	Weihestein des Tertinius Vitalis an Iuppiter Conservator. Kalkstein, 26. April 232 n.Chr., LVR-RömerMuseum, Xanten, Inv. U 8, CIL XIII 8619 Abb. 126 (s. S. 151).
	Weihestein des Marcus C P an Mercur. Kalkstein, 2.–3. Jh. n.Chr., LVR-RömerMuseum, Xanten, Inv. U 0017, CIL XIII 8689 Abb. 127 (s. S. 152).

	Weihestein des Caius Sextilius Lepidus an Fortuna. Kalkstein, 2.–3. Jh. n. Chr., LVR-RömerMuseum, Xanten, Inv. RLMB U 75, CIL XIII 8609 Abb. 129 (s. S. 153).
	Weihestein des Decminius Saturninus an Silvanus. Kalkstein, 1. Hälfte 3. Jh. n. Chr., LVR-RömerMuseum, Xanten, Inv. C 9387, AE 2006,00883 Abb. 130 (s. S. 154).
	Sockel der Weihung des Publius Aelius Severinus an den Genius der Feldzeichenträger. Bronze, Ende 2. bis 1. Hälfte 3. Jh. n. Chr., LVR-RömerMuseum, Xanten, Inv. D 1286, CIL XIII 555 Abb. 131 (s. S. 154).
	Fragment eines Weihaltars an die Aufanischen Matronen. Kalkstein, 2. Jh. n. Chr., LVR-RömerMuseum, Xanten, Inv. C 8623, AE 1977, 00566 Abb. 133 (s. S. 155).
	Weihestein des Titus Paternius Perpetuus an die Treverer Matronen. Trachyt, Wende 2./3. Jh. n. Chr., LVR-RömerMuseum, Xanten, Inv. U 52, CIL XIII 8634 Abb. 135 (s. S. 157).
	Weihestein des Candidus an Vagdavercustis. Kalkstein, 2.–3. Jh. n. Chr., LVR-RömerMuseum, Xanten, o. Inv., AE 2005,01060 Abb. 136 (s. S. 158).
	Weihaltar des Caius Tiberius Verus an Hludana. Kalkstein, 2. Hälfte 2. Jh. n. Chr., LVR-RömerMuseum, Xanten, Inv. U 64, CIL XIII 8611 Abb. 137 (s. S. 158).
	Weihestein des Lucius Vibius Castus an Hercules Magusanus. Kalkstein, 2.–3. Jh. n. Chr., LVR-RömerMuseum, Xanten, Inv. XAV 3137, CIL XIII 8610 Abb. 138 (s. S. 159).
	Weihestein des Marcus Iulius Martius an Mithras. Trachyt, 189 n. Chr., LVR-RömerMuseum, Xanten, Inv. XAV 436, CIL XIII 8640 Abb. 140 (s. S. 161).
	Weihestein des Ulpius Amandus an Mithras. Rötlicher Buntsandstein, 1. Hälfte 3. Jh. n. Chr., LVR-RömerMuseum, Xanten, Inv. 84.0572, AE 2016,01133 Abb. 141 (s. S. 162).

Weihaltar mehrerer Soldaten an Apollo Dysprus, Luna und Sol. Kalkstein, 223 n. Chr., LVR-RömerMuseum, Xanten, Inv. U 68, CIL XIII 8607 Abb. 143 (s. S. 163).

Kapitel 6: Die Spätantike – Alte Buchstaben in neuer Verwendung

Münzanhänger mit unleserlichen Buchstaben. Silber, 2. Hälfte 5.–6. Jh. n. Chr., LVR-RömerMuseum, Xanten, Inv. 90.2029 (X 94), Abb. 146 (s. S. 170).

Grabstein des Batimodus. Sandstein, ca. 485–555 n. Chr. (fränkische Zweitverwendung), LVR-RömerMuseum, Xanten, Inv. XBa 238, AE 1978,00575 Abb. 149 (s. S. 171).